Kommentar zum neuen
Architektenvertragsrecht

Kommentar zum neuen Architektenvertragsrecht

BKI Baukosteninformationszentrum Deutscher Architektenkammern GmbH (Verlag)
ISBN: 978-3-945649-52-7
BKI: Stuttgart, 2017

Herausgeber:
Dr. jur. Martin Kraushaar
Eric Zimmermann

Autoren:
Fabian Blomeyer
Thomas Harion
Dr. jur. Sven Kerkhoff
Markus Prause
Dr. jur. Volker Schnepel
Eric Zimmermann

Mitarbeit:
Hannes Spielbauer (Geschäftsführer)
Klaus-Peter Ruland (Prokurist)

Layout, Satz:
Thomas Fütterer

Fachliche Begleitung:
Beirat Baukosteninformationszentrum
Stephan Weber (Vorsitzender)
Markus Lehrmann (stellv. Vorsitzender)
Prof. Dr. Bert Bielefeld
Markus Fehrs
Andrea Geister-Herbolzheimer
Oliver Heiss
Prof. Dr. Wolfdietrich Kalusche
Martin Müller

Alle Rechte, auch das der Übersetzung vorbehalten. Ohne ausdrückliche Genehmigung des Verlags ist es auch nicht gestattet, dieses Buch oder Teile daraus auf fotomechanischem Wege (Fotokopie, Mikrokopie) zu vervielfältigen sowie die Einspeisung und Verarbeitung in elektronischen Systemen vorzunehmen. Alle Angaben ohne Gewähr.

© Baukosteninformationszentrum Deutscher Architektenkammern GmbH

Anschrift:
Bahnhofstraße 1, 70372 Stuttgart
Kundenbetreuung: 0711 954 854-0
Baukosten-Hotline: 0711 954 854-41
Telefax: 0711 954 854-54
info@bki.de, www.bki.de

Für etwaige Fehler, Irrtümer usw. können Herausgeber und Verlag keine Verantwortung übernehmen

Inhalt

Geleitwort der Präsidentin der Bundesarchitektenkammer ... 5
Vorwort ... 7

Kommentar zum neuen Architektenvertragsrecht

1 Einführung und Überblick ... 10

2 Architektenvertrag ... 16
§ 650p BGB Vertragstypische Pflichten aus Architekten- und Ingenieurverträgen

3 Sonderkündigungsrecht ... 28
§ 650r BGB Sonderkündigungsrecht

4 Abnahme und Teilabnahme ... 38
§ 640 BGB Abnahme
§ 650g BGB Zustandsfeststellung bei Verweigerung der Abnahme; Schlussrechnung
§ 650s BGB Teilabnahme

5 Haftung und Gesamtschuld ... 50
§ 421 BGB Gesamtschuldner
§ 650t BGB Gesamtschuldnerische Haftung mit dem bauausführenden Unternehmer

6 Verweisvorschrift ... 68
§ 650q BGB Anwendbare Vorschriften

7 Anordnungsrecht des Bauherrn ... 72
§ 650b BGB Änderung des Vertrags; Anordnungsrecht des Bestellers

8 Vergütungsanpassung bei geändertem Leistungsumfang ... 82
§ 650c BGB Vergütungsanpassung bei Anordnungen nach § 650b Absatz 2
§ 10 HOAI Berechnung des Honorars bei vertraglichen Änderungen des Leistungsumfangs

9 Gesetzliche Sicherung von Honorarforderungen ... 92
§ 650e BGB Sicherungshypothek des Bauunternehmers
§ 650f BGB Bauhandwerkersicherung

10 Kündigung aus wichtigem Grund ... 98
§ 314 BGB Kündigung von Dauerschuldverhältnissen aus wichtigem Grund
§ 323 BGB Rücktritt wegen nicht oder nicht vertragsgemäß erbrachter Leistung
§ 648a BGB Kündigung aus wichtigem Grund

Auszug aus dem BGB

Buch 2, Abschnitt 8, Titel 9 – Werkvertrag und ähnliche Verträge, Kapitel 1-4 ... 112

VOB Teil B – Ausgabe 2016

Allgemeine Vertragsbedingungen für die Ausführung von Bauleistungen ... 126

Anhang

Herausgeber, Autoren ... 144
Literatur ... 145
Abkürzungen ... 146

Geleitwort der Präsidentin der Bundesarchitektenkammer

Sehr geehrte Damen und Herren,
liebe Kolleginnen und Kollegen,

mit der Novellierung des Werkvertragsrechts, die zum 1. Januar 2018 in Kraft getreten ist, ist für uns Architekten eine Jahrhundertreform verbunden. Zum ersten Mal in der fast 120-jährigen Geschichte des altehrwürdigen Bürgerlichen Gesetzbuches ist für eine spezielle Berufsgruppe ein eigener Regelungsabschnitt geschaffen worden!

Der neue Untertitel „Architektenvertrag und Ingenieurvertrag" umfasst die §§ 650p bis 650t BGB und geht in vielen Bereichen auf die Besonderheiten unseres Berufsstandes ein. Dies ist ein durchschlagender Erfolg und nicht zuletzt den langjährigen Bemühungen der Bundesarchitektenkammer zu verdanken, beim Gesetzgeber immer wieder das Bewusstsein dafür zu schärfen, dass der bisherige Rechtszustand für die Architektenschaft schlichtweg untragbar war. Komplexe Planungsprozesse waren gesetzlich in gleicher Weise geregelt wie etwa die Herstellung eines Möbelstücks. Das konnte auf die Dauer keinen Bestand haben und wird durch die Novellierung des BGB jetzt anders. Auch hat der Gesetzgeber erkannt, dass die über die Jahre immer weiter verschärfte Haftungssituation für Architekten und Ingenieure dringend einer Verbesserung bedarf.

Für die erfolgreichen Bemühungen, hier einen riesigen Schritt vorangekommen zu sein, möchte ich mich neben vielen anderen vor allem bei drei Personen bedanken:

Unter der Leitung von Wolfgang Riehle, bis 2014 langjähriger Präsident der Architektenkammer Baden-Württemberg, entstand bei der Bundesarchitektenkammer (BAK) eine Projektgruppe, die sich mit der unfairen Haftungsverteilung am Bau beschäftigte. Dank zähen Ringens wurden die Missstände im Ministerium für Justiz und Verbraucherschutz überhaupt thematisiert. Damit wurde die Grundlage für die jetzige Gesetzesänderung geschaffen.

Rechtsanwalt Prof. Dr. Bernd Dammert, langjähriger Justiziar der Architektenkammer Sachsen, hatte als profunder Kenner der Rechtsmaterie und – gemeinsam mit Wolfgang Riehle – als Vertreter der BAK in der die Gesetzesänderung vorbereitenden Arbeitsgruppe im Bundesjustizministerium maßgeblichen Anteil an den für Architekten günstigen Neuregelungen. Er gehörte außerdem der Unterarbeitsgruppe Architektenvertragsrecht an, deren Einrichtung als besonderer Erfolg zu werten ist. Es war diese Unterarbeitsgruppe, die Gesetzgebungsvorschläge formulieren konnte.

Dr. Hans-Gerd Schmidt, Präsident der Architektenkammer Thüringen, hat als Nachfolger Riehles als Leiter der BAK-Projektgruppe maßgeblich dabei mitgeholfen, das bis zuletzt politisch sehr umstrittene Reformprojekt über die parlamentarischen Hürden zu bringen.

Über das neue Bauvertragsrecht, auch über das neue Architekten- und Ingenieurvertragsrecht, ist bereits vieles geschrieben worden, und es wird auch in Zukunft noch vieles geschrieben werden. Gespannt sein dürfen wir insbesondere auf die ersten Urteile, denn bei aller Genugtuung über „unseren" Abschnitt im BGB ist eines klar: Vieles ist noch unklar! Dem so weit wie möglich abzuhelfen oder zumindest die noch zu klärenden Punkte aufzuzeigen, zu diskutieren und zu bewerten, ist neben der architektengerechten Aufbereitung der neuen Rechtsmaterie Ziel dieser Publikation. Sie konzentriert sich auf die neuen Regelungen zum Architekten- und Ingenieurvertragsrecht, bezieht hierbei aber alle relevanten weiteren Vorschriften mit ein, die über die Verweisregelung im neuen § 650q BGB ebenfalls für den besonderen Vertragstypus „Architektenvertrag" gelten. Fallbeispiele und Praxishinweise für Architekten runden die jeweiligen Darstellungen ab.

Ich danke allen Autoren und Organisatoren für ihren Beitrag zu diesem Kompendium und wünsche Ihnen, liebe Kolleginnen und Kollegen, und allen weiteren Lesern viele Anregungen und neue Erkenntnisse bei der Lektüre!

Ihre
Barbara Ettinger-Brinckmann
Präsidentin der Bundesarchitektenkammer

Vorwort

Der Architektenvertrag gehört künftig zu den werkvertragsähnlichen Verträgen. Ähnlich ist er dem Werkvertrag darin, dass Architekten und Ingenieure den Bauherrn weiterhin Werke schulden; ob stets Erfolge und nicht immer öfter Dienste, das wird sich zeigen. Jedenfalls formuliert der Gesetzgeber neu: Es sind die Leistungen zu erbringen, die nach dem jeweiligen Stand der Planung und Ausführung des Bauwerks oder der Außenanlage erforderlich sind, um die zwischen den Parteien vereinbarten Planungs- und Überwachungsziele zu erreichen.

Wie immer, wenn grundlegende Gesetzesnovellen anstehen, ist vieles im Fluss. Gesetzesrecht ist geronnene Politik, sagt man. Die Dogmatik der Kommentare zur neu anhebenden Rechtsprechung setzt erst in der Phase der Erkaltung ein. Kurzum: Im Moment ist das alles „heißer Stoff".

Für den Praktiker auf der Baustelle ist das eine Auskunft, die er nicht in jedem Punkt als Verheißung gelten lassen wird. Warum, so stört er sich, muss man sich jetzt mit „Planungsgrundlagen" herumschlagen? Was soll ein schwirrender Begriff wie „Kosteneinschätzung" bedeuten? Auf derlei berechtigte Fragen klare Antworten zu geben, ist Ziel, Anliegen und Leistung dieses kurzen Bandes. Die Antworten auf die Fragen der Praktiker sollen dabei einerseits aus dem Blickwinkel der Architektinnen und Architekten gegeben werden; andererseits soll die Sicht des Bauherrn oder ausführenden Unternehmens dort erläutert werden, wo abweichende Auffassungen vertreten werden können.

Als Herausgeber möchten die Unterzeichner den Autoren für zahlreiche, intensive Diskussionen danken. Jeder Autor sollte trotz des systematischen Zusammenhangs des Buchs in seiner Art der Darstellung frei sein. So ist im Ergebnis ein einheitlicher Band entstanden, der insbesondere durch die neuen §§ 650p bis 650t BGB mit den Querbezügen zum allgemeine Werkvertrags- und zum Bau- und Verbraucherbauvertragsrecht führt.

Großer Dank gebührt neben den Autoren Dr. Holger Matuschak, dem Geschäftsführer der Hamburgischen Architektenkammer. Er hat gründlich gelesen, scharfsinnig kommentiert, manches hinterfragt und dabei als herzlicher Gastgeber der Autorenrunden stets sein umfangreiches Hintergrundwissen zur Vorgeschichte und Entstehung der Gesetzesnovelle bereitgestellt. Ebenso herzlich sei Sinah Marx als Rechtsreferentin der Hamburgischen Architektenkammer gedankt. Sie hat die Rolle der Lektorin bestens übernommen und stets darüber gewacht, dass Inhalt und Sprache, beide auf ihre jeweilige Weise, zueinander passen.

Fehler sind bei einem derartigen Buch stets möglich und deshalb ist es zuvörderst Bitte und Wunsch an alle Leser, den Herausgebern ihre konstruktiven Anmerkungen und Verbesserungsanregungen zuzusenden:
kraushaar@akh.de
eric.zimmermann@akbw.de

Wiesbaden/Stuttgart, den 23. Oktober 2017

Dr. Martin KraushaarEric Zimmermann

Kommentar zum neuen Architektenvertragsrecht

1 Einführung und Überblick
2 Architektenvertrag
3 Sonderkündigungsrecht
4 Abnahme und Teilabnahme
5 Haftung und Gesamtschuld
6 Verweisvorschrift
7 Anordnungsrecht des Bauherrn
8 Vergütungsanpassung bei geändertem Leistungsumfang
9 Gesetzliche Sicherung von Honorarforderungen
10 Kündigung aus wichtigem Grund

1
Einführung und Überblick

Ein Beitrag von Thomas Harion

A. Allgemeines

Für Architekten und Ingenieure[1] gibt es ein grundlegend neu gestaltetes Bau- und Architekten- und Ingenieursvertragsrecht.

Am 10. März 2017 hat der Deutsche Bundestag das Gesetz zur Reform des Bauvertragsrechts, zur Änderung der kaufrechtlichen Mängelhaftung, zur Stärkung des zivilprozessualen Rechtsschutzes und zum maschinellen Siegel im Grundbuch- und Schiffsregisterverfahren beschlossen. Es tritt am 1. Januar 2018 in Kraft. Das neue Recht findet auf alle ab dem 1. Januar 2018 abgeschlossenen Verträge Anwendung. Für die vor diesem Tag abgeschlossenen Verträge ist grundsätzlich das alte Recht zu beachten.

I. Entstehungsgeschichte

Bereits Ende der Neunzigerjahre haben Vertreter der Architektenkammern eine Vielzahl von Gesprächen geführt. Sie haben gegenüber Ministern, Abgeordneten, Richtern der oberen und obersten Gerichte, Ministerialbeamten und vielen anderen mehr auf die teilweise doch erhebliche Belastung der Angehörigen des Berufsstands durch die geltende Rechtslage und die Rechtsprechung hingewiesen.

Die Bemühungen haben dann erste sichtbare Früchte getragen, indem im Jahre 2009 in die Koalitionsvereinbarung der die damalige Bundesregierung tragenden Parteien (CDU, CSU und FDP) ein Prüfauftrag aufgenommen wurde, ob und inwieweit ein eigenständiges Bauvertragsrecht zur Lösung der bestehenden Probleme im Bereich des Bau- und Werkvertragsrechts geeignet ist. Daraufhin wurde im Jahre 2010 eine Arbeitsgruppe Bauvertragsrecht beim Bundesjustizministerium eingerichtet. Diese Arbeitsgruppe war mit ca. 40 Mitgliedern besetzt und hat vom Frühjahr 2010 bis zum Sommer 2013 ca. 25-mal getagt.

---

[1] Die Verwendung der männlichen Form dient der besseren Lesbarkeit. Sie umfasst in sämtliche Beiträgen die Angehörigen aller Geschlechter. Soweit im Folgenden von Architekten die Rede ist, sind damit sämtliche Fachrichtungen des Architektenberufs (Hochbauarchitekten, Innen- und Landschaftsarchitekten und Stadtplaner) sowie Ingenieure gemeint, wenn sich aus dem Zusammenhang nichts anderes ergibt.

Neben anderen wurde auch eine Unterarbeitsgruppe Architektenvertragsrecht eingerichtet, um sich diesem speziellen Problemfeld eingehender widmen zu können. Im November 2011 hat diese Unterarbeitsgruppe Architektenvertragsrecht einen Ergebnisbericht abgeliefert. Dieser Bericht hat bereits Gesetzesvorschläge enthalten[2]. Diese Empfehlungen wurden – wie auch die anderen Reformüberlegungen – in der gesamten Arbeitsgruppe Bauvertragsrecht intensiv diskutiert und fanden schließlich im Abschlussbericht von 2013 mit zahlreichen Vorschlägen für ein Gesetzgebungsvorhaben ihre Berücksichtigung.

Seit 2006 findet alle zwei Jahre der Deutsche Baugerichtstag statt. Bei dieser Veranstaltung kommen zum Teil hochkarätige Juristen zusammen, um über Rechtsfragen des Baurechts zu beraten und Empfehlungen zu verabschieden. Die sich in den Empfehlungen niederschlagenden Beratungsergebnisse der Arbeitskreise des Deutschen Baugerichtstags finden in der Fachwelt große Beachtung. Erstmals 2010 hat sich der Deutsche Baugerichtstag mit der Frage befasst, ob das BGB um spezielle Regelungen zum Bauvertragsrecht ergänzt werden soll. Bereits damals wurde die Forderung erhoben, dabei auch die Besonderheiten des Architekten- und Ingenieurvertragsrechts zu berücksichtigen. Bei den beiden folgenden Veranstaltungen des Deutschen Baugerichtstags 2012 und 2014 wurden unter Mitwirkung der Vertreter des Berufsstands konkrete Empfehlungen für die Aufnahme von die Besonderheiten des Architekten- und Ingenieurvertragsrechts berücksichtigenden Regelungen in das BGB beschlossen.

II. Änderung der Gerichtszuständigkeiten

Das Gesetzespaket soll für die Praxis noch mehr bewirken als eine Verbesserung des Vertragsrechts. Oft machen Architekten die Erfahrung, dass Prozesse vor Gericht teilweise langwierig und schwerfällig sind. Die Sachverhaltsermittlung gestaltet sich schwierig. Beweisbeschlüsse sind teils ungenau oder zu umfänglich. Das kostet Zeit und Geld und schafft Unsicherheit und Unzufriedenheit bei den Parteien. Der Gesetzgeber hat auch dieses Problem erkannt. Er hat es richtigerweise damit in Zusammenhang gebracht, dass es bislang nicht die Pflicht zur Bildung auf Bau- und Architektenrecht spezialisierter Kammern und Senate gibt. Deshalb finden sich im Gesamtpaket Änderungen der Gerichtszuständigkeiten.

Über viele Jahre erhoben die Länderarchitektenkammern und die BAK die Forderung, bei den Zivilgerichten Spezialzuständigkeiten für das private Bau- und Architektenrecht zu schaffen. Es war der Organisationskompetenz der Gerichte überlassen, solche Spezialzuständigkeiten einzurichten, längst nicht alle Gerichten machten davon Gebrauch. Umso erfreulicher ist es, dass dieser seit Jahren von den Länderarchitektenkammern und der BAK erhobenen Forderung nunmehr entsprochen worden ist. Nunmehr sind zwingend für Streitigkeiten aus Bau- und Architektenverträgen sowie aus Ingenieurverträgen, soweit sie im Zusammenhang mit Bauleistungen stehen, bei den Landgerichten Zivilkammern und bei den Oberlandesgerichten Senate mit dieser speziellen Zuständigkeit zu bilden.[3] Die Bedeutung dieser im Gerichtsverfassungsgesetz getroffenen Regelung kann nicht überschätzt werden. Dahinter steht der Gedanke, den Rechtsschutz zu stärken, wie es auch im Gesetzestitel zum Ausdruck kommt, indem sich durch die Bildung eigens zuständiger Kammern und Senate bei den Richtern eine Spezialisierung ausbildet und damit ein Kompetenzzuwachs erfolgt.

III. Rechtspolitischer Ausblick

Ob letztendlich ausgewogene Regelungsmechanismen gefunden wurden, bleibt abzuwarten. Bereits jetzt gibt es erste Diskussionsansätze, die ergänzende Regelungen oder Modifikationen fordern. Die Änderungen und Ergänzungen werden deswegen womöglich nicht abschließend sein, ohne Zweifel werden sich in der praktischen Umsetzung und der

---

2 Darstellung folgend Dammert, BauR 2017, 421 ff.

3 § 72a Nr. 2 und § 119a Nr. 2 Gerichtsverfassungsgesetz

Anwendung durch die Gerichte neue Fragen ergeben. Dies ändert aber nichts daran, dass das Gesetz, für das auch die Länderarchitektenkammern gemeinsam mit der BAK, soweit es das Architekten- und Ingenieurvertragsrecht betrifft, lange gekämpft haben[4], einen großen Sprung darstellt. Erstmals wird der Versuch unternommen, den Besonderheiten des Architektenvertrags durch eigenständige Regelungsansätze gerecht zu werden. Der Versuch, spezifische Regelungen für den Architekten- und Ingenieurvertrag zu treffen, ist daher uneingeschränkt positiv zu betrachten.

B. Abgrenzung der Vertragstypen und mögliche Auswirkungen

Bereits bislang gab es im BGB einen Titel (Titel 9) „Werkvertrag und ähnliche Verträge". Zu diesem Titel gab es nur zwei Untertitel, nämlich zum Werkvertrag an sich und zum Reisevertragsrecht. Diese Gliederung ist deutlich erweitert worden. Zu dem Titel „Werkvertrag und ähnliche Verträge" wurden vier Untertitel gebildet, nämlich, wie bisher, zum Werkvertragsrecht und zum Reisevertrag, eingefügt wurden als neuer Untertitel 2 der Architektenvertrag und Ingenieurvertrag und als Untertitel 3 der Bauträgervertrag.

Bislang wurde, ohne Wenn und Aber, der Architektenvertrag dem Werkvertragsrecht zugeordnet. Durch die Bildung des eigenen Untertitels zum Architektenvertrag im Rahmen des Titels „Werkvertrag und ähnliche Verträge", in Gesellschaft des Bauträgervertrags (Untertitel 3) und des Reisevertrags (Untertitel 4), hat der Gesetzgeber deutlich gemacht, dass die Einordnung des Architektenvertrags als Werkvertrag den Spezifika des Architektenvertrags nicht gerecht wird. Er sieht im Architektenvertrag einen „lediglich" werkvertragsähnlichen Vertrag.

---

[4] Einen kurzen Blick auf die langjährigen Bemühungen wirft bspw. der Beitrag im DAB, Regionalteil Hessen, 2016, Heft 8 (August), Seiten 6 und 7

Diese gesetzgeberische Entscheidung kann nur begrüßt werden. Sie bietet Anlass, den Architektenvertrag eigenständig fortzuentwickeln. Das Werkvertragsrecht und die werkvertragsähnlichen Verträge sind differenziert zum Einsatz zu bringen.

Die werkvertragstypische erfolgsbezogene Haftung des Architekten ist im Bereich der Planung sicherlich gerechtfertigt. Für den Bereich der tendenziell dienstvertraglich oder als Geschäftsbesorgung zu verstehenden Architektenleistungen ist allerdings zu differenzieren. Zukünftig muss klar herausgearbeitet werden: Der Architekt schuldet nicht das mängelfreie Entstehenlassen eines Bauwerks, sondern eine sorgfältige Bauüberwachung. Trotz sorgfältiger Überwachung durch den Architekten kann es zu Ausführungsfehlern kommen, die vom Architekten gerade nicht zu vertreten sind. Oder anders herum betrachtet: Der Überwachungsfehler des bauleitenden Architekten muss zu einem Mangel am Bauwerk geführt haben, der Bauleitungsfehler muss also ursächlich für den Mangel sein (sogenannte Kausalität). Genau in diesem Sinne, dass der bauleitende Architekt den Ausführungsfehler (mit-) zu verantworten hat, ist § 650t BGB einzuordnen. Er regelt die gesamtschuldnerische Haftung mit dem bauausführenden Unternehmer. Obwohl die Regelung etwas Selbstverständliches regelt, ist sie ausdrücklich zu begrüßen. Man konnte zumindest den Eindruck gewinnen, als sei diese Selbstverständlichkeit gelegentlich etwas aus dem Blick geraten. Zum anderen kann die Einordnung der Bauleitung als im Wesentlichen dienstvertraglich geprägt Anlass sein, auch dann, wenn die (Mit-) Ursächlichkeit festgestellt werden kann, noch genauer darauf zu schauen, wie die Haftungsverteilung zwischen bauausführendem Unternehmer und bauleitendem Architekten erfolgen soll. Es ist nämlich durchaus die Frage zu stellen, ob der Anteil des die Bauleistung mangelhaft ausführenden Unternehmers im Rahmen des Gesamtschuldnerausgleiches nicht grundsätzlich ein stärkeres Gewicht erhalten muss als das Versäumnis des Architekten bei der Beaufsichtigung des Unternehmers.

Eines kann aber in jedem Fall festgehalten werden: Durch den neuen § 650t BGB ist eine wesentliche, die Architekten belastende Auswirkung der Gesamtschuld angegangen worden – die Inanspruchnahme des Architekten vorweg und vor dem Unternehmer.

C. Überblick über die maßgeblichen Änderungen im Architekten- und Ingenieurvertragsrecht

Die typische Architektenleistung enthält, insbesondere im Bereich der Bauleitung und -überwachung, wesentliche dienstvertragliche Elemente, die der Leistung des Architekten ein vom Werkvertrag abweichendes Gepräge geben. Der Gesetzgeber hat versucht, dem durch spezialgesetzliche Regelungen des 2. Untertitels, §§ 650p bis 650t BGB, gerecht zu werden. Lediglich soweit der Gesetzgeber es gemäß den Besonderheiten des Architektenvertrages – als dem Werkvertrag ähnlicher Vertrag – für angemessen und genügend angesehen hat, wird auf die allgemeinen Regelungen des Werkvertragsrechts verwiesen.

Dass die bisherige uneingeschränkte Zuordnung zum Werkvertragsrecht aufgegeben ist, zeigt sich in den Regelungen, die der Gesetzgeber im Untertitel 2 Architektenvertrag und Ingenieurvertrag getroffen hat.

Erstmals hat der Gesetzgeber einen Ansatz unternommen, die vertragstypischen Pflichten aus Architekten- und Ingenieurverträgen zu definieren – § 650p Abs. 1 BGB. Danach muss der Architekt die Leistungen erbringen, die erforderlich sind, um die zwischen den Parteien vereinbarten Planungs- und Überwachungsziele zu erreichen. Sind diese Planungs- und Überwachungsziele noch nicht vereinbart, muss der Architekt eine Planungsgrundlage zur Ermittlung der Planungs- und Überwachungsziele erstellen. Dazu ist dem Bauherrn eine Planungsgrundlage zusammen mit einer Kosteneinschätzung vorzulegen. Die Schaffung dieser Planungsgrundlage ist eine Dienstleistung. Die Planungsgrundlage ist nicht ein werkvertraglich geschuldeter Erfolg. Die Planungsgrundlage soll lediglich die Voraussetzung schaffen, den späteren werkvertraglich geschuldeten Erfolg durch vertragliche Vereinbarung definieren zu können.

Nach der Vorlage der die Planungsgrundlagen darstellenden Unterlagen und einer Kosteneinschätzung kann der Besteller den Vertrag kündigen. Daran zeigt sich zweierlei: Der Gesetzgeber selbst hat nunmehr dankenswerterweise klargestellt, dass umfängliche Leistungen, die bislang von Auftraggeberseite als kostenfreie, keinerlei vertraglichen Bindungen unterliegende Akquiseleistungen angesehen wurden, typischerweise auf einer schuldrechtlichen Basis erbracht werden und damit eine Honorierungspflicht auslösen können. Dies liegt daran, dass der Gesetzgeber kein „Leitbild", wie es mancher so gerne gesehen hätte, umfangreicher kostenfreier Vorleistungen des Architekten kennt. Andererseits ist damit aber auch klargestellt, dass der Architekt sich darum kümmern muss, mit dem Besteller eine vertragliche Vereinbarung über die Erstellung der Planungsgrundlagen zu treffen, um den Anspruch auf Vergütung nach § 650r Abs. 3 BGB geltend machen zu können.

Zu Diskussionen in der Fachöffentlichkeit bereits während des Gesetzgebungsverfahrens hat eine sicherlich bemerkenswerte Abweichung in der Wahl der Begrifflichkeit geführt: Der Gesetzgeber spricht von Beginn des Gesetzgebungsverfahrens und den ersten Entwürfen an nicht von einer Kostenschätzung, sondern von einer Kosteneinschätzung. Daran hat er trotz der in der Fachöffentlichkeit geführten Diskussion stets festgehalten. Dies wirft die Frage auf, ob damit die Angabe eines „Weniger" im Vergleich zur Kostenschätzung im Sinne etwa eines Kostenrahmens gewollt ist.

§ 650q BGB bestimmt, dass das allgemeine Werkvertragsrecht entsprechend gilt, ebenso wie ausgewählte Regelungen des Bauvertragsrechts, soweit sich aus dem Architekten- und Ingenieurvertragsrecht nichts anderes ergibt.

Einen besonderen Blick sind die Regelungen des Bauvertragsrechts, die auch im Falle des Architekten- und Ingenieurvertragsrechts entsprechende Anwendung finden, wert. Durch den Verweis auf § 650b BGB wird gesetzlich klargestellt, dass der Auftraggeber des Architekten im Grundsatz berechtigt ist, Änderungsanordnungen zu treffen. § 650q Abs. 2 BGB stellt hierzu klar, dass die dadurch ausgelösten, von den Honorierungsvorschriften der HOAI erfassten Leistungen nach den Grundsätzen der HOAI zu vergüten sind, oder, entfallen solche Leistungen, entsprechend zu mindern sind. Im Übrigen ist die Vergütungsanpassung frei vereinbar. Treffen die Parteien keine Vereinbarung über die Vergütungsanpassung, ist ergänzend auf den in § 650q Abs. 2 Satz 3 BGB in Bezug genommenen § 650c BGB zurückzugreifen.

Weiterhin ist nunmehr gesetzlich geregelt, dass Architekten für ihre Forderungen gegen den Auftraggeber sich eine Sicherungshypothek an dem Grundstück des Auftraggebers eintragen lassen können (§ 650e BGB) und unter den Voraussetzungen des § 650f BGB auch eine Bauhandwerkersicherung möglich ist. Vor der Änderung des Gesetzes beruhten diese Möglichkeiten auf der BGH-Rechtsprechung.

Auch dann, wenn der Auftraggeber die Abnahme der Leistung des Architekten verweigert, besteht für den Architekten die Möglichkeit, sich eine gewisse Sicherheit durch eine sogenannte Zustandsfeststellung (§ 650g Abs. 1-3 BGB) zu verschaffen. Ist ein Mangel in einer solchen Zustandsfeststellung nicht angegeben, wird vermutet, dass dieser Mangel nach der Zustandsfeststellung entstanden und vom Besteller zu vertreten ist. Diese gesetzliche Vermutung gilt allerdings dann nicht, wenn der Mangel nach seiner Art nicht vom Besteller verursacht worden sein kann.

§ 650q Abs. 1 i.V.m. § 650g Abs. 4 BGB regelt, dass die Vergütung des Architekten an die Abnahme der Architektenleistung und die Stellung einer prüffähigen Schlussrechnung geknüpft ist. Dies ist analog zu § 15 Abs. 1 HOAI zu sehen.

Zwingend bedarf die Kündigung des Architektenvertrags gem. § 650q Abs. 1 BGB in Verbindung mit § 650h BGB der schriftlichen Form.

Nach der Abnahme der letzten Leistung des bauausführenden Unternehmers oder der bauausführenden Unternehmer kann der Architekt die Teilabnahme der von ihm bis dahin erbrachten Leistungen verlangen – § 650s BGB. Damit ist der Architekt nicht mehr auf eine vertragliche Vereinbarung einer solchen Teilabnahme angewiesen und kann damit auf gesetzlicher Grundlage nunmehr einen angemessenen Verjährungslauf für die bis zum Abschluss der Objektüberwachung erbrachten Leistungen herbeiführen. Er muss also nicht mehr befürchten, bei Übernahme auch der Objektbetreuung erst nach Abnahme dieser letzten Leistung den Verjährungslauf insgesamt, auch für die Leistungen der Planung und der Bauleitung, in Gang setzen zu können.

Die neue Regelung des § 650t BGB bestätigt die langjährige Rechtsprechung des Bundesgerichtshofs (BGH) zur gesamtschuldnerischen Haftung des Architekten und des bauausführenden Unternehmers gegenüber dem Bauherrn. Haben sowohl fehlerhafte Leistungen des Unternehmers als auch eine fehlerhafte Bauleitung des Architekten zu einem Mangel geführt, der nur einheitlich beseitigt werden kann, ist der wesentliche Grund für den Eintritt der Gesamtschuld erfüllt. Die mögliche gesamtschuldnerische Haftung stellt eine erhebliche Belastung für den Architekten dar. Die neue Regelung des § 650t BGB kann dem Architekten aber womöglich eine gewisse Linderung verschaffen. Wird der Architekt wegen eines Überwachungsfehlers in Anspruch genommen, kann der Architekt zunächst darauf verweisen, dass der Bauherr zuerst erfolglos den bauausführenden Unternehmer unter Setzung einer angemessenen Frist zur Nacherfüllung aufgefordert haben muss. Der Architekt kann die Inanspruchnahme durch seinen Auftraggeber zumindest so lange verweigern, wie dieser dem Unternehmer noch nicht erfolglos eine angemessene Frist zur Nacherfüllung gestellt hat.

2 Architektenvertrag

§ 650p BGB
Vertragstypische Pflichten aus Architekten- und Ingenieurverträgen

Ein Beitrag von Dr. jur. Volker Schnepel

§ 650p BGB
Vertragstypische Pflichten aus Architekten- und Ingenieurverträgen

(1) Durch einen Architekten- oder Ingenieurvertrag wird der Unternehmer verpflichtet, die Leistungen zu erbringen, die nach dem jeweiligen Stand der Planung und Ausführung des Bauwerks oder der Außenanlage erforderlich sind, um die zwischen den Parteien vereinbarten Planungs- und Überwachungsziele zu erreichen.

(2) Soweit wesentliche Planungs- und Überwachungsziele noch nicht vereinbart sind, hat der Unternehmer zunächst eine Planungsgrundlage zur Ermittlung dieser Ziele zu erstellen. Er legt dem Besteller die Planungsgrundlage zusammen mit einer Kosteneinschätzung für das Vorhaben zur Zustimmung vor.

A. Fall

Ein Architekturbüro macht Honorar für erbrachte und nicht erbrachte Leistungen geltend, die vier Altbaumietshäuser betreffen. Ob und inwieweit das Architekturbüro überhaupt beauftragt worden ist, ist hierbei streitig. Der Bauherr unterschrieb einen Architektenvertrag für Gebäude, der im Ankreuzverfahren verschiedene Regelungen enthielt. Angekreuzt wurden unter Bezugnahme auf die HOAI als Gegenstand des Vertrages Erweiterung, Umbau, Modernisierung und Instandsetzung/Instandhaltung für die Mietshäuser sowie als zu erbringende Leistungen die Grundleistungen der Leistungsphasen 1 bis 9 und die Mitwirkung bei der Kreditbeschaffung. Eine weitere Beschreibung des Aufgabenfeldes des Architekturbüros enthält die Vertragsurkunde nicht. Welche Tätigkeiten konkret ausgeführt werden sollten, war noch nicht geklärt, denn es war offen, ob alle vier Gebäude betroffen sein und für welche der einzelnen Gebäude welche Arbeiten geplant werden sollten. Später wurde dem Architekturbüro mitgeteilt, dass sich die vorgegebenen Maßnahmen der Sanierung aus finanziellen Gründen derzeit nur auf eines der Mietshäuser beziehen sollen und eine weitere schrittweise Teil-Sanierung der anderen Häuser gesondert beauftragt werde, sobald die finanziellen Mittel es wieder erlauben. Zugleich wurde das Architekturbüro gebeten, vorerst auch alle Planungsbemühungen für das erstgenannte Mietshaus einzustellen, bis eine aktuelle Wirtschaftlichkeitsberechnung erstellt und durch die Bank geprüft worden ist. Insoweit wurde angekündigt, bis Ende des Monats wieder unaufgefordert auf das Architekturbüro zurückzukommen. Dabei blieb es. Die Klägerin erstellte eine Honorarschlussrechnung, die sich aus drei Teilrechnungen betreffend die Leistungsphasen 1 bis 4, 5 bis 7 und 8, 9 zusammensetzte.

Anders als das vorentscheidende OLG, das insgesamt von einem nicht zustande gekommenen Vertrag ausging, hat der BGH[1] bei dieser Fallkonstellation entschieden, dass hinsichtlich der Pflichten des Architekturbüros entsprechend der Leistungsphase 1 der Vertrag hinreichend bestimmt war. Hinsichtlich der weiteren Pflichten entsprechend den Leistungsphasen 2 bis 9 sei der Vertrag hingegen weder objektiv bestimmt noch durch Auslegung bestimmbar. Allerdings führe auch dies nicht zur Unwirksamkeit des Vertrages, wenn eine stillschweigende Vereinbarung getroffen worden sei, wonach dem Bauherrn ein Leistungsbestimmungsrecht hinsichtlich des Inhalts der Leistungspflichten des Architekten zusteht.

Der vorgenannte Fall zeigt, wie schwer sich die Rechtsprechung bei Architektenleistungen im weitesten Sinne tun kann, von einem zugrunde liegenden Vertragsverhältnis auszugehen, wenn zu erbringende Leistungen und Leistungsziele nicht oder jedenfalls nicht eindeutig festgelegt worden sind. Mit dem neuen § 650p Abs. 2 BGB wirkt der Gesetzgeber dem zumindest in einem Teilbereich entgegen. Er geht davon aus, dass dann, wenn ein Architekt nach Aufforderung oder mit Zustimmung des Bauherrn erst noch eine hinreichende Planungsgrundlage schaffen muss, dies regelmäßig auf vertraglicher Basis erfolgt und damit auch zu vergüten ist.

B. Kommentierung

I. Aktuelle Regelung

Mit dem neuen § 650p BGB beschreibt das Gesetz in einem eigenen Untertitel, welche Pflichten typischerweise aus einem Architekten- oder Ingenieurvertrag resultieren. Hierbei benennt die Vorschrift zwei verschiedene Abschnitte[2], die sowohl kombiniert als auch jeweils einzeln denkbar sind: Zum einen wird der Fall erfasst, in dem Architekt und Bauherr ihre Vorstellungen über die Planungs- und Überwachungsziele bereits soweit konkretisiert haben, dass sie hierüber eine Vereinbarung schließen können (§ 650p Abs. 1 BGB). Zum anderen wird jetzt erstmals aber auch der Fall geregelt, in dem wesentliche Planungs- und Überwachungsziele noch nicht vereinbart sind (§ 650p Abs. 2 BGB), wobei in einem Phasensystem der letztgenannte Fall den ersten Abschnitt bilden würde. Werden beide Abschnitte miteinander kombiniert, bilden sie zusammen einen einheitlichen Vertrag.[3]

Der Anwendungsbereich der Vorschrift – ebenso wie des gesamten Untertitels zum Architekten- und Ingenieurvertragsrecht – umfasst Architekten- und Ingenieurleistungen zur Herstellung von Bauwerken und Außenanlagen.

Bauwerk

- Für den Begriff des Bauwerks, der auch im Rahmen der Definition des Bauvertrages in § 650a BGB verwendet wird, ist nach der Gesetzesbegründung zu dieser Vorschrift auf die Rechtsprechung zurückzugreifen, die bereits zum Bauwerksbegriff in § 634a Abs. 1 Nr. 2 BGB bzw. der Vorgängernorm des § 638 BGB a.F. ergangen ist.[4] Ein Bauwerk wird danach definiert als eine unbewegliche Sache, die durch Verwendung von Arbeit und Material in Verbindung mit dem Erdboden hergestellt wird[5], wobei auch mit einem

---

[1] BGH, Urt. v. 23.04.2015 – VII ZR 131/13, in: NZBau 2015, 429.
[2] Nach Motzke, NZBau 2017, 251 (252) handelt es sich um zwei verschiedene Grundtypen von Architektenverträgen, gemeint sein dürfte aber im Ergebnis das Gleiche.
[3] Anderenfalls wäre das Sonderkündigungsrecht nach § 650s BGB überflüssig.
[4] BT-Drs. 18/8464, S. 53.
[5] BGHZ 57, 60ff.

Außenanlage

- Um eine Außenanlage im Sinne des § 650p Abs. 1 BGB[7] handelt es sich dann, wenn die Arbeiten an ihr im weitesten Sinne mit denen an einem Bauwerk vergleichbar sind.[8] Daher ist nicht jede Vereinbarung über Arbeiten an einem Grundstück als Architekten- oder Ingenieurvertrag anzusehen, sondern nur dann, wenn es sich um Leistungen handelt, die auf gestalterische Arbeiten gerichtet sind. Laut Gesetzesbegründung ist dies z.B. bei der Planung für die Errichtung oder Umgestaltung eines Gartens, eines Parks, eines Teichs oder eines Damms der Fall.[9] Auch andere Planungen mit gestalterischem Charakter dürften von der Vorschrift erfasst sein. Klargestellt wird insbesondere, dass Vereinbarungen über Planungs- und Überwachungsleistungen zur Errichtung und Umgestaltung von „Freianlagen" im Sinne des § 39 HOAI regelmäßig als Architekten- oder Ingenieurverträge anzusehen sein dürften.[10]

Im Ergebnis sind daher die typischen Leistungen des Hochbauarchitekten, des Freianlagenplaners und des Innenarchitekten von der Regelung erfasst. Leistungen der Flächenplanung sind hingegen ausgenommen. Noch nicht geklärt ist, ob vorhabenbezogene Bebauungspläne in den Anwendungsbereich der Vorschrift fallen oder nicht.[11] Soweit das Vorhaben, auf welches der Bebauungsplan bezogen ist, dem Bauwerks- oder Außenanlagenbegriff des Architektenvertrags nach § 650p Abs. 1 BGB entspricht, unterfällt die Erstellung des Bebauungsplans auch dem Anwendungsbereich von § 650p BGB.

II. Bisherige Regelung

Für den Architekten waren die Rechte und Pflichten, die sich aus dem Abschluss eines Architektenvertrages ergeben sollten, aus dem BGB allenfalls ansatzweise ablesbar. Die Leitbegriffe von § 631 BGB des Werks und des Erfolgs waren dafür viel zu abstrakt. Zudem bedurfte es auch erst der Rechtsprechung, um festzulegen, um welche Art Vertrag es sich hierbei überhaupt handelt. An der seit Ende der 1950er Jahre vollzogenen Einordnung als Werkvertrag – und nicht mehr als Dienstvertrag – ließen sich die Gerichte allerdings trotz vielfacher Kritik nicht beirren. Das Reichsgericht hatte sogar noch angenommen, die eigentliche Architektenleistung sei die Bauleitung, die durch die Planung lediglich vorbereitet werde. Deswegen seien solche Verträge als Dienstverträge im Sinne der §§ 611 ff. BGB anzusehen.[12] Die Einordnung als Werkvertrag durch die spätere Rechtsprechung wurde allerdings 2002 durch den im Zuge des Schuldrechtsmodernisierungsgesetzes eingefügten § 634a Abs. 1 Nr. 2 BGB auch gesetzlich nachvollzogen.

Gerade der Werkvertrag deckt eine Vielzahl sehr unterschiedlicher Lebenssachverhalte ab. Von der Herstellung eines einfachen Tisches bis eben auch hin zu komplexen Planungs- und Überwachungsleistungen des Architekten. Das BGB sieht in § 631 Abs. 1 BGB als Hauptpflicht des Werkunternehmers lediglich die „Herstellung des versprochenen Werks" vor, wobei nach § 631 Abs. 2 BGB Gegenstand des Werkvertrages sowohl die Herstellung oder Veränderung einer Sache als auch ein anderer durch Arbeit oder Dienstleistung herbeizuführender Erfolg sein kann. Wann diese Pflicht beginnt und was im Falle eines Architekten das versprochene Werk letztlich beinhaltet, wurde ebenfalls erst durch die Rechtsprechung herausgearbeitet. Die Schwierigkeit der Beschreibung des Werkerfolges besteht bei Architektenleistungen darin, dass diese sehr vielfältig und unterschiedlich sind und – je nach Umfang der Beauftragung – ggf. auch nicht zusammenhängend, sondern nur teilweise erbracht werden. Liegt die Beauftragung in der Erstellung

---

6 BGH, Urt. v. 23.01.2002 – X ZR 184/99, in: NJW-RR 2002, 664 ff.
7 Der Begriff der Außenanlage ist laut Gesetzesbegründung so zu verstehen, wie er durch die Rechtsprechung zu § 648a BGB ausgelegt wurde (BT-Drs. 18/8486, S. 66).
8 BGH, Urt. v. 24.02.2005 – VII ZR 86/04, in: NJW-RR 2005, 750. Nicht erforderlich ist es hingegen, dass die Arbeiten im Zusammenhang mit einem Bauwerk stehen.
9 BT-Drs. 18/8486, S. 67.
10 BT-Drs. 18/8486, S. 67.
11 Schmidt (NJW-Spezial 2017, 620) geht davon aus, dass die Flächenplanung (Bauleitplanung, Landschaftsplanung) nicht darunter fällt, da sie in der Regel keine Planung für die Ausführung eines Bauwerks oder Außenanlage darstelle.

12 Vgl. Deckers, ZfBR 2017, 523 und dort m.w.N.

eines Entwurfs oder eines Genehmigungsantrags, kann der Erfolg noch vergleichsweise problemlos beschrieben werden. Bei anderen Leistungen, etwa der Mitwirkung bei der Vergabe, fällt dies schon schwerer.

Von besonderer und den Architekten nachteilhafter Bedeutung ist, dass die Rechtsprechung den Werkerfolg bei derjenigen Leistung, die im Rahmen des Preiskontrollrechts der HOAI als Objektüberwachung beschrieben wird (Leistungsphase 8), also im Bereich der Bauleitung und -aufsicht darin sieht, dass der Architekt für die plangerechte und mangelfreie Errichtung ders Bauwerks zu sorgen hat.[13] In aller Kürze kann gesagt werden, dass diese Rechtsprechung dadurch motiviert war und ist, dem Bauherrn neben dem Bauunternehmer einen weiteren Verantwortlichen für Mängel und Schäden an die Seite zu stellen (siehe hierzu: „Haftung und Gesamtschuld").

III. Sinn und Zweck der Einführung des § 650p BGB

Der Gesetzgeber hat aufgrund der Vorarbeiten des Baugerichtstages und einer im Bundesjustizministerium eingerichteten Arbeitsgruppe erkannt, dass die bisherige Rechtslage unbefriedigend war, da sie zu Spannungen und Missverständnissen geführt hat. Zugleich ist bei allen Bemühungen, die rechtlichen Rahmenbedingungen für die Architekten zu verbessern, zu erkennen, dass die Grenzen immer dort liegen, wo Interessen des Bauherrn, insbesondere des Verbraucherbauherrn, tangiert werden könnten.

Insgesamt hat sich der Gesetzgeber hinsichtlich der rechtlichen Einordnung von Architektenverträgen zu einer wegen ihrer zukünftigen Auswirkungen äußerst bedeutsamen Modifikation entschieden. Durch die Einfügung eines gesonderten Untertitels „Architektenvertrag und Ingenieurvertrag" in das BGB wird den Besonderheiten dieser Vertragstypen nicht nur formal Rechnung getragen; zugleich wird hierdurch klargestellt, dass es sich nicht mehr um einen „klassischen" Werkvertrag handelt, sondern um einen eigenständigen, nämlich „werkvertragsähnlichen" Vertrag.[14] Hinsichtlich der Pflichten des Architekten ersetzt § 650p BGB somit §§ 631 BGB.[15] Dies ermöglicht sowohl der Rechtsprechung als auch dem Gesetzgeber bei künftigen Änderungen der Regelungen zum Architekten- und Ingenieurvertragsrecht eine stärkere Berücksichtigung der spezifischen Verhältnisse beim Architektenvertrag, als dies bislang der Fall sein konnte.

IV. Regelungsinhalt im Einzelnen

Mit dem neuen § 650p BGB beschreibt das Gesetz jetzt detaillierter und spezifizierter, welche Pflichten typischerweise aus einem Architekten- oder Ingenieurvertrag resultieren. Die Vorschrift beschränkt sich hierbei auf die Beschreibung der Pflichten des „Unternehmers". Gemeint ist damit der Architekt oder Ingenieur. Für die Hauptpflicht des Bestellers, also in der Regel des Bauherrn, bedurfte es hingegen keiner gesonderten Regelung. Dessen Verpflichtung zur Entrichtung der vereinbarten Vergütung ergibt sich – über den Verweis in § 650q Abs. 1 BGB – weiterhin aus §§ 631 Abs. 1, 632 Abs. 1 BGB.

---

13 BGH, Urt. v. 06.07.2000 – VII ZR 82/98, in: NJW-RR 2000, 1468, BGHZ 141, 63.

14 Ebenso Kresin, DAB 6/2017, 36; a.A.: Kniffka, BauR 2017, 1846 (1847); Orlowski, ZfBR 2016, 419 (434) und wohl auch Dammert, BauR 2017, 421 (423). Für die weitere Einordnung als Werkvertrag spricht lediglich § 634a Abs. 1 Nr. 2 BGB. Die dortige Regelung, wonach die Verjährung von Mängelansprüchen „bei einem Werk, dessen Erfolg in der Erbringung von Planungs- oder Überwachungsleistungen für ein Bauwerk besteht", fünf Jahre beträgt, ist unverändert beibehalten worden. Hierbei dürfte es sich aber schon deshalb um ein gesetzgeberisches Versehen handeln, weil die Regelung mit der neuen Systematik eines eigenständigen Untertitels für Architekten- und Ingenieurverträge kollidiert. Bei einer nächsten Novellierung sollte der Passus daher gestrichen und stattdessen entweder eine eigenständige Verjährungsregelung für Architekten- und Ingenieurleistungen im Untertitel 2 eingefügt oder in § 650q BGB zur Verjährung auf § 634a Abs. 1 Nr. 2 BGB verwiesen werden.

15 A.A. wohl Fuchs, NZBau 2015, 675 (676), Motzke, a.a.O., 251, 252 („Ergänzung" bzw. „Konkretisierung" des § 631 Abs. 1 BGB) und Deckers, ZfBR 2017, 523, 532. Hiergegen spricht allerdings die Gesetzesbegründung (BT-Drs. 18/8486, S. 67): „Die Absätze 1 und 2 beschreiben die Pflichten des Architekten und Ingenieur präziser als der bisher einschlägige § 631 Absatz 1 …". Siehe hierzu auch noch Ausführungen zu § 650q BGB.

1. Pflichten nach § 650p Abs. 1 BGB

§ 650p Abs. 1 BGB verpflichtet den Architekten dazu, die Leistungen zu erbringen, die nach dem jeweiligen Stand der Planung und Ausführung des Bauwerks oder der Außenanlage erforderlich sind, um die zwischen den Parteien vereinbarten Planungs- und Überwachungsziele zu erreichen. Hieraus ist zunächst abzuleiten, dass der Architektenvertrag regelmäßig verschiedene Pflichten umfasst und zwischen dem Planungs- bzw. Überwachungserfolg und den hierauf gerichteten Planungs- und Leistungsschritten zu unterscheiden ist. Des Weiteren werden vom Anwendungsbereich der Vorschrift nur Verträge erfasst, die Planungs- und/oder Überwachungsleistungen zum Gegenstand haben.[16]

Modifiziert bzw. spezifiziert wurde insbesondere die Beschreibung dessen, was der Architekt als Erfolg schuldet. Mit den neuen Begriffen „Planungs- und Überwachungsziele" wird für den Architektenvertrag der bisherige „Werkerfolg" im Sinne des § 631 Abs. 1 BGB ersetzt.[17]

Hierbei stellt die Regelung auf die jeweils vereinbarten Planungs- und Überwachungsziele ab und berücksichtigt hierdurch nicht nur, dass es sich beim Architektenvertrag in der Regel um einen zumeist längerfristigen Prozess handelt[18], sondern auch, dass für die Erreichung dieser Ziele zumeist auch die Einbindung Dritter, z.B. bauausführender Unternehmen, Fachplaner etc. erforderlich ist.[19] Geschuldet werden „regelmäßig umfangreiche und komplexe Tätigkeiten"[20] zur Erreichung der vereinbarten Vertragsziele. Dass hierbei das von beiden Parteien vertraglich Gewollte maßgeblich ist, ist zwar im Grundsatz nicht neu, wird aber durch die neue Regelung stärker als bisher in den Vordergrund gestellt. Hierdurch soll es nicht zuletzt einfacher werden, diejenigen Leistungen, die „lediglich" zu der vereinbarten Konkretisierung des Erfolgs beitragen und daher von der vereinbarten Vergütung umfasst sind, von Änderungsanordnungen abzugrenzen. Letztere lösen nach §§ 650q Abs. 2, 650b Abs. 2 BGB gesonderte Vergütungsanpassungen (nach oben oder unten) aus.[21]

Von Bedeutung kann die Neuregelung aber vor allem auch dadurch sein, dass durch entsprechende vertragliche Vereinbarungen der derzeitige „Automatismus" außer Kraft gesetzt werden kann, wonach der geschuldete Gesamterfolg des Architekten im Sinne der bisherigen höchstrichterlichen Rechtsprechung im mangelfreien Entstehenlassen des Bauwerks liegt. Insoweit ist es auch von praktischer Bedeutung, ob § 650p Abs. 1 BGB hinsichtlich der Pflichten des Architekten §§ 631 BGB ersetzt (siehe oben III.) oder ergänzt.[22] Zwar gehen auch die Vertreter der „Ergänzungstheorie" davon aus, dass das mangelfreie Entstehenlassen des Bauwerks „nach Maßgabe der vereinbarten Planungs- und Überwachungsziele" geschuldet wird[23]; es ist aber ein Unterschied, ob in diesem Rahmen das mangelfreie Bauwerk quasi als selbstverständlich geschuldet unterstellt wird oder nicht.

Auch wenn das Interesse des Bauherrn im Ergebnis auf ein mangelfreies Bauwerk gerichtet sein wird, sollte dies nach der Neuregelung gerade nicht mehr als gleichsam zwangsläufige Verantwortlichkeit des Architekten verstanden werden, sondern nur nach entsprechender eindeutiger Vereinbarung. Oder anders ausgedrückt: Es sollte möglichst eindeutig danach unterschieden werden, für welche Ziele der Architekt allein die Verantwortung tragen kann, welche nur im Zusammenwirken mit anderen Beteiligten erreicht werden können und für welche Leistungen daher welcher Erfolg geschuldet wird. Dies kann dazu führen, dass die Erfolgsschuld zumindest eingegrenzt

---

16 Kniffka, BauR 2017, 1846 (1847): „Der weite sonstige Aufgabenkreis eines Architekten oder Ingenieurs, insbesondere im Hinblick auf Beratungsleistungen wird nicht geregelt."
17 Siehe Fn 20. A.A. Deckers, ZfBR 2017, 523 (524) .
18 Laut Gesetzesbegründung (BT-Drs. 18/8486, S. 66) wird mit der Formulierung zum Ausdruck gebracht, dass Architekten- und Ingenieurverträge typischerweise eine Reihe verschiedener Pflichten umfassen und zwischen dem Planungserfolg und den Planungs- und Leistungsschritten zu unterscheiden ist.
19 Schmid, a.a.O. Rn 275, bezeichnet den Architektenvertrag daher im Grundsatz zutreffend als „Dialogvertrag".
20 BT-Drs. 18/8486, S. 67.
21 BT-Drs. 18/8486, S. 66.
22 Siehe Fn 20.
23 So Motzke a.a.O. 252.

bzw. präzisiert werden muss.[24] In diesem Sinne kann auch der – dort systematisch nunmehr verfehlte[25] – Passus in § 634a Abs. 1 Nr. 2 BGB ernster genommen werden als bislang. Sind bestimmte Planungs- und Überwachungsziele im Sinne des § 650p Abs. 1 BGB vereinbart, besteht der geschuldete Erfolg (bereits) in der (ordnungsgemäßen) Erbringung der hierfür[26] erforderlichen Planungs- und Überwachungsleistungen[27] selbst.

In diesem Rahmen schuldet der Architekt nach dem gesetzlichen Leitbild nur die zur vereinbarten Zielerreichung erforderlichen Leistungen. Wird bei der vertraglichen Festlegung der geschuldeten Leistungen auf die Leistungsbilder der HOAI Bezug genommen, sollte daher darauf geachtet werden, dass nicht auch u.U. unnötige Leistungen vertraglich zugesichert werden. Denn in diesem Fall müssen sie im Zweifel erbracht werden, es besteht aber zumindest die Gefahr, dass sie nicht vergütet werden.[28]

2. Pflichten nach § 650p Abs. 2 BGB

Nach § 650p Abs. 2 BGB hat der Architekt[29] zunächst eine Planungsgrundlage für den Fall zu erstellen, dass wesentliche Planungs- und Überwachungsziele noch nicht vereinbart sind. Die Planungsgrundlage soll dazu dienen, diese Ziele zu ermitteln (§ 650p Abs. 2 S. 1 BGB). Nach Erstellung dieser Planungsgrundlage legt der Architekt sie dem Bauherrn zur Zustimmung vor, wobei diese Planungsgrundlage mit einer sogenannten Kosteneinschätzung für das Vorhaben zu verbinden ist.

Hierdurch soll der Bauherr in die Lage versetzt werden, zu beurteilen, ob er sein Vorhaben tatsächlich durchführen möchte und kann oder ob dies an unter Umständen unzutreffenden Vorstellungen zum Beispiel über die Kostendimensionen scheitert. Dieser Zeitabschnitt, zumeist als „Zielfindungsphase" bezeichnet[30], ist somit unter anderem ein wichtiges Instrument, um künftigen Auseinandersetzungen im Vorfeld zu begegnen.

a) Planungsgrundlage

Wann die Zielfindungsphase beginnt und wann sie endet, wird sich voraussichtlich erst durch konkrete Einzelfälle herauskristallisieren, die im Streitfall durch die Gerichte entschieden werden. Der Gesetzgeber hat von einer zeitlichen Konkretisierung dieser Phase bewusst abgesehen und vor allen Dingen keinen Bezug zu den Leistungsphasen im Sinne der HOAI hergestellt, die nur Bestandteile eines Preiskontrollrechts bilden. Letztlich sollen Architekt und Bauherr im Rahmen ihrer Privatautonomie selbst bestimmen, wann die Voraussetzungen für eine tragfähige Beschaffenheitsvereinbarung vorliegen. Auch der Begriff der „Wesentlichkeit" enthält zwar eine objektive Komponente, wonach wesentliche Bestandteile jedenfalls solche sind, ohne die das Planungsobjekt nach allgemeiner Verkehrsanschauung unvollständig oder nicht umsetzungsfähig wäre. Losgelöst hiervon wird es aber auch auf subjektive Einschätzungen des

---

[24] Ähnlich, aber noch weitergehender Deckers a.a.O., 523 (524): „Ob der Architekt ein Werk (…) im Sinne eines Erfolges (…) schuldet, hängt vom Inhalt des Vertrages ab. Hängt die Erreichung eines angestrebten Ergebnisses von Dritten ab, etwa Bauunternehmen oder Behörden, so schuldet der Architekt nicht den Erfolg – Errichtung des plangerechten und mangelfreien Gebäudes, Erteilung der Baugenehmigung – selbst, sondern nur die ordentliche Bemühung hierum. (…) Deswegen schuldet der bauüberwachende Architekt nicht den das Bauwerk selbst und der mit der Genehmigungsplanung beauftragte Architekt schuldet nicht die Erteilung der unanfechtbaren und unwiderruflichen Baugenehmigung. Ist die Herbeiführung des angestrebten Ergebnisses hingegen nicht von Umständen abhängig, die der Architekt von vornherein nicht beherrschen kann, so schuldet er auch auf der Grundlage des neuen Rechts ein Werk, etwa den Entwurf eines Bauwerks, eine Ausführungsplanung oder fachgerechte Ausschreibungsunterlagen." Deckers greift allerdings in den Fällen, in denen nach seiner Ansicht ein Werkerfolg geschuldet ist, auf § 631 BGB zurück, da er § 650p BGB jeglichen Erfolgsbezug abspricht (a.a.O., 525).
[25] Siehe bereits FN 19.
[26] Insofern verwundert es, wenn Deckers (a.a.O., 525) mit Blick auf die „Überwachungsziele" pauschal davon ausgeht, dass die Bauüberwachung dem Ziel dient, das Bauwerk oder die Außenanlage plangerecht und frei von Mängeln entstehen zu lassen. Auch wenn dies die Regel sein dürfte, nimmt er dem Bauherrn und Architekten in diesem Bereich jeglichen Vereinbarungsspielraum. Siehe aber noch FN 19..
[27] Deckers (a.a.O., 532) lehnt bei Überwachungsleistungen des Architekten jeglichen Erfolgsbezug ab, da der Architekt nicht die Macht habe, für den Erfolg zu sorgen. Er schulde bei der Bauüberwachung daher nicht das plangerechte und mangelfreie Gebäude, sondern die ernsthafte Bemühung darum und er hafte deswegen auch nur wie ein Dienstverpflichteter. Inwieweit diese Auffassung Auswirkungen auf die Regelung zur gesamtschuldnerischen Haftung mit dem bauausführenden Unternehmer in § 650t BGB haben könnte, wird sich erst noch herausstellen müssen.
[28] Siehe Fuchs, a.a.O., 677; a/A allerdings Deckers, a.a.O., 527, der dies zu Recht nur dann für gerechtfertigt hält, wenn die nicht objektiv erforderliche Leistung ohne dahingehende Vereinbarung erbracht wurde.

[29] Auch § 650p Abs. 2 BGB gilt grundsätzlich für alle Leistungsbilder der HOAI, dürfte aber nicht für alle Leistungsbilder von gleicher praktischer Bedeutung sein.
[30] Orlowski, a.a.O., 434, bezeichnet diesen Abschnitt als Vorvorplanungsphase.

Bauherrn ankommen, da für den einen etwas anderes wesentlich sein kann als für den anderen (z.B. eine bestimmte Kostengrenze für den einen, ein hohes Ausstattungsniveau für den anderen).

Schon durch die gesetzgeberische Wahl der Begrifflichkeiten „Planungsgrundlage" und „Kosteneinschätzung" dürfte allerdings deutlich sein, dass der Anwendungsbereich der Vorschrift jedenfalls nicht notwendigerweise die in der Leistungsphase 1 beschriebenen Grundleistungen, auch nicht die der Grundlagenermittlung[31], und schon gar nicht die Leistungsphasen 2 und 3 der HOAI umfasst. Erfasst sein dürften stattdessen solche Leistungen, die üblicherweise im Rahmen einer Projektvorbereitung erbracht werden und, in den HOAI-Sprachgebrauch übersetzt, üblicherweise als Bestandteile der sogenannten Leistungsphase „0" bezeichnet werden.[32] Die damit verbundene Erarbeitung von Planungsvorgaben und die Klärung des Bedarfs ist zunächst eine Aufgabe des Bauherrn, wird aber oftmals vom Architekten stillschweigend und ohne angemessene Vergütung erwartet.

Ob und inwieweit sich die Erarbeitung von Planungsvorgaben und die Bedarfsklärung mit der Bedarfsplanung und der Bedarfsermittlung im Sinne der Besonderen Leistungen der Leistungsphase 1 überschneiden können[33], ist eine Frage des Einzelfalles und hängt insbesondere davon ab, welche Vorleistungen der Bauherr bereits erbracht hat. Wesentliche Leistungsteile für die Planungsgrundlage werden sich z.B. an den Vorgaben für die Bedarfsplanung im Bauwesen nach der DIN 18205: 2016-11 orientieren können[34], müssen diesen aber nicht notwendigerweise entsprechen.

Laut Gesetzesbegründung ist in dieser Phase lediglich eine erste Grundlage, „etwa eine erste Skizze oder eine Beschreibung des zu planenden Vorhabens geschuldet, auf der dann die Planung aufbauen kann".[35] Der Architekt schuldet in diesem Stadium daher vor allen Dingen Leistungen, die notwendig sind, um den Planungsgegenstand und die grundsätzlichen Planungs- und Überwachungsziele überhaupt erst einmal so hinreichend definieren zu können, dass die maßgeblichen Planungs- und Überwachungsleistungen erbracht werden können. Nicht hingegen schuldet der Architekt die Ermittlung dieser Ziele selbst.[36] Orientiert er sich z.B. an der DIN 18205: 2016-11[37] dürfte der Architekt seinen Pflichten bereits dann genügen, wenn er anhand der dort genannten Kriterien den Bedarf beim Bauherrn abfragt.

Eine bestimmte Beschaffenheit kann mit der Planungsgrundlage somit schon begrifflich nicht verbunden sein, so dass es insoweit an einem bestimmten Erfolgsbezug fehlt. In diesem Zusammenhang ist hervorzuheben, dass auch die in der Gesetzesbegründung genannte „erste Skizze" nicht mit einer ggf. ebenfalls nur skizzenhaften zeichnerischen Planungslösung verwechselt werden darf. Eine Skizze im Sinne des § 650p Abs. 2 BGB bedeutet nichts anderes als die ggf. auch nur Teilbereiche betreffende zeichnerische Umsetzung dessen, was im Übrigen auch textlich beschreibbar ist. Zugleich ist der „Erfolg", nämlich die Planungsgrundlage, aber hinreichend bestimmbar, wobei nach der Regelungskonzeption der Erfolgseintritt in erster Linie durch den Architekten bestimmt wird. Der Erfolg ist dann eingetreten, wenn der Architekt dem Bauherrn seine nach üblicher Sorgfalt erstellte Planungsgrundlage (zusammen mit der Kosteneinschätzung) vorlegt (siehe hierzu näher „Sonderkündigungsrecht").

---

31 Gautier, DIB 6/2017, 45 (46).
32 So Dammert, a.a.O. 424.
33 Nach Auffassung Motzke, a.a.O., 253, und Gautier, a.a.O., 47, handelt es sich bei der Planungsgrundlage im Ergebnis um die Bedarfsermittlung und Bedarfsplanung im Sinne der Leistungsphase 1 der HOAI.
34 Z.B. Entwicklung eines Nutzerbedarfsprogramms und/oder eines Funktions-, Raum- und Ausstattungsprogramms.
35 BT-Drs. 18/8486, S. 67.
36 Siehe auch Schmid, a.a.O. Rn 278: „§ 650p Abs. 2 BGB beschreibt den Fall, dass der Bauwillige die Entscheidung nicht treffen kann, welche Architektenleistungen (resp. Ingenieurleistungen) er jetzt braucht. Dann muss ihn der Architekt durch Erstellung der Planungsgrundlage in die Lage versetzen, diese Entscheidung treffen zu können." sowie Dammert, a.a.O., 424: „Es geht darum, erst einmal die Voraussetzung für eine sinnvolle Beschaffenheitsvereinbarung des Architektenwerks zu schaffen."
37 Im Bereich der Krankenhausplanung kommt zudem eine Orientierung an Beiblatt 4 zur DIN 13080:2016-06 „Gliederung des Krankenhauses in Funktionsbereiche und Funktionsstellen – Begriffe und Gliederung der Zielplanung für Allgemeine Krankenhäuser" in Betracht.

Im Einzelnen können für die Erstellung einer Planungsgrundlage zum Beispiel nachfolgende Gesichtspunkte von Belang sein[38]:

- Art des Objektes (z.B. Einfamilienhaus, Bürogebäude, Hotel) und der Maßnahme (Neubau/Umbau/Modernisierung/Instandsetzung etc.)
- Angaben zum Umfang (z.B. Raum- und Flächenbedarf, Gebäudeteile)
- Angaben zur Qualität (z.B. Qualitätsstandards, Materialien, Ausstattung)
- Angaben zur Gestaltung (z.B. Bauweise, Dachform, Fassade)
- Angaben zur Funktionalität (z.B. Flexibilität der Nutzung, Barrierefreiheit, Anschlussnutzung, Erweiterungsmöglichkeiten)
- Angaben zur Technik und zur technischen Ausstattung (z.B. Konstruktionsart: Massivbau, Holzbau u.ä.; Akustik, Schallschutz)
- Energetische Vorgaben (z.B. Passivhaus, KfW-Standard, Einsatz regenerativer Energien)
- Vorläufiger wirtschaftlicher Rahmen der Gesamtmaßnahme ohne Kosten des Grundstückserwerbs

b) Kosteneinschätzung

Sinn und Zweck der Kosteneinschätzung ist es laut Gesetzesbegründung, dem Bauherrn eine grobe Einschätzung der zu erwartenden Kosten für seine Finanzierungsplanung zu geben.[39] Sowohl hierdurch als auch durch die bewusste begriffliche Abgrenzung zur Kostenschätzung und zur Kostenberechnung nach der DIN 276, die zu den Grundleistungen der Leistungsphasen 2 bzw. 3 gehören, wird deutlich, dass die Kosteneinschätzung in einer vorgelagerten Phase erfolgt und allenfalls grobe Kosteneckpunkte umfassen kann. Näher liegt hingegen ein Vergleich mit dem Kostenrahmen und der Ermittlung der Kosten auf Grundlage der Bedarfsplanung im Sinne der DIN 18205: 2016-11 und der DIN 276-1: 2008-12[40]. Die Kosteneinschätzung wird diesem im Ergebnis dann und soweit entsprechen, als die zu erbringenden Leistungen die Bedarfsplanung nach dieser DIN abdecken. Ist dies noch nicht der Fall, kann es ggf. genügen, zum Beispiel auf Grundlage von Erfahrungswerten einen ersten Grobbetrag zu nennen. In keinem Fall geht die Kosteneinschätzung über die Anforderungen an den Kostenrahmen hinaus.

Dies ergibt sich bereits daraus, dass dem Kostenrahmen zeichnerische Planungslösungen noch nicht zugrunde liegen (siehe oben unter a) und gerade dieses Fehlen von Planungslösungen die Zielfindungsphase kennzeichnet. In keinem Fall sollte die Kosteneinschätzung als Grundlage für eine sogenannte Kostenvorgabe verstanden werden, da diese bereits die Festlegung der Kosten als Obergrenze oder als Zielgröße für die Planung beinhaltet.

Auch die den Kostenrahmen nach der DIN 276 kennzeichnenden Informationen dürfen für die Kosteneinschätzung nicht als Mindestanforderungen angesehen werden, sondern lediglich als Orientierungsrahmen „nach oben". Welche der dort genannten Informationsgrundlagen[41] einschlägig sein können, hängt vom Grad des jeweiligen Projektentwicklungsstandes und damit vom Einzelfall ab.[42]

Die Grundsätze für die Kosteneinschätzung gelten gleichermaßen unabhängig davon, ob der Bauherr selbst überhaupt keine Vorstellungen über denkbare Kostenvolumina hat oder ob dessen Kostenvorstellung bzw. -vorgabe einzuordnen ist.

---

38 Siehe hierzu auch die von den Architektenkammern angebotenen Orientierungshilfen.
39 BT-Drs. 18/8486, S. 67.
40 Für Motzke, a.a.O., 253 und Gautier, a.a.O., 48 ist die Kosteneinschätzung mit dem Kostenrahmen in diesem Sinne identisch. Der Kritik daran, dass der Begriff des Kostenrahmens nicht in das BGB übernommen wurde, ist allerdings nicht zuzustimmen. Der BGB-Gesetzgeber sollte sich nicht durch Begriffe präjudizieren lassen, die z.B. von außergesetzlichen Normgebern geprägt werden.
41 Angaben zum Flächenbedarf, zu den vorgesehenen Nutzeinheiten und zu funktionalen Grundlagen der Planung; Ergebnis der Standortbestimmung ggf. Grundstückslage mit Größenangabe und Lagebeschreibung; Angaben zur vorgesehenen Qualität in Bezug auf Gestaltung und Konstruktion bzw. Bautechnik, sowie grundlegende qualitative Angaben zur Ausstattung.
42 So soll der Kostenrahmen mindestens die Gebäudekosten abgegrenzt zu den sonstigen Kosten enthalten. Im Rahmen einer Kosteneinschätzung wird dies nicht für jeden Fall möglich sein, z.B. wenn die vorgesehenen Nutzeinheiten noch nicht abgeschätzt werden können.

c) Vergütungspflicht und Zustimmungsobliegenheit des Bauherrn auf vertraglicher Grundlage

In diesem Zusammenhang ist hervorzuheben, dass der Gesetzgeber durch § 650p Abs. 2 BGB (ergänzt durch das in § 650r BGB geregelte Sonderkündigungsrecht) klarstellt, dass bereits vor Vereinbarung der wesentlichen Planungs- und Überwachungsziele vertragliche Beziehungen bestehen können. Den Tendenzen in der Rechtsprechung, die sogenannte (vergütungsfreie) Akquisephase des Architekten immer weiter und trotz bereits erbrachter Leistungen nach hinten hinauszuschieben, soll damit entgegengetreten werden.[43] Im Zweifel muss der Architekt allerdings weiterhin darlegen können, dass auch diese Leistungen auf einer vertraglichen Grundlage erfolgt sind.[44] § 650p Abs. 2 BGB hat also indizielle Wirkung, jedoch keine vertragsersetzende.[45] Dieses Indiz ist allerdings nicht nur für den Bauherrn, sondern auch für den Architekten von erheblicher Bedeutung. Es zeigt, dass der Gesetzgeber davon ausgeht, dass auch die Leistungen in der Zielfindungsphase üblicherweise vergütet werden.

Dies verdeutlicht insbesondere auch § 650r Abs. 3 BGB, wonach sich – über den Verweis in § 650q Abs. 1 BGB – auch in dieser „Projektanbahnungsphase" eine Vergütungspflicht für den Bauherrn aus einer entsprechenden Anwendung der §§ 631 Abs. 1, 632 Abs. 1 BGB ergibt.

Des Weiteren trifft den Bauherrn die Obliegenheit, der vom Architekten vorgelegten Planungsgrundlage und der Kosteneinschätzung zuzustimmen. Verweigert er die Zustimmung ausdrücklich oder reagiert er auf eine vom Architekten gesetzte angemessene Frist nicht, kann dieser den Vertrag kündigen (siehe hierzu näher „Sonderkündigungsrecht"). Im Gegenzug muss der Architekt gegebenenfalls schon für in dieser Phase verursachte Mängel einstehen.

C. Hinweise für die Praxis

Folgende Hinweise sind für die Praxis zu beachten:

- Bereits vor der ersten Kontaktaufnahme mit dem (potentiellen) Bauherrn sollte sich der Architekt die Frage stellen, welche Leistungen er noch im Rahmen der Akquise erbringen möchte und welche nicht.[46] Bis zu einer zu erhoffenden Änderung der Rechtsprechung zu Akquiseleistungen sollte der Architekt trotz des neuen § 650p Abs. 2 BGB darlegen und im Zweifel auch noch beweisen können, dass die Leistungen bereits auf einer vertraglichen Grundlage erbracht worden sind. Gleiches gilt im Grundsatz umgekehrt für die Pflicht zur Erstellung einer Planungsgrundlage, wie sie in § 650p Abs. 2 BGB beschrieben ist. Hier ist aber zu beachten, dass sich durch § 650p Abs. 2 BGB bei Beauftragung des Architekten die Pflicht zur Erstellung einer Planungsgrundlage auch dann ergeben dürfte, wenn dies nicht ausdrücklich beauftragt wurde, sondern sich nach Vertragsschluss herausstellt, dass die notwendigen Vorgaben des Bauherrn in Form einer Bedarfsplanung noch gar nicht vorliegen. Um dies zu vermeiden, sollte der Architekt bereits im Vorfeld mit dem Bauherrn klären, ob und inwieweit eine hinreichende Bedarfsklärung vorliegt und wenn nicht, wer die Planungsgrundlage erstellen soll. Wird diese Aufgabe dem Architekten übertragen, sollte er hierfür eine gesonderte Vergütungsvereinbarung treffen. Die Architektenkammern stellen Orientierungshilfen

---

[43] Dieses Ziel wird im Grundsatz allgemein begrüßt. Siehe nur Reinelt, BauR 2016, 1 (2): „Zu unbesehen wird in der Rechtsprechung häufig das Zustandekommen eines Architektenvertrages verneint und eine unentgeltliche Akquisephase zu Lasten des Architekten behauptet." Zu den Beweisanforderungen des Architekten s. zuletzt OLG Koblenz, Beschl. v. 06.09.2017 – 5 U 400/17, in: IBRRS 2017, 3387.

[44] Im Ergebnis ebenso Motzke a.a.O., 256; Reinelt, a.a.O., 2; Fuchs a.a.O., 680, der meint, dass der – zu begrüßende – Regelungszweck deshalb nicht erreicht werde.

[45] Zumindest bleibt zu hoffen, dass wegen des Sonderkündigungsrechts nach § 650r BGB die Rechtsprechung nicht mehr nur deshalb eine unentgeltliche Akquisephase bejaht, weil sie den Bauherrn vor einem Vollauftrag (Leistungsphasen 1 bis 9) schützen will.

[46] Hilfreich ist insoweit, dass der BGH mit Urteil vom 16.03.2017 (VII ZR 35/14) entschieden hat, dass eine Vergütungsvereinbarung in jedem Fall die Akquisephase beendet, während das vorentscheidende OLG Jena noch von der Möglichkeit einer „entgeltlichen Akquise" ausgegangen war (siehe hierzu DAB 10/2017, S. 36).

zu Gestaltung von Architektenverträgen zur Verfügung, die auch Optionen für die Zielfindungsphase enthalten.

- Der Architekt sollte darauf achten, dass er im Rahmen der Zielfindungsphase zum Beispiel die Zahl der vorzulegenden Skizzen oder Beschreibungen des geplanten Vorhabens vertraglich beschränkt, damit die Entscheidung, ob auf dieser Grundlage die eigentlichen Planungs- und Überwachungsleistungen erbracht werden sollen, nicht zu lange hinausgeschoben werden kann. Letztlich liegt es aber in der Beurteilung des Architekten, wann er eine geeignete Planungsgrundlage – nebst Kosteneinschätzung – vorlegen kann. Dabei sollte sich der Architekt immer bewusst sein, dass er nicht mehr schuldet als eine Grundlage, die der Ermittlung der Planungs- und Überwachungsziele dient. Liefert er mehr, z.B. bereits erste Planungsansätze, ist dies in diesem Vertragsabschnitt nicht vergütungspflichtig. Wird von dem Sonderkündigungsrecht nach § 650r BGB Gebrauch gemacht, besteht zugleich die Gefahr, dass der Bauherr die Planungsansätze, ggf. mit einem anderen Architekten, weiterverwendet. Um dies von vornherein auszuschließen, empfiehlt sich eine Vertragsklausel, wonach der Bauherr nicht berechtigt ist, die vom Architekten erbrachten Leistungen ohne dessen Einverständnis weiter zu verwenden.
- Trotz des geringen Verifizierungs- und Ermittlungsgrades sollte sich der Architekt bei der Kosteneinschätzung bewusst machen, dass diese für den Bauherrn Grundlage für seine Entscheidung sein kann, mit oder ohne den Architekten das Projekt fortzusetzen und die wesentlichen Planungs- und Überwachungsziele im Sinne des § 650p Abs. 1 BGB zu vereinbaren. Daher ist es im Zweifel ratsam, für die Kosteneinschätzung ausdrücklich deren Unverbindlichkeit zu vereinbaren.
- Generell gilt, dass sich ein Architekt, der (auf vertraglicher Grundlage) Leistungen in der Zielfindungsphase erbringt, intensiv mit den Anforderungen der Projektvorbereitung durch Bedarfsplanung auseinandersetzen sollte.
- Schließlich sollte der Architekt mit dem (potentiellen) Bauherrn eine klare Vereinbarung dahingehend treffen, dass nach dessen Zustimmung zur vorgelegten Planungsgrundlage nebst Kosteneinschätzung die weitere Beauftragung von vornherein eine Einigung über die wesentlichen Planungs- und Überwachungsziele darstellt. Anderenfalls bestünde die Gefahr, dass der Bauherr trotz bereits getroffener Vereinbarung zu den Planungs- und Überwachungszielen weiterhin die Erstellung einer Planungsgrundlage verlangen könnte.
- Im Rahmen der Planungsphase nach § 650p Abs. 1 BGB sollte möglichst detailliert vertraglich festgelegt werden, worin genau die Planungs- und Überwachungsziele sowie die vom Architekten zu erbringenden Leistungs- und Erfolgsinhalte bestehen sollen. Hierdurch kann der Architekt besser als bisher steuern, für welche Leistungen, aber vor allen Dingen für welche Leistungserfolge er die Verantwortung übernehmen kann und will.

D. Ausblick

Wie viele andere der neuen oder durch das Gesetz zur Reform des Bauvertragsrechts geänderten Vorschriften wird auch § 650p BGB und voraussichtlich insbesondere dessen Absatz 2 Gegenstand zahlreicher Auslegungsfragen und gegebenenfalls gerichtlicher Auseinandersetzungen sein. Dennoch handelt es sich um einen bedeutsamen Fortschritt im Vergleich zur bisherigen Rechtslage. Dies bezieht sich auf die stärker ausdifferenzierte Pflichtenlage bei bestehenden Planungsgrundlagen, aber auch auf die „Kodifizierung" der vorhergehenden Zielfindungsphase.

Zu wünschen wäre eine baldmögliche Klarstellung durch die Rechtsprechung, dass die gesetzliche Einordnung des Architekten- und Ingenieurvertrages als werkvertragsähnlicher Vertrag für dieses Rechtsgebiet maßgeschneidetere Entscheidungen ermöglicht. Von besonderem Interesse ist hierbei auch, ob das neue Recht stärkere Variationsmöglichkeiten hinsichtlich der erfolgsbezogenen Pflichten des Architekten zulässt.

Nicht zuletzt wird sich erst im Laufe der Zeit erweisen, welches Maß an indizieller (oder ggf. darüber hinausgehender) Wirkung § 650p Abs. 2 BGB bei der Frage entfaltet, ob – bei Fehlen einer ausdrücklichen Vereinbarung – Leistungen des Architekten in der Zielfindungsphase auf zu vergütender vertraglicher Grundlage erfolgen oder nicht.

3 Sonderkündigungsrecht

§ 650r BGB
Sonderkündigungsrecht

Ein Beitrag von Eric Zimmermann

**§ 650r BGB
Sonderkündigungsrecht**

(1) Nach Vorlage von Unterlagen gemäß § 650p Absatz 2 kann der Besteller den Vertrag kündigen. Das Kündigungsrecht erlischt zwei Wochen nach Vorlage der Unterlagen, bei einem Verbraucher jedoch nur dann, wenn der Unternehmer ihn bei der Vorlage der Unterlagen in Textform über das Kündigungsrecht, die Frist, in der es ausgeübt werden kann, und die Rechtsfolgen der Kündigung unterrichtet hat.

(2) Der Unternehmer kann dem Besteller eine angemessene Frist für die Zustimmung nach § 650p Absatz 2 Satz 2 setzen. Er kann den Vertrag kündigen, wenn der Besteller die Zustimmung verweigert oder innerhalb der Frist nach Satz 1 keine Erklärung zu den Unterlagen abgibt.

(3) Wird der Vertrag nach Absatz 1 oder 2 gekündigt, ist der Unternehmer nur berechtigt, die Vergütung zu verlangen, die auf die bis zur Kündigung erbrachten Leistungen entfällt.

A. Fall

Der Bauherr hat von seinem Onkel ein unbebautes Grundstück in der Stuttgarter Innenstadt geerbt. Er sucht einen Architekten auf mit der Frage, ob dieser ihm Vorschläge für eine zukünftige Bebauung und Nutzung unterbreiten könne. Konkrete Vorstellungen hat er nicht, „irgendetwas mit Einzelhandel" fände er gut. Der Architekt konkretisiert gemeinsam mit dem Bauherrn das Projekt, fertigt eine erste Skizze an und übergibt sie dem Bauherrn mit einer groben Einschätzung, was dies kosten könnte.

B. Kommentierung

In § 650r BGB hat der Gesetzgeber ein Sonderkündigungsrecht aufgenommen. Es knüpft unmittelbar an die Bestimmungen des § 650p Abs. 2 BGB an. Hat der Bauherr bislang nur vage Vorstellungen von seinem Bauvorhaben und können deshalb wesentliche Planungs- und Überwachungsziele noch nicht vertraglich vereinbart werden, kann nach § 650p Abs. 2 BGB ein Vertrag zur Ermittlung dieser Ziele geschlossen werden. Mit der Normierung dieses Vertragstyps führte der Gesetzgeber gleichzeitig ein Sonderkündigungsrecht ein, um „insbesondere Verbraucher vor den Rechtsfolgen eines häufig übereilt abgeschlossenen umfassenden Architektenvertrags" zu schützen.[1] Die Regelung des § 650p Abs. 2 BGB ist ohne die Rechtsfolge des Sonderkündigungsrechts nicht vollständig. So wäre es systematisch übersichtlicher, wenn der Gesetzgeber § 650p Abs. 2 BGB und § 650r BGB in einen einzelnen Paragrafen zusammengefasst hätte. Insbesondere durch die Unterbrechung durch § 650q BGB wird der unmittelbare Zusammenhang von § 650p Abs. 2 BGB mit § 650r BGB nicht direkt ersichtlich.

I. Bisherige Regelung

Ein spezielles Sonderkündigungsrecht für die Zielfindungsphase gab es bislang nicht im Architektenrecht, da es auch keine gesetzlichen Regelungen speziell zum Architektenvertrag gab. Beim Sonderkündigungsrecht aus § 650r BGB handelt es sich um ein spezielles Kündigungsrecht, das nur in den Fällen des § 650p Abs. 2 BGB Anwendung findet. Dies wird sprachlich mit dem Wort „Sonderkündigungsrecht" herausgehoben.

1. Freies Kündigungsrecht

Wird ein Vertragsverhältnis durch eine Kündigung beendet, ohne dass dazu ein wichtiger Grund vorliegt, ist von einer sogenannten freien Kündigung die Rede.[2] Dieses freie Kündigungsrecht findet sich im Allgemeinen Teil des Werkvertragsrechts in § 648 BGB (§ 649 BGB aF) und gilt folglich zunächst für alle Werkvertragsverhältnisse.

Nach dem Gesetzeswortlaut kann der Besteller bis zur Vollendung des Werkes jederzeit den Vertrag kündigen. Der Unternehmer ist dann aber berechtigt, unter bestimmten Umständen die vereinbarte Vergütung auch für die Leistungen zu verlangen, die er infolge der Kündigung nicht mehr erbringen muss. Aufgrund der Einbindung der Regelung im Werkvertragsrecht werden die allgemeinen Begriffe des Bestellers und des Unternehmers verwendet. Unternehmer im Sinne des Gesetzes sind auch Architekten; Besteller wiederum sind die Bauherrn, weshalb sich im Architektenrecht ausschließlich Bauherrn auf die freie Kündigung berufen können. Es stellt eine Besonderheit des Werkvertragsrechts dar, dass ohne speziellen Grund ein Kündigungsrecht eingeräumt wird.[3] Über die allgemeine Verweisregelung des § 650q Abs. 1 BGB findet die Vorschrift weiterhin Anwendung auf den werkvertragsähnlichen Architektenvertrag. Somit besitzt der Bauherr ein freies Kündigungsrecht, der Architekt hingegen nicht.

Diese gesetzliche Ungleichbehandlung zwischen Bauherr und Architekt wird damit gerechtfertigt, dass sich andernfalls – bei einem freien Kündigungsrecht des Architekten – der Bauherr bei Ausübung einer freien Kündigung seines Architekten während eines Bauvorhabens (und ggf. ohne Ankündigung) einen neuen Architekten suchen müsste.[4]

Beim Bauherrn wird hingegen die Notwendigkeit eines freien Kündigungsrechts erkannt. Denn nachträglich könnten für den Bauherrn Umstände eintreten, die ihn dazu veranlassen,

---

[1] BT-Drs. 18/8486, S. 69.
[2] Fuchs/Berger, Rn. 330.
[3] Oberhauser, in: Messerschmidt/Voit, § 649 BGB Rn. 2.
[4] Vgl. Franz, in: Fuchs/Berger/Seifert, Syst. A VIII Rn. 3.

seine Entscheidung zum Abschluss des Vertrages in Frage zu stellen.[5] Dann soll er die Möglichkeit haben, ohne große Probleme oder Einschränkungen den Vertrag zu kündigen.

Die Einführung des Sonderkündigungsrechts im Architektenrecht bestätigt den gesetzgeberischen Willen, dem Architekten kein freies Kündigungsrecht ohne rechtfertigenden Grund einzuräumen.[6] Dies begründete der Gesetzgeber damit, dass sich der Auftraggeber auf die Vertragserfüllung verlassen müsse.[7]

Die Auswechslung des Architekten sei regelmäßig mit „erheblichen Mehrkosten" verbunden, und es sei auch schwierig, „kurzfristig einen anderen Fachplaner zu finden, der das Bauprojekt zu Ende führt."[8]

2. Außerordentliches Kündigungsrecht

Sowohl der Bauherr als auch der Architekt besitzen ein Kündigungsrecht aus wichtigem Grund. Dieses außerordentliche Kündigungsrecht war bisher nicht im Werkvertragsrecht normiert, wurde aber von der Rechtsprechung[9] und juristischen Literatur[10] sowohl dem Architekten als auch dem Bauherrn zugesprochen. Das außerordentliche Kündigungsrecht wurde nun in § 648a BGB eingeführt. Er findet über die Verweisvorschrift des § 650q BGB auch auf den Architektenvertrag Anwendung (siehe: „Kündigung aus wichtigem Grund"). Weitere Kündigungsmöglichkeiten finden sich in § 643 BGB (Kündigung bei unterlassener Mitwirkung) und in § 650f Abs. 5 BGB (Bauhandwerkersicherung).

II. Neue Regelung des § 650r BGB

Das Sonderkündigungsrecht stellt keine Ergänzung des freien Kündigungsrechts dar, sondern orientiert sich vielmehr an der Kündigung wegen fehlender Mitwirkung (vgl. § 643 BGB). Die freie Kündigung und das Kündigungsrecht aus wichtigem Grund bleiben daher unberührt. Das Sonderkündigungsrecht des § 650r BGB bezieht sich ausschließlich auf den Vertrag aus § 650p Abs. 2 BGB. Bei einem Architektenvertrag, in dem die wesentlichen Planungs- und Überwachungsziele bereits zu Beginn vereinbart sind, besteht daher kein Sonderkündigungsrecht.

1. Kündigung des Bauherrn (§ 650r Abs. 1 BGB)

Zunächst wird in der Vorschrift das Sonderkündigungsrecht des Bestellers, d.h. des Bauherrn geregelt.

a) Vertrag nach § 650p Abs. 2 BGB

Gemäß § 650r Abs. 1 S. 1 BGB kann der Bauherr nach Vorlage der Planungsgrundlage und der Kostenschätzung nach § 650p Abs. 2 BGB den Vertrag kündigen.

> **Praxishinweis**[11]
> Planungsgrundlage = Grundlage, auf der die Planung aufbauen kann (erste Skizze oder eine Beschreibung des zu planenden Vorhabens)
> Kosteneinschätzung = Grobe Einschätzung der zu erwartenden Kosten; ermittelt beispielsweise nach qm oder Kubikmeter x Schätzwert

Dabei unterstellt der Gesetzgeber offenbar, dass die Ermittlung der Planungsgrundlage in der Regel auf vertraglicher Basis erfolgt und keine Akquisitionsleistung darstellt. Der Gesetzgeber geht also vom Zustandekommen eines Vertragsverhältnisses zu diesem Zeitpunkt aus.[12]

---

5 Oberhauser, in: Messerschmidt/Voit, § 649 BGB Rn. 2.
6 BT-Drs. 18/8486, S. 69.
7 BT-Drs. 18/8486, S. 69.
8 BT-Drs. 18/8486, S. 69.
9 Vgl. BGH, Urt. v. 16.12.1999 - VII ZR 392/96, in: NJW 2002, 1114 (1115).
10 Vgl. Werner, in: Werner/Pastor, Rn. 1148.

11 Nach BT-Drs. 18/8486, S. 67.
12 Vgl. Fuchs, NZBau 2015, 675 (678).

Die Parteien können also gerade die Ermittlung von Planungs- und Überwachungszielen als einen Vertragsgegenstand vereinbaren.

Im oben genannten Ausgangsfall ist davon auszugehen, dass es zu einem Vertragsschluss zwischen Erben und Architekten gekommen ist. Denn der Erbe beauftragte den Architekten mit der Konkretisierung seines Vorhabens durch die Erstellung einer Planungsgrundlage und einer ersten Skizze. Die Annahme, dass diese Leistung nicht unentgeltlich sein soll, wird durch die Gesetzesbegründung unterstützt. Denn dort heißt es, dass der „vielfach zu weitgehenden Ausdehnung der unentgeltlichen Akquise zu Lasten des Architekten entgegengewirkt" wird.[13] Somit gibt es sowohl ein Indiz über das Zustandekommen eines Vertrages zu diesem Zeitpunkt als auch eines zur Honorierungspflicht.

b) Vorlage von Unterlagen

Das Sonderkündigungsrecht des Auftraggebers entsteht nach Vorlage von Unterlagen gemäß § 650p Abs. 2 BGB. Mit den Unterlagen sind die Planungsgrundlage und die Kosteneinschätzung gemeint. Es reicht nicht aus, wenn der Architekt die erstellte Planungsgrundlage dem Bauherrn aushändigt (§ 650p Abs. 2 S. 1 BGB). Er muss ihm auch die Kosteneinschätzung (§ 650p Abs. 2 S. 2 BGB) vorlegen. Ohne Kosteneinschätzung wäre der Architekt seiner Verpflichtung nach § 650p Abs. 2 BGB nicht vollständig nachgekommen.

Nicht weiter definiert ist in welcher Art oder Form die Planungsgrundlage geschuldet wird und damit, ob und unter welchen Bedingungen der Bauherr eine Planungsgrundlage als unzureichend ablehnen kann. Somit ist zu klären, was das „Soll" ist, das vertraglich geschuldet wird. Die Gesetzesbegründung führt dazu aus: „In solchen Fällen soll der Architekt oder Ingenieur die Wünsche und Vorstellungen des Bestellers erfragen und unter deren Berücksichtigung eine Planungsgrundlage zur Ermittlung der noch offenen Planungs- und Überwachungsziele erstellen."[14]

Sinn und Zweck des Vertrages ist die Erstellung einer Planungsgrundlage. Die Erstellung der Planungsgrundlage erfolgt allein auf der Abstimmung des Architekten mit dem Bauherrn, der für sich zu prüfen hat, ob er das Bauvorhaben „so haben will".[15] Solange das Werk des Architekten diese Vorgabe erfüllt, wird sich der Bauherr nicht darauf berufen können, dass er sich etwas anderes vorgestellt hat. Denn geschuldet wird nicht eine Planungsgrundlage, die der Bauherr für geeignet hält, sondern allein eine solche, die auf den von ihm mitgeteilten Wünschen und Vorstellungen basiert. Der Architekt darf und muss übrigens auch nicht „übermäßigen Aufwand" zur Erstellung der Planungsgrundlage betreiben.[16] Wesentlich ist daher, dass der Architekt bei der Erstellung der Planungsgrundlage

- Wünsche und Vorstellungen des Bauherrn erfragt
- diese bei der Anfertigung einer Planungsgrundlage berücksichtigt
- und berücksichtigt, dass die Planungsgrundlage der Ermittlung der offenen Planungs- und Überwachungsziele dient.

Durchaus ist es daher möglich, dass der Bauherr sich eine andere Planungsgrundlage vorgestellt hat als diejenige, die der Architekt erstellt hat. Denn die Wünsche und Vorstellungen des Bauherrn muss der Architekt bei der Anfertigung der Planungsgrundlage lediglich berücksichtigen. Er genießt somit zu diesem Zeitpunkt eine Planungsfreiheit, die deutlich größer ist, als wenn die Planungs- und Überwachungsziele bereits vereinbart worden wären. Genau aus diesem Grund hat der Gesetzgeber mit dem Sonderkündigungsrecht eine individuelle Lösung geschaffen, um weder den Bauherrn noch den Architekten an einen lang währenden Vertrag zu binden, der ggf. nicht mehr der Intention des Bauherrn entspricht.

c) Erlöschung des Sonderkündigungsrechts

Das Sonderkündigungsrecht erlischt grundsätzlich gemäß § 650r Abs. 1 S. 2 BGB zwei Wochen nach Vorlage der Unterlagen. Die Fristberechnung erfolgt nach §§ 186 ff. BGB.

---

13 BT-Drs. 18/8486, S. 67.
14 BT-Drs. 18/8486, S. 67.
15 Kniffka, BauR2017, 1846 (1861)
16 Kniffka, BauR2017, 1846 (1861)

> **Praxishinweis**
> Werden die Unterlagen dem Auftraggeber am 1. August ausgehändigt, beginnt die Frist am 2. August (§ 187 Abs. 1 BGB) und endet am 15. August (§ 188 Abs. 1 1. Var. BGB).

Die Zwei-Wochen-Frist wurde als „deutlich zu kurz"[17] kritisiert. In dieser Zeit könne der Bauherr nicht prüfen, „ob der Architekt seinen Bedarf zutreffend ermittelt und in erste Zeichnungen des Objekts umgesetzt hat."[18] Dem ist entgegenzuhalten, dass es sich hier nur um eine erste Skizze handeln kann oder um eine grobe Beschreibung des zu planenden Vorhabens,[19] sodass die Frist im Hinblick auf den Sinn und Zweck der Regelung als ausreichend erachtet wird. Jedenfalls werden keine Skizzen geschuldet, die der Qualität einer Vorentwurfsplanung entsprechen.

d) Aufklärungspflicht für den Verbraucher

Mit diesem Sonderkündigungsrecht wurde eine spezielle Verbraucherschutzvorschrift aufgenommen. Während gegenüber dem Unternehmer als Bauherrn das Kündigungsrecht zwei Wochen nach Vorlage der Unterlagen automatisch erlischt, tritt dieselbe Rechtsfolge bei einem Verbraucher erst ein, wenn ihn der Architekt über das Sonderkündigungsrecht in Textform ausreichend aufgeklärt hat.

aa) Textform

Die Textform ist in § 126b BGB definiert und verlangt, dass eine lesbare Erklärung, in der die Person des Erklärenden genannt ist, auf einem dauerhaften Datenträger abgegeben ist. Unter einem dauerhaften Datenträger versteht man derzeit „Papier, USB-Stick, CD-ROM, Speicherkarten, Festplatten und auch E-Mails sowie ein Computerfax".[20]

bb) Aufklärungstrias

Die Aufklärung muss sich auf

- das Kündigungsrecht
- die Frist
- die Rechtsfolgen der Kündigung

beziehen.

Das Kündigungsrecht ergibt sich aus § 650r Abs. 1 S. 1 BGB und damit aus dem Vorschriftstext von selbst. Die Frist findet sich in § 650r Abs. 1 S. 2 BGB und beträgt zwei Wochen nach Vorlage der Unterlagen. Bei der Aufklärung ist es sinnvoll, den Begriff der Unterlagen (Planungsgrundlage und Kosteneinschätzung) aufzugliedern, sodass ersichtlich ist, was damit gemeint ist. Die Rechtsfolgen finden sich in § 650r Abs. 3 BGB und beziehen sich auf den Vergütungsanspruch des Architekten.

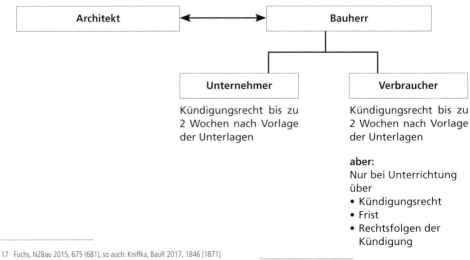

---

17 Fuchs, NZBau 2015, 675 (681), so auch: Kniffka, BauR 2017, 1846 [1871]
18 Fuchs, NZBau 2015, 675 (681).
19 BT-Drs. 18/8486, S. 67.
20 Ellenberger, in: Palandt, § 126b Rn. 3.

Nach Kniffka beschränkt sich die Belehrung nicht auf die Rechtsfolgen aus § 650r Abs. 3 BGB.[21]

Ein Hinweis auf das Sonderkündigungsrecht des Verbraucher-Bauherrn könnte wie folgt aussehen (ohne Gewähr):

> **Praxishinweis**
> Formulierungsvorschlag
> Hinweis auf Ihr Sonderkündigungsrecht (§ 650r BGB):
> Nach Vorlage der Planungsgrundlage und der Kosteneinschätzung können Sie den Vertrag kündigen. Ihr Kündigungsrecht erlischt zwei Wochen nach Vorlage der Planungsgrundlage und der Kosteneinschätzung. Wenn Sie den Vertrag kündigen, ist der Vertrag beendet und ich bin berechtigt, die Vergütung zu verlangen, die auf die bis zur Kündigung erbrachten Leistungen entfällt. Durch die Kündigung können keine Leistungen mehr verlangt werden; die erhaltenen Leistungen können Sie behalten.

cc) Nachholen der Aufklärung

Begründet wird die Unterrichtsverpflichtung mit dem Argument des Verbraucherschutzes.[22] Wird die Unterrichtung vom Architekten vergessen oder nicht vollständig vorgenommen (z.B. die Rechtsfolge nicht korrekt genannt), besteht das Kündigungsrecht für den Verbraucher fort.

Ist es möglich, die Aufklärung nachträglich nachzuholen? Teilweise wird kein Grund erkannt, weshalb eine Heilung durch ordnungsgemäße Vorlage der vollständigen Unterlagen nachträglich nicht möglich sein soll.[23] Vom Sinn und Zweck her würde der Bauherr auch nachträglich noch aufgeklärt. Eine Möglichkeit des Nachholens entspricht aber nicht dem Willen des Gesetzgebers.[24] Dieser spricht selbst von einer „scharfen' Rechtsfolge",[25] fordert sie aber dennoch ein, da sie sicherstelle, dass die Belehrungspflicht auch ernst genommen werde.

Die Rechtsfolge bei einem Verstoß, dass ein quasi entfristetes Kündigungsrecht bestehen soll, ist eine einseitige Benachteiligung der Architekten. Sie schafft Rechtsunsicherheit und führt folglich zu neuen Rechtsstreitigkeiten, Unwägbarkeiten und damit Durchführungshemmnissen. Zu Recht wird von Dammert angeregt, dass eine absolute Ausschlussfrist aufgenommen wird, um Rechtsklarheit im Rechtsverkehr endgültig zu schaffen.[26] Kündigt der Bauherr erst später, bekommt der Architekt aber immerhin die Vergütung für die bis dahin erbrachten Leistungen und nicht nur für die Ermittlung der Planungsgrundlage. Der Architekt trägt dann das Risiko nutzlos eingeplanter Ressourcen

dd) Kündigungsgrund

Ein Kündigungsgrund bzw. eine Begründung durch den Bauherrn ist im Übrigen nicht erforderlich.[27]

2. Kündigung des Architekten, § 650r Abs. 2 BGB

Alsdann regelt § 650r Abs. 2 BGB auch für den Architekten ein Sonderkündigungsrecht. Er kann seinem Auftraggeber nach § 650r Abs. 2 S. 1 BGB eine angemessene Frist für die Zustimmung zur vorgelegten Planungsgrundlage und Kosteneinschätzung nach § 650p Abs. 2 S. 2 BGB setzen. Verweigert der Auftraggeber seine Zustimmung oder gibt er keine Erklärung zu den Unterlagen innerhalb der Frist ab, kann der Architekt den Vertrag gemäß § 650r Abs. 2 S. 2 BGB kündigen.

a) Zustimmung

§ 650p Abs. 2 S. 2 BGB gibt vor, dass dem Bauherrn die Planungsgrundlage und Kosteneinschätzung zur Zustimmung vorgelegt werden. Die Zustimmung stellt eine Obliegenheit, keine Vertragspflicht dar, sodass der Architekt sie nicht einklagen kann. Ohne Zustimmung ist der Vertrag nicht beendet, er muss noch gekündigt werden. Ohne Zustimmung kann der Architekt auch nicht ohne weiteres davon aus-

---

21 Kniffka, BauR 2017, 1846 (1872)
22 Vgl. BT-Drs. 18/8486, S. 69.
23 Dammert, BauR 2017, 421 (425).
24 BT-Drs. 18/8486, S. 69.
25 BT-Drs. 18/8486, S. 69.

26 Dammert, BauR 2017, 421 (426).
27 Fuchs, NZBau 2015, 675 (681), so auch: Kniffka, BauR 2017, 1846 (1871).

gehen, dass er entsprechend seiner Vorgaben weiterarbeiten kann.

Eine Zustimmung verlangt keine ausdrückliche Erklärung; vielmehr ist sie auch konkludent möglich. Um Auslegungsprobleme einzugrenzen, ist dem Architekten aber zu empfehlen, dass er sich im Zweifel beim Bauherrn erkundigt, ob sein Verhalten als Zustimmung zu werten ist, sodass er eine aktive Zustimmung erhält.

b) Verweis auf §§ 642, 643 BGB

Die Notwendigkeit einer Zustimmung stellt als solches keine rechtliche Besonderheit dar, sondern entspricht der Mitwirkungsobliegenheit aus §§ 642, 643 BGB.[28] § 642 Abs. 1 BGB regelt den Fall, dass der Besteller nicht an der Herstellung eines Werkes mitwirkt, obwohl dies erforderlich ist. Der Unternehmer, hier also der Architekt, kann in dem Fall eine angemessene Entschädigung verlangen. Nach § 643 BGB kann der Architekt den Vertrag kündigen, wenn der Bauherr die Handlung nicht bis zum Ablauf einer bestimmten Frist vorgenommen hat.

c) Frist und Form

Der Architekt hat dem Auftraggeber eine Frist zur Zustimmung zu setzen. Hierbei handelt es sich nicht um eine Nachfrist,[29] da die Frist erst parallel mit Abgabe der Unterlagen gesetzt werden kann. Diese Frist ist nicht mit der Zwei-Wochen-Frist des Auftraggebers zu verwechseln. Die Zwei-Wochen-Frist gibt dem Auftraggeber ein Kündigungsrecht, das dann nach zwei Wochen allerdings auch erlischt. Setzt der Architekt eine Zustimmungsfrist, will er Rechtsklarheit schaffen. Er ist aber nicht verpflichtet, zu kündigen.

Die Dauer der Frist muss angemessen sein. Sie wird im Einzelfall zu überprüfen sein, wobei „eine unangemessen kurze Fristsetzung (…) diese nicht wirkungslos (macht); vielmehr wird dadurch eine angemessene Frist in Gang gesetzt."[30] Der Bauherr soll in die Lage versetzt werden, die erforderliche Zustimmung noch aussprechen zu können.[31]

Dabei ist auf der einen Seite zu beachten, dass sich der Bauherr realistisch und zumutbar mit dem Angebot ernsthaft beschäftigen kann. Gerade bei einem größeren Bauvorhaben, bei mehreren Bauherrn oder einer komplizierten Planung muss dies bei der Fristberechnung berücksichtigt werden. Auf der anderen Seite ist darauf abzustellen, dass eine Wartezeit des Architekten stets zumutbar sein muss.[32] Ein langfristiger Schwebezustand, bei dem er keine neuen vertraglichen Verpflichtungen eingehen kann, ist nicht hinnehmbar.

In der Regel dürften Fristen zwischen zwei und vier Wochen je nach Einzelfall verhältnismäßig sein.[33]

Die Vorschrift selbst trifft keine weiteren Hinweise zur Form der Kündigung. Über § 650q Abs. 1 BGB i.V.m. § 650h BGB ist aber davon auszugehen, dass die Kündigung der Schriftform bedarf, sodass die Textform wie bei der Unterrichtung über das Kündigungsrecht nicht ausreicht.

> **Praxishinweis**
> Schriftform: Unterzeichnung der Erklärung eigenhändig im Original (z.B. Papier)
> Textform: Lesbare Erklärung, in der die Person des Erklärenden genannt und die auf einem dauerhaften Datenträger abgegeben ist (z.B. E-Mail)

Ein Kündigungsrecht des Architekten liegt nur in den Fällen vor, in denen
- der Bauherr die Zustimmung verweigert oder
- innerhalb einer angemessenen Frist keine Erklärung zu den Unterlagen abgibt.

Was passiert nun, wenn der Bauherr nicht zustimmt, aber auch nicht kündigt, sondern vielmehr Änderungen der Planungsgrundlage geltend macht? Er hat dann weder seine Zustimmung verweigert, noch hat er keine Erklärung zu den Unterlagen abgegeben. Besteht dennoch ein Kündigungsrecht des Architekten?

---

28 Ähnlich Fuchs, NZBau 2015, 675 (680).
29 Vgl. Peters/Jacoby, in: Staudinger, § 643 Rn. 9.
30 Peters/Jacoby, in: Staudinger, § 643 Rn. 11.
31 Vgl. Pause/Vogel, in: Kniffka, § 643 Rn. 10.

32 Vgl. Peters/Jacoby, in: Staudinger, § 643 Rn. 11.
33 Kniffka (BauR 2017, 1846 (1873)) hält bei einem Einfamilienhaus eine Frist unter vier Wochen für zu kurz.

Die Erstellung der Planungsgrundlage ist eine Leistung des Architekten, die – sofern sie die Wünsche und Vorstellungen des Bauherrn berücksichtigt hat – nicht vom Bauherrn zurückgewiesen werden kann. In der Zielfindungsphase des § 650p Abs. 2 BGB ist es gerade Aufgabe des Architekten, Vorstellungen selbständig zu entwickeln, weshalb es ebenso möglich ist, dass die Unterlagen zwar die ursprünglich geäußerten Wünsche des Bauherrn objektiv berücksichtigen, aber dennoch seinen subjektiven Vorstellungen nicht (mehr) entsprechen. Insofern muss dem Bauherrn bewusst sein, dass ein Honoraranspruch bei einer Beauftragung nach § 650p Abs. 2 BGB selbst dann entstehen kann, wenn ihm die Planungsgrundlage (noch) nicht gefällt.

Wenn also der Bauherr die Zustimmung nicht erteilt, aber auch nicht verweigert, sondern vielmehr eine Nachbearbeitung und Nachbesserung fordert, ist diese Forderung nur dann berechtigt, wenn der Architekt die geschuldete Leistung noch nicht ordnungsgemäß erbracht hat. Anderenfalls, sind alle Wünsche berücksichtigt, nur die Vorstellungen nicht befriedigt, ist die Forderung der Nachbearbeitung unberechtigt. Der Auftraggeber kann das Honorarverlangen deshalb nicht „aussitzen" und immer wieder nachfordern.

3. Folgen der Kündigung, § 650r Abs. 3 BGB

Wird der Vertrag vom Bauherrn oder Architekten unter Verweis auf das Sonderkündigungsrecht gekündigt, ist der Architekt nach § 650r Abs. 3 BGB berechtigt, die Vergütung zu verlangen, die auf die bis zur Kündigung erbrachten Leistungen entfällt.

Dies ist bei einer Kündigung durch den Bauherrn im Vergleich zur Rechtsfolge einer freien Bauherrn-Kündigung nach § 648 S. 2 BGB nachteilig für den Architekten. Wenn der Auftraggeber nach § 648 BGB frei kündigt, steht dem Architekten ein Anspruch auf die gesamte vereinbarte Vergütung zu. Er muss sich lediglich dasjenige anrechnen lassen, was er infolge der Beendigung des Vertrages an Aufwendungen erspart oder durch anderweitige Verwendung seiner Arbeitskraft erwirbt oder zu erwerben böswillig unterlässt (§ 648 S. 2 BGB).

Die unterschiedliche Vergütungsregelung von § 648 BGB und § 650r BGB stieß auf Kritik: Der Architekt habe bereits zu diesem frühen Zeitraum regelmäßig „erhebliche auftragsbezogene Dispositionen für Personal, EDV, Anmietung von Räumen etc." getroffen, die nunmehr nicht vergütet würden.[34]

Es fällt auf, dass die Rechtsfolgen der Sonderkündigung nicht davon abhängen, ob es sich um eine Bauherrn- oder um eine Architektenkündigung handelt. Eine Differenzierung gerade bezüglich der Honorierung wäre hier wünschenswert.[35]

Da es sich bei der Bereitstellung von Planungsgrundlagen und Kosteneinschätzung um Leistungen außerhalb der HOAI handelt, gilt hier kein bindendes Preisrecht.[36] Vielmehr finden die allgemeinen werkvertraglichen Regelungen Anwendung, sodass die Parteien bei der Abrede der Vergütung frei sind und z.B. ein Stunden- oder Pauschalhonorar vereinbaren können und im Zweifel die ortsübliche Vergütung i.S.d. § 632 Abs. 2 BGB geschuldet wird. Ginge man hingegen davon aus, dass es sich um Grundleistungen der Leistungsphase 1 oder 2 handle, fände die HOAI als bindendes Preisrecht Anwendung.

---

34 Fuchs, NZBau 2015, 675 (680).
35 Vgl. Kniffka, in: Koeble/Kniffka, 8. Teil Rn. 28 zur Kündigung wegen unterlassener Mitwirkung.
36 a.A. Kniffka (BauR 2017, 1846 (1873), der von einer Mindestvergütung nach HOAI ausgeht.

C. Hinweise für die Praxis

Architekten haben nach Abschluss der Leistungen aus § 650p Abs. 2 BGB dem Bauherrn folgende Unterlagen zu übergeben:

- Planungsgrundlage
- Kosteneinschätzung
- Aufklärung über Sonderkündigungsrecht (bei Verbrauchern als Bauherrn)

Bei solchen Aufträgen haben Architekten zu berücksichtigen, dass es hier ein Sonderkündigungsrecht gibt. Bei Verbrauchern als Vertragspartner besteht zudem eine spezielle Aufklärungspflicht für Architekten. Sie sollten deswegen keine weitreichenden über die Zielfindungsphase hinausgehenden Vorleistungen erbringen.

> **Lösung zum Ausgangsfall**
> Im vorliegenden Beispiel hat der Architekt einen Vergütungsanspruch gegen den Bauherrn, da von einem Vertragsschluss auszugehen ist. Bei Aushändigung der Planungsgrundlage sollte der Architekt dem Bauherrn die Kosteneinschätzung übergeben und ihn über das Sonderkündigungsrecht informieren. Sofern er das getan hat, hat der Bauherr innerhalb von zwei Wochen den Vertrag zu kündigen, wenn er keine weiteren Leistungen vom Architekten wünscht. Meldet sich der Bauherr nicht beim Architekten, sollte er ihm einen Brief mit Frist zur Zustimmung setzen und nach fruchtlosem Ablauf der Frist seinerseits kündigen und die Rechnung übersenden. Der Bauherr hat dann zu zahlen.

D. Ausblick

Die Vertragsparteien erhalten mit der Einführung dieses Sonderkündigungsrechts die Möglichkeit des frühen „Absprungs".

Das Sonderkündigungsrecht ist interessengerecht für beide Seiten. Denn auch der Architekt kann nunmehr nach fruchtlosem Ablauf der Frist auf Zustimmung kündigen, seine Rechnung senden und auf die Regelungen des § 650p Abs. 2 BGB verweisen. Die Möglichkeit, die das Sonderkündigungsrecht für den Architekten darstellt, nämlich die grundsätzlich unproblematische Vertragslösung, ist für ihn neu und mildert ein bisher bestehendes Ungleichgewicht ab.

4
Abnahme und Teilabnahme

§ 640 BGB
Abnahme

§ 650g BGB
Zustandsfeststellung bei Verweigerung der Abnahme; Schlussrechnung

§ 650s BGB
Teilabnahme

Ein Beitrag von Markus Prause

§ 640 BGB
Abnahme

(1) Der Besteller ist verpflichtet, das vertragsmäßig hergestellte Werk abzunehmen, sofern nicht nach der Beschaffenheit des Werkes die Abnahme ausgeschlossen ist. Wegen unwesentlicher Mängel kann die Abnahme nicht verweigert werden.

(2) Als abgenommen gilt ein Werk auch, wenn der Unternehmer dem Besteller nach Fertigstellung des Werks eine angemessene Frist zur Abnahme gesetzt hat und der Besteller die Abnahme nicht innerhalb dieser Frist unter Angabe mindestens eines Mangels verweigert hat. Ist der Besteller ein Verbraucher, so treten die Rechtsfolgen des Satzes 1 nur dann ein, wenn der Unternehmer den Besteller zusammen mit der Aufforderung zur Abnahme auf die Folgen einer nicht erklärten oder ohne Angabe von Mängeln verweigerten Abnahme hingewiesen hat; der Hinweis muss in Textform erfolgen.

(3) Nimmt der Besteller ein mangelhaftes Werk gemäß Absatz 1 Satz 1 ab, obschon er den Mangel kennt, so stehen ihm die in § 634 Nr. 1 bis 3 bezeichneten Rechte nur zu, wenn er sich seine Rechte wegen des Mangels bei der Abnahme vorbehält.

§ 650g BGB
Zustandsfeststellung bei Verweigerung der Abnahme; Schlussrechnung

(1) Verweigert der Besteller die Abnahme unter Angabe von Mängeln, hat er auf Verlangen des Unternehmers an einer gemeinsamen Feststellung des Zustands des Werks mitzuwirken. Die gemeinsame Zustandsfeststellung soll mit der Angabe des Tages der Anfertigung versehen werden und ist von beiden Vertragsparteien zu unterschreiben.

(2) Bleibt der Besteller einem vereinbarten oder einem von dem Unternehmer innerhalb einer angemessenen Frist bestimmten Termin zur Zustandsfeststellung fern, so kann der Unternehmer die Zustandsfeststellung auch einseitig vornehmen. Dies gilt nicht, wenn der Besteller infolge eines Umstands fernbleibt, den er nicht zu vertreten hat

und den er dem Unternehmer unverzüglich mitgeteilt hat. Der Unternehmer hat die einseitige Zustandsfeststellung mit der Angabe des Tages der Anfertigung zu versehen und sie zu unterschreiben sowie dem Besteller eine Abschrift der einseitigen Zustandsfeststellung zur Verfügung zu stellen.

(3) Ist das Werk dem Besteller verschafft worden und ist in der Zustandsfeststellung nach Absatz 1 oder 2 ein offenkundiger Mangel nicht angegeben, wird vermutet, dass dieser nach der Zustandsfeststellung entstanden und vom Besteller zu vertreten ist. Die Vermutung gilt nicht, wenn der Mangel nach seiner Art nicht vom Besteller verursacht worden sein kann.

(4) Die Vergütung ist zu entrichten, wenn

1) der Besteller das Werk abgenommen hat oder die Abnahme nach § 641 Absatz 2 entbehrlich ist und

2) der Unternehmer dem Besteller eine prüffähige Schlussrechnung erteilt hat.

Die Schlussrechnung ist prüffähig, wenn sie eine übersichtliche Aufstellung der erbrachten Leistungen enthält und für den Besteller nachvollziehbar ist. Sie gilt als prüffähig, wenn der Besteller nicht innerhalb von 30 Tagen nach Zugang der Schlussrechnung begründete Einwendungen gegen ihre Prüffähigkeit erhoben hat.

§ 650s BGB
Teilabnahme

Der Unternehmer kann ab der Abnahme der letzten Leistung des bauausführenden Unternehmers oder der bauausführenden Unternehmer eine Teilabnahme der von ihm bis dahin erbrachten Leistungen verlangen.

A. Fall

Der Architekt wird 2010 mit der Erbringung der Leistungsphase 1–9 zur Gebäudeplanung für den Neubau eines Wohnhauses beauftragt. Der Bau wird im Oktober 2011 fertiggestellt. Im Rahmen der Leistungsphase 8 wirkt der Architekt an der Abnahme der Bauleistungen mit und listet die Gewährleistungsfristen der Unternehmer auf, die bis Oktober 2016 laufen. Im Anschluss erbringt er die Leistungsphase 9 und rechnet das Vorhaben im November 2016 per Schlussrechnung ab, die der Bauherr auch begleicht. Im Oktober 2017 tritt Feuchtigkeit in den Kelleraußenwänden auf. Eine Untersuchung ergibt Mängel in der Abdichtung. Der Bauunternehmer beruft sich gegenüber dem Bauherrn auf die zwischenzeitlich eingetretene Verjährung. Der Bauherr wendet sich daraufhin an den Architekten und meldet bei diesem Schadensersatzansprüche an. Kann sich auch der Architekt auf Verjährung berufen?

Nein, die 5-jährige Gewährleistungsfrist des Architekten begann erst nach Abnahme der Architektenleistung zu laufen – hier mit der Begleichung der Schlussrechnung im November 2016. Die Gewährleistung endet daher erst im November 2021, also circa 5 Jahre nachdem die Verjährung der Bauunternehmer eingetreten ist.

Dieses unbillige Ergebnis konnte der Architekt bislang nur auf folgende Arten umgehen:

- Weigerung, die Leistungsphase 9 in den Architektenvertrag aufzunehmen,
- Übernahme der Leistungsphase 9 durch einen gesonderten Vertrag oder
- Vereinbarung eines Rechts zur Teilabnahme z.B. nach Abschluss der Leistungsphase 8 im Architektenvertrag und Durchführung der Teilabnahme.

Auf die letztgenannte Lösung bestand allerdings kein gesetzlicher Anspruch. Es hing also vom Verhandlungsgeschick und den Entgegenkommen des Bauherrn ab, ob dieser zur Vereinbarung einer Teilabnahme bereit war.

Mit der neuen Regelung des § 650s BGB erhalten Architekten erstmalig einen gesetzlichen Anspruch gegenüber dem Bauherrn auf eine Teilabnahme ihrer Leistungen nach Abnahme der letzten Leistung des bauausführenden Unternehmers.

B. Kommentierung

Zum genaueren Verständnis des neuen § 650s BGB soll zunächst ein Überblick über die Grundlagen, insbesondere Arten und Wirkungen der Abnahme allgemein vermittelt werden.

I. Die Abnahme von Architektenleistungen

Der Architekt kennt die Situation: Ein Handwerker hat seine Bauleistungen erbracht und möchte diese nun vom Bauherrn abgenommen bekommen. Folgerichtig wird ein Termin zur förmlichen Abnahme durchgeführt und die Abnahme der Leistungen protokolliert.

Der Architektenvertrag ist nach dem neuen Recht ein werkvertragsähnlicher Vertrag, für den allerdings die allgemeinen Vorschriften den Werkvertragsrechtes (§ 650q Abs. 1 BGB) gelten. Folglich sind auch die Regelungen zur Abnahme (insbesondere die §§ 634a Abs. 2 und 640 BGB) auf Architektenverträge anzuwenden. Architektenleistungen sind also genauso abnahmefähig wie Bauleistungen. Trotzdem bildet die „förmliche" Abnahme von Planungs- und Überwachungsleistungen in der Praxis die Ausnahme – zu Unrecht. Architekten sollten genauso wie Bauunternehmer die Abnahme ihrer Leistungen durch den Bauherrn einfordern. Unterbleibt eine ausdrückliche Abnahme, führt dieses zu zahlreichen Rechtsunsicherheiten zu Lasten des Architekten.

1. Begriff und Grundlagen

Durch den Architektenvertrag wird der Architekt verpflichtet, die vertraglich geschuldeten Planungs- und Überwachungsleistungen zu erbringen, die zur Erreichung der vereinbarten Planungs- und Überwachungsziele erforderlich sind. § 640 BGB sieht vor, dass der Bauherr nach Erbringung dieser Leistung das vertragsgemäß hergestellte Werk abzunehmen hat. Unter einer Abnahme versteht man die Anerkennung einer Leistung als im Wesentlichen vertragsgemäß. Die Abnahme ist vom Bauherrn oder einem von ihm Bevollmächtigten zu erklären und kann nur bei Vorliegen wesentlicher Mängel verweigert werden. Die Beantwortung der Frage, wann ein Mangel wesentlich ist, bereitet in der Praxis nicht selten Schwierigkeiten. Die Wesentlichkeit bemisst sich insbesondere nach Art, Umfang und Auswirkungen des Mangels. Von einem wesentlichen Mangel ist insbesondere auszugehen, wenn die Funktions- und Gebrauchstauglichkeit der Leistung noch eingeschränkt ist oder die vertraglich geschuldeten Leistungen – bis auf geringfügige Restleistungen[1] – noch nicht vollständig erbracht wurden. Auch wenn die Leistungsphase 9 nach der HOAI lediglich 2% des Architektenhonorars ausmacht, geht die Rechtsprechung davon aus, dass es sich bei den Leistungen der Phase 9 nicht um unwesentliche Leistungen handelt, sodass bei einem Vollauftrag über alle Leistungsphasen mit Vollendung der Leistungsphase 8 noch keine Abnahmereife erlangt wird. Von unwesentlichen Mängeln kann beispielsweise ausgegangen werden, wenn der Architekt zur Dokumentation noch einige Unterlagen zu dem Projekt dem Bauherrn nachreichen muss, einzelne verspätete Rechnungen von Handwerkern noch zu prüfen sind, noch fehlende Einzelpunkte im Bautagebuch ergänzt werden müssen, einige Pläne für die Übergabe an den Bauherrn noch korrigiert oder aktualisiert werden müssen oder noch die Beaufsichtigung der Beseitigung kleinerer Baumängel aussteht. Liegt die Abnahmereife vor, ist der Bauherr zur Abnahme verpflichtet (§ 640 Abs. 1 BGB). Allerdings wird man dem Bauherrn eine angemes-

---

[1] BGH, Urt. v. 20.02.2014 – VII ZR 26/12

sene Frist zur Prüfung der Abnahmevoraussetzungen zubilligen müssen.[2]

Liegen noch wesentliche Mängel vor, ist der Bauherr zur Verweigerung der Abnahme berechtigt, sodass die im nachfolgenden Abschnitt dargestellten rechtlichen Wirkungen noch nicht eintreten. Beseitigt der Architekt die Mängel, kann er sein Abnahmeverlangen erneut geltend machen. Verweigert der Bauherr die Abnahme, obwohl er hierzu nicht berechtigt ist, behandelt die Rechtsprechung ihn so, als sei die Abnahme erfolgt. Die Wirkungen der Abnahme gelten als ab dem Zeitpunkt der Verweigerung eingetreten.[3]

Abzunehmen ist die Architektenleistung. Diese ist nicht mit der Bauleistung gleichzusetzen. Daher entfaltet – anders als nach § 12 Abs. 5 Nr. 2 VOB/B – die Nutzung des Bauwerkes keine unmittelbare Abnahmewirkung für die Architektenleistung. Der Architekt schuldet die im Architektenvertrag fixierten Planungs- und Überwachungsleistungen, nicht jedoch das Bauwerk selbst. Üblicherweise sind im Anschluss an die Fertigstellung des Gebäudes noch weitere Leistungen (z.B. Rechnungsprüfung, Kostenfeststellung, Auflisten der Verjährungsfristen, gegebenenfalls Leistungsphase 9) vom Architekten zu erbringen, sodass eine Schlussabnahme des Architektenwerkes erst nach deren Erbringung in Frage kommt (zu den Möglichkeiten einer Teilabnahme siehe unter 6. und 7.). Sind dem Architekten nicht sämtliche Leistungsphasen übertragen worden, beispielsweise nur das Erwirken einer Baugenehmigung (Leistungsphasen 1 - 4), so ist die Abnahme durchzuführen, wenn der Architekt alle dazu vertraglich vereinbarten und erforderlichen Leistungen erfüllt hat.

2. Rechtliche Wirkungen der Abnahme

Die Abnahme löst insbesondere folgende rechtliche Wirkungen aus:

Mit dem Zeitpunkt der Abnahme geht der Architektenvertrag von der Erfüllungs- in die Gewährleistungsphase über. Zugleich beginnt die Verjährung der Mängelansprüche zu laufen (§ 634 a Abs. 2 BGB). Ohne Abnahme verjähren also Mangelansprüche des Bauherrn gegen den Architekten im Grundsatz nicht.

Des Weiteren kehrt sich mit der Abnahme die Beweislast für das Vorliegen von Mängeln um. Bis zur Abnahme hat der Architekt zu beweisen, dass seine Leistungen vollständig und mangelfrei sind. Nach der Abnahme liegt die Beweislast für das Vorliegen von Mängeln beim Bauherrn.

Nimmt der Bauherr die Architektenleistungen ab, obwohl ihm noch wesentliche oder unwesentliche Mängel an der Leistung bekannt sind, so verliert er die meisten seiner Mängelansprüche (z.B. das Recht auf Minderung des Honorars), wenn er sich diese Rechte wegen des betreffenden Mangels nicht bei der Abnahme vorbehält (§ 640 Abs. 3 BGB). Ansprüche auf Schadensersatz sind von § 640 Abs. 3 BGB jedoch nicht betroffen.

Auswirkungen bestehen seit der HOAI 2013 auch hinsichtlich des Honoraranspruches. Nach § 15 Abs. 1 HOAI wird das Honorar des Architekten erst fällig, wenn die vertraglich geschuldete Leistung abgenommen wurde und eine prüffähige Honorarschlussrechnung überreicht worden ist. Allerdings kann die Abnahme als Fälligkeitsvoraussetzung durch eine abweichende schriftliche Vereinbarung ausgeschlossen werden. Eine ähnliche Regelung sieht nun auch § 650g Abs. 4 BGB vor. Demnach ist eine Vergütung erst zu entrichten, wenn der Bauherr das Werk – also die Architektenleistung – abgenommen und der Architekt ihm eine prüffähige Schlussrechnung erteilt hat. Nach § 650g Abs. 4 S. 3 BGB gilt eine Rechnung allerdings als prüffähig, wenn der Bauherr nicht innerhalb von 30 Tagen nach Zugang der Schlussrechnung begründete Einwendungen gegen die Prüffähigkeit erhebt.

---

2 Messerschmidt in: Thode u.a., Praxishandbuch Architektenrecht, § 10 Rn. 53.
3 BGH, Urt. v. 30.09.1999 – VII ZR 162/97.

Des Weiteren tritt mit der Abnahme der sog. Gefahrübergang ein (§ 644 BGB). Wird die Leistung des Architekten vor der Abnahme ganz oder zum Teil durch einen externen Umstand unbrauchbar (z.B. eine Ausschreibung muss wiederholt werden, weil ein Bauunternehmer insolvent geworden ist und ein neuer Unternehmer gesucht werden muss), so hat der Architekt die Leistung unentgeltlich nochmals zu erbringen, weil er bis zur Abnahme die sog. Leistungsgefahr trägt. Wird die Leistung des Architekten durch einen externen Umstand erst nach der Abnahme unbrauchbar, geht dieses Risiko zu Lasten des Bauherrn.

3. Formen der Abnahme

Die Abnahme kann entweder durch eine ausdrückliche Erklärung des Bauherrn (förmliche Abnahme), durch eine fingierte Abnahmeerklärung (fiktive Abnahme) oder durch schlüssiges Verhalten (konkludente Abnahme) erfolgen.

Es empfiehlt sich, aus Klarstellungs- und Beweisgründen eine Abnahme stets förmlich durchzuführen, indem der Bauherr seine Abnahme ausdrücklich und am besten schriftlich erklärt.

Ist die Leistung fertiggestellt und im Wesentlichen mangelfrei, hat der Architekt das Recht, seinen Bauherrn zur Durchführung der Abnahme innerhalb einer angemessenen Frist aufzufordern (§ 640 Abs. 2 S. 1 BGB). Von einer Fertigstellung ist auszugehen, wenn die vertraglich vereinbarten Leistungen abgearbeitet wurden. Handelt der Bauherr innerhalb der Frist nicht, so steht diese Untätigkeit der Abnahme gleich (Abnahmefiktion). Verweigert der Bauherr die Abnahme, so trat nach altem Recht eine Abnahmewirkung nicht ein. Nach neuem Recht genügt eine einfache Ablehnung jedoch nicht mehr. Der Bauherr muss nun mindestens einen Mangel benennen, damit keine Abnahmefiktion eintritt (§ 640 Abs. 2 S. 1 BGB). Handelt es sich bei dem Bauherrn um einen Verbraucher, so gilt dies aber nur, wenn der Architekt ihn zusammen mit der Aufforderung zur Abnahme auf die Folgen einer nicht erklärten oder ohne Angabe von Mängeln erklärten Abnahme hinweist. Der Hinweis muss in Textform erfolgen. Ein mündlicher Hinweis genügt nicht.

Die fiktive Abnahme durch das Schweigen des Bauherrn oder die Nichtbenennung eines Mangels tritt selbst dann ein, wenn die Leistung des Architekten wesentliche Mängel aufweist. Benennt der Bauherr einen Mangel, scheidet eine fiktive Abnahme allerdings auch dann aus, wenn es sich um einen möglicherweise unwesentlichen Mangel handelt. Der Grundsatz, dass auch schon die Nennung unwesentlicher Mängel genügt, um die fiktive Abnahme zu unterbinden, soll lediglich dann nicht greifen, wenn offensichtlich nicht bestehende oder eindeutig unwesentliche Mängel vorgebracht werden. Nach der Gesetzesbegründung ist ein solches Vorbringen des Bauherrn als rechtsmissbräuchlich zu betrachten. Der Bauherr ist nicht verpflichtet, bei seiner Abnahmeverweigerung alle Mängel zu benennen und den oder die vorgebrachten Mängel im Detail darzulegen.

Die Abnahme kann auch durch schlüssiges Verhalten (sog. konkludente Abnahme) erfolgen. Wird die Schlussrechnung des Architekten ohne weitere Beanstandungen an den Leistungen vollständig vom Bauherrn bezahlt, so wird dieses Verhalten von der Rechtsprechung im Regelfall als Abnahme durch schlüssiges Verhalten gewertet.[4] Der BGH hat zudem entschieden, dass eine konkludente Abnahme der Architektenleistung darin liegen kann, dass der Bauherr nach Fertigstellung der Leistung, Bezug des fertiggestellten Bauwerks und Ablauf einer Prüffrist von sechs Monaten keine Mängel an der Architektenleistung rügt[5]. Doch auf solche Hilfskonstruktionen sollte sich der Architekt nicht verlassen und im Anschluss an seine Leistungserbringung stets eine förmliche Abnahme mit dem Bauherrn durchführen und das Ergebnis in einem Abnahmeprotokoll schriftlich festhalten.

---

4 OLG Dresden, Urt. v. 12.12.2013 – 10 U 1954/12.
5 BGH, Urt. v. 26.09.2013 – VII ZR 220/12.

4. Zustandsfeststellung bei Verweigerung der Abnahme

Wird die Abnahme unter Angabe von Mängeln verweigert, macht es Sinn, den Zustand der Leistung zeitnah zu erfassen, um spätere Veränderungen durch eine Nutzung des Objektes nachweisen zu können. Denn nicht selten werden Mängel erst im Nachhinein durch eine unsachgemäße Nutzung verursacht. Hat eine Abnahme noch nicht stattgefunden, muss der Architekt dann im Zweifelsfall beweisen, dass der Mangel nicht von ihm verursacht wurde. Um dieses Risiko zu minimieren, sieht das neue § 650g Abs. 1 S. 1 BGB vor, dass der Bauherr bei einer Verweigerung der Abnahme verpflichtet ist, auf Verlangen des Architekten an einer gemeinsamen Feststellung des Zustands des Werkes mitzuwirken. Die Regelung aus dem Kapitel zum Bauvertragsrecht findet über § 650q BGB auch auf den Architektenvertrag Anwendung. Zur Dokumentation soll eine gemeinschaftliche Zustandsfeststellung durchgeführt werden, die mit der Angabe des Tages der Anfertigung versehen wird und von beiden Vertragsparteien zu unterschreiben ist (§ 650g Abs. 1 S. 2 BGB). Für die Durchführung einer solchen Zustandsfeststellung kann der Architekt dem Bauherrn eine angemessene Frist setzen.

Bleibt der Bauherr einem vereinbarten oder einem vom Architekten innerhalb einer angemessenen Frist bestimmten Termin zur Zustandsfeststellung fern, so kann der Architekt die Zustandsfeststellung auch einseitig vornehmen. Dieses gilt nicht, wenn der Bauherr dem Termin infolge eines Umstands fern bleibt, den er nicht zu vertreten hat (z.B. Erkrankung) und den er dem Architekten unverzüglich mitgeteilt hat. Die Regelung gewährt dem Architekten aber kein Betretungsrecht zum Objekt gegen den Willen des Bauherrn. Führt der Architekt eine einseitige Zustandsfeststellung durch, hat er diese zu protokollieren. Der Architekt hat das Protokoll mit der Angabe des Tages der Anfertigung zu versehen, zu unterschreiben und dem Bauherrn eine Abschrift zur Verfügung zu stellen.

Die Zustandsfeststellung führt zu folgender rechtlicher Konsequenz:

Hat der Bauherr die Leistung des Architekten bereits erhalten und ist in der Zustandsfeststellung ein offenkundiger Mangel nicht angegeben, wird vermutet, dass ein später erkannter Mangel nach der Zustandsfeststellung entstanden und vom Bauherrn zu vertreten ist. Die Vermutung gilt nicht, wenn der Mangel nach seiner Art nicht vom Bauherrn verursacht worden sein kann.

5. Ausnahmen vom Abnahmeerfordernis

Für einige Konstellationen hat die Rechtsprechung Ausnahmen vom Erfordernis der Durchführung einer Abnahme formuliert. Es geht in der Regel um Fälle, in denen durch ein bestimmtes Verhalten des Bauherrn eine weitere Erfüllung des Vertrages ausscheidet, beispielsweise wenn

- er endgültig eine weitere Vertragserfüllung durch den Architekten verweigert oder
- er statt einer Vertragserfüllung Schadensersatz vom Architekten verlangt.

Andererseits hält die Rechtsprechung bei einer vorzeitigen Vertragsbeendigung durch Kündigung die Abnahme nicht für entbehrlich. Um die zuvor beschriebenen Rechtswirkungen herbeizuführen, muss auch nach einer Kündigung des Vertrages eine Abnahme der bis dahin erbrachten Leistungen erfolgen.[6]

Diese unterschiedliche Bewertung der Gerichte ist wenig plausibel. Zur Vermeidung rechtlicher Nachteile sollte der Architekt daher stets versuchen, eine Abnahme durch den Bauherrn zu erzielen.

6. Das Sonderproblem „Leistungsphase 9"

Da die Abnahme grundsätzlich erst nach vollständiger Leistungserbringung verlangt werden kann, bereitet die Beauftragung der Leistungsphase 9 besondere Probleme. Findet die Abnahme der gesamten Architektenleistun-

---

6 BGH, Urt. v. 11.05.2006 – VII ZR 146/04.

gen erst am Ende der Objektbetreuung statt, beginnt die Verjährung der Gewährleistung des Architekten für sämtliche Leistungsphasen demnach erst zu diesem Zeitpunkt zu laufen. Faktisch verlängert sich damit die Haftung des Architekten für Fehler in den Leistungsphasen 1–8 von 5 auf 10 Jahre.

Um dieses unbillige Ergebnis zu vermeiden, war der Architekt bislang gut beraten, im Architektenvertrag die Durchführung einer Teilabnahme zum Ende der Leistungsphase 8 zu vereinbaren. Mit der Teilabnahme wird die Verjährungsfrist für Mängelansprüche aus den Leistungsphasen 1 bis 8 bereits in Gang gesetzt. Am Ende der Objektbetreuung sollte dann noch eine gesonderte Abnahme dieser Leistungsphase erfolgen. Mit dieser zweiten Abnahme beginnt nochmals eine Gewährleistungsfrist für Mängelansprüche gegen den Architekten zu laufen, dann allerdings nur für Mängel aus der Leistungsphase 9. Ein Anspruch auf eine solche Teilabnahme bestand aber nur auf vertraglicher Basis und wenn das Recht zur Teilabnahme hinreichend klar formuliert war.[7]

7. Das neue Recht auf Teilabnahme nach § 650s BGB

Hier hilft nun die Neuregelung des § 650s BGB dem Architekten weiter. Demnach kann der Architekt eine Teilabnahme der von ihm bis dahin erbrachten Leistungen verlangen, wenn der Bauherr die letzte Leistung des bauausführenden Unternehmers oder der bauausführenden Unternehmer abgenommen hat. Erforderlich ist die rechtsgeschäftliche Abnahme der Bauleistung; eine technische Abnahme genügt nicht.

Der Gesetzgeber will damit eine Annäherung zwischen der Verjährungsfrist des bauausführenden Unternehmers mit der des Architekten erreichen. Gerade vor dem Hintergrund der gesamtschuldnerischen Haftung (siehe Kap. 5, B 6 „Die gesamtschuldnerische Haftung") zwischen Bauunternehmer und Architekt führte der späte Beginn der Verjährung des Planers zu dem Problem, dass der Architekt für vom Bauunternehmer mitverursachte Mängel noch vollumfänglich einstehen musste, selbst wenn sich der Bauunternehmer bereits gegenüber dem Bauherrn auf eine Verjährung berufen konnte.

Aus der zuvor genannten Begründung des Gesetzgebers folgt, dass sich der Kreis der bauausführenden Unternehmer nur auf solche Unternehmer beziehen kann, die der Planer zu überwachen hat.[8] Dieser Umstand ist insbesondere für Innenarchitekten, Landschaftsarchitekten und Fachplaner, deren Überwachungspflichten sich nur auf bestimmte Gewerke beziehen, von Bedeutung. Zudem folgt aus dem Bezugspunkt „Abnahme … des bauausführenden Unternehmers", dass es sich um werkvertragliche Bauleistungen handeln muss und Lieferleistungen nach § 650 BGB, auf die das Kaufrecht Anwendung findet, nicht einzubeziehen sind.

Der Zeitpunkt für das Recht auf Teilabnahme bestimmt sich nach der Abnahme der letzten Bauunternehmerleistung. Der Wortlaut der Vorschrift stellt also auf die Abnahme der als letztes erbrachten Leistung ab, nicht auf die als letztes erfolgte Abnahme, was durchaus einen Unterschied hinsichtlich des Zeitpunktes bedeuten kann. Handelt es sich um einen Generalunternehmer ist dessen Schlussabnahme maßgeblich. Sind mehrere Bauunternehmer an dem Objekt tätig, ist die Abnahme der als letztes erbrachten Leistung entscheidend. Eine Annäherung der Verjährungsfristen wird daher nur mit einem Generalunternehmer oder dem letzten Bauunternehmer erzielt. Mit Unternehmern, die ihre Gewerke deutlich früher abgeschlossen haben und deren Leistungen daher auch schon zu einem frühen Zeitpunkt der Errichtung abgenommen wurden (z.B. Rohbauunternehmer), wird hingegen auch durch § 650s BGB kein Gleichlauf der Verjährungsfristen erreicht. Kommt über § 13 Abs. 4 VOB/B für einen Bauunternehmer die 4- oder 2-jährige Verjährungsfrist zur Anwendung, wird der Unterschied zur 5-jährigen Gewährleistung des Architekten sogar noch größer.

---

[7] BGH, Urt. v. 08.09.2016 – VII ZR 168/15; OLG München, Urt. v. 10.02.2015 – 9 U 2225/14.

[8] Kuhn, ZfBR 2017, 211 (215 f.).

Das Recht zur Teilabnahme besteht nach dem Wortlaut der Vorschrift schon dann, wenn die Abnahme der Bauunternehmerleistung erfolgt ist, selbst wenn zu dieser noch unwesentliche Restarbeiten oder Mängelbeseitigungen vorzunehmen sind. Da § 650s BGB keine vorbehaltlose Abnahme verlangt, hindern Vorbehalte des Bauherrn nach § 640 Abs. 3 BGB das Recht zur Teilabnahme nicht.[9] Die Abnahme unter Vorbehalten stellt ebenfalls eine Abnahme dar, die Abnahmewirkungen entfaltet.[10] Des Weiteren kommt es nicht darauf an, dass die Abnahme der Leistungen des bauausführenden Unternehmers ausdrücklich erfolgt. Auch eine fiktive Abnahme der Bauleistung nach § 640 Abs. 2 BGB oder § 12 Abs. 5 VOB/B oder eine konkludente Abnahme genügen. Verweigert der Bauherr die Abnahme der Bauleistung wegen wesentlicher Mängel zu Recht, hindert dieses die Möglichkeit zur Teilabnahme nach § 650s BGB. Fraglich ist, ob auch eine unberechtigte Abnahmeverweigerung gegenüber dem Bauunternehmer § 650s BGB ausschließt. Da die Vorschrift eine Abnahme und nicht lediglich eine Abnahmereife der letzten Bauleistung verlangt, spricht der Wortlaut dafür, dass ein Recht zur Teilabnahme noch nicht besteht. Allerdings wird man Fälle ausnehmen müssen, in denen der Bauherr offensichtlich rechtsmissbräuchlich die Abnahme der Bauleistung verweigert.

Mit dem Bezug auf die Abnahme der letzten Bauunternehmerleistung unterscheidet sich § 650s BGB hinsichtlich des Zeitpunktes von der bislang üblichen Handhabung, Teilabnahmen nach der Leistungsphase 8 vertraglich zu vereinbaren. Da in der Leistungsphase 8 noch diverse Grundleistungen im Anschluss an die Bauwerkserrichtung und Abnahme der Bauleistungen zu erbringen sind (z.B. Rechnungsprüfung, Kostenfeststellung, Überwachung der Beseitigung der bei der Abnahme festgestellten Mängel), kann der Anspruch auf Teilabnahme nach § 650s BGB deutlich vor der Beendigung der Phase 8 liegen. Auch wenn die Gesetzesbegründung den Hauptanwendungsbereich von § 650s BGB in Fällen sieht, in denen auch die Objektbetreuung beauftragt ist, schließt der Gesetzeswortlaut eine Anwendung auf Fälle, in denen der Vertrag nach der Phase 8 endet, nicht aus. Da sich gerade bei Verträgen mit öffentlichen Auftraggebern aufgrund der Prüfung durch die Rechnungsprüfungsämter der Abschluss der Phase 8 nicht selten um etliche Monate verzögert, sollten Architekten auch in solchen Fällen von der Möglichkeit zur Teilabnahme nach § 650s BGB Gebrauch machen.

Bei Landschaftsarchitekten kann sich das Recht zur Teilabnahme insbesondere dann erheblich verzögern, wenn die Überwachung einer Fertigstellungspflege erforderlich ist und die Leistung des Bauunternehmers erst danach abgenommen wird. Noch problematischer stellt sich die Situation dar, wenn der Landschaftsarchitekt mit der Überwachung einer Entwicklungs- und Unterhaltungspflege beauftragt wird. Da sich § 650s BGB nicht an den Leistungsphasen der HOAI orientiert, sondern auf die Abnahme der letzten Unternehmerleistung abstellt, wäre die Abnahme der Entwicklungs- und Unterhaltungspflege maßgeblich. Daher sollte der Landschaftsarchitekt versuchen, die Überwachung der Entwicklungs- und Unterhaltungspflege in einem gesonderten Vertrag zu vereinbaren oder vertraglich einen anderen Zeitpunkt für eine Teilabnahme zu fixieren.

§ 650s BGB fixiert ein neues gesetzliches Leitbild, weshalb ein vertraglicher Ausschluss des Rechts auf Teilabnahme durch eine allgemeine Geschäftsbedingung des Bauherrn aller Voraussicht nach unwirksam wäre. Die Möglichkeit, zusätzlich noch andere Zeitpunkte für eine Teilabnahme vertraglich zu vereinbaren, wird durch § 650s BGB nicht ausgeschlossen. Denkbar wären insbesondere vertragliche Regelungen zu Teilabnahmen nach der Leistungsphase 4 oder – wie bisher häufig geschehen – nach der Leistungsphase 8, für Fälle längerfristiger Vertragsunterbrechungen oder bei einer Realisierung in mehreren Bauabschnitten.

---

9 a.A. Kuhn, ZfBR 2017, 211 (214 f.).
10 OLG Hamm, Urt. v. 02.10.2013 – 12 U 5/13.

Eine Vertragsklausel hierzu könnte lauten:

Abnahme/Teilabnahme

Der Bauherr ist nach einer im Wesentlichen vertragsgemäßen Erbringung/Fertigstellung der Leistungen der Leistungsphasen 1 – 4 (alternativ: der Leistungsphasen 1 – 8 / alternativ: eines Bauabschnittes nach Ziff. …) des Vertrages zur Teilabnahme verpflichtet. Mit der Teilabnahme beginnt die Verjährung der abgenommenen Leistungen. Für Leistungen, die danach noch zu erbringen sind, beginnt die Verjährung mit Abnahme der letzten Leistung. §§ 640 BGB sowie das Recht zur weiteren Teilabnahme nach 650s BGB bleiben unberührt.

Fraglich ist, ob der Bauherr mittels einer vertraglichen Regelung den Zeitpunkt der Teilabnahme nach § 650s BGB auf das Ende der Leistungsphase 8 verschieben kann, also eine Teilabnahme nur nach Abschluss der Leistungsphase möglich sein soll. Da der Gesetzgeber mit dem Bezug auf die Abnahme der Bauunternehmerleistung eine Annäherung der Gewährleistungsfristen von Architekt und Bauunternehmern erzielen will, würde die Verschiebung auf das Ende der Leistungsphase 8 dem gesetzlichen Zweck zuwiderlaufen. Eine vom Bauherrn vorgegebene Klausel, die das Recht zur Teilabnahme auf das Ende der Leistungsphase 8 verlegt, wäre daher voraussichtlich unwirksam.[11]

Bei Stufenverträgen wird die gesetzliche Neuregelung zumeist ebenso wenig eine Rolle spielen, wie Vereinbarungen über Teilabnahmen. Mit der Rechtsprechung des BGH ist davon auszugehen, dass bei einer stufenweisen Beauftragung eigenständige, aufeinander folgende Verträge zustande kommen.[12] Daher ist der Bauherr ohnehin verpflichtet, nach Abschluss jeder Leistungsstufe die bis dahin erbrachten Architektenleistungen abzunehmen. Für die Leistungsphasen der betreffenden Stufe beginnt dann mit der Abnahme die Gewährleistungsfrist zu laufen.[13]

Auch die Teilabnahme kann ausdrücklich oder fiktiv nach § 640 Abs. 2 BGB erfolgen. Grundsätzlich kommt zudem eine Teilabnahme durch schlüssiges Verhalten des Bauherrn in Betracht. Da aber § 650s BGB, anders als § 640 BGB, ausdrücklich ein Verlangen der Abnahme fordert, könnte die reine Begleichung einer Teilschlussrechnung (Hinweis: eine Abschlagsrechnung genügt auf jeden Fall nicht) unzureichend sein, wenn der Architekt den Bauherrn nicht zuvor zur Teilabnahme aufgefordert hat.

Aus Klarstellungs- und Beweisgründen sollten auch Teilabnahmen immer förmlich durchgeführt und schriftlich protokolliert werden. Abzunehmen sind die bis dahin vom Architekten erbrachten Leistungen. Die Leistungen müssen abnahmefähig sein, dürfen also keine wesentlichen Mängel aufweisen. Anders als § 12 Abs. 2 VOB/B verlangt § 650s BGB nicht, dass es sich um in sich abgeschlossene Leistungen handeln muss. Abnahmefähig sind daher auch einzelne Grundleistungen oder sogar Teile von Grundleistungen (z.B. die bis zu dem Zeitpunkt bereits erfolgten Rechnungsprüfungen). Zur Vermeidung späterer Streitigkeiten über den Umfang der von der Teilabnahme umfassten Leistungen sollte der Leistungsstand zum Zeitpunkt der Teilabnahme genau festgehalten werden.

Mit der Teilabnahme treten für die abgenommenen Teilleistungen sämtliche oben beschriebenen Rechtswirkungen ein; insbesondere muss der Bauherr im Zusammenhang mit einer Teilabnahme eventuelle Mängelvorbehalte nach § 640 Abs. 3 BGB erklären, um keine Mängelrechte zu verlieren.

Nach Beendigung sämtlicher Leistungen aus dem Vertrag erfolgt dann noch die Schlussabnahme. Für die Gewährleistung des Architekten gelten folglich zwei unterschiedliche Verjährungsfristen. Für die Leistungen bis zur Teilabnahme beginnt die 5-jährige Verjährung mit dem Zeitpunkt der Teilabnahme zu laufen. Für die danach erbrachten Leistungen kommt es für den Beginn der Gewährleistung auf den Zeitpunkt der Schlussabnahme an.

---

11 Kuhn, ZfBR 2017, 211 (218 f.).
12 BGH, Urt. v. 18.12.2014 – VII ZR 350/13.
13 OLG Dresden, Urt. v. 17.06.2010 – 10 U 1648/08.

C. Hinweise für die Praxis

Mit dem neuen Recht auf Teilabnahme nach § 650s BGB erhalten Architekten ein Instrument, mit dem sie auf gesetzlicher Grundlage die unbillige Haftungsdauer bei einer Mitbeauftragung der Leistungsphase 9 minimieren und zugleich die weiteren Vorteile der Abnahme (z.B. Umkehr der Beweislast) frühzeitig für sich auslösen können.

Der Umweg über vertragliche Klauseln ist nicht mehr erforderlich. Wichtig ist, dass der Architekt von diesem Instrument tatsächlich Gebrauch macht und die Teilabnahme beim Bauherrn einfordert. Des Weiteren sollte der Architekt auf eine klare Dokumentation der Teilabnahme einschließlich der Erfassung der abgenommenen (Teil-) Leistungen achten.

Ein Abnahmeprotokoll könnte wie folgt aussehen:

Abnahme von Architektenleistungen

Baumaßnahme: _____
Bauherr: _____
Architekt: _____
Vertrag Nr.: _____
vom: _____

☐ vollständige Leistungsabnahme (§ 640 BGB)
☐ Teilabnahme

Folgende Leistungen des Architekten wurden abgenommen:
Leistungsphasen _____ bis _____ aus § _____ HOAI
Leistungsphasen _____ bis _____ aus § _____ HOAI

Die Grundleistung(en) _____
der Leistungsphase ____ aus § _____ HOAI

Die Grundleistung(en) _____
der Leistungsphase ____ aus § _____ HOAI

Besondere Leistung(en): _____

Zusätzliche Leistung(en): _____

Der Architekt hat folgende Unterlagen übergeben:
_____

Der Architekt hat die Leistung(en) beendet am _____

Es sind ☐ keine Mängel
 ☐ folgende unwesentliche Mängel
_____
festgestellt worden.

_____, den _____

_____   _____
(Bauherr)   (Architekt)

D. Ausblick

Architekten haben – anders als die Bauunternehmer – dem Thema der Abnahme ihrer Leistungen bislang wenig Aufmerksamkeit geschenkt. Diese Sorglosigkeit ist angesichts der sehr erheblichen rechtlichen Wirkungen der Abnahme unverständlich.

Es ist zu hoffen, dass die Architekten durch das neue Recht zur Teilabnahme für das Thema insgesamt mehr sensibilisiert werden und die Abnahme ihrer Leistungen – egal ob als Teilabnahme oder Schlussabnahme – fest in ihren Projektablauf integrieren.

Ein Fallbeispiel könnte wie folgt aussehen:

Zeit	Vertrag / Abnahme	Gewährleistung
1.2.2018	Abschluss Architektenvertrag (LPh 1-9) mit Vereinbarung einer Teilabnahme nach LPh 4	-
6.9.2018	Einreichung des mangelfreien Bauantrages	-
7.9.2018	Durchführung der vertraglich vereinbarten Teilabnahme für die LPh 1-4	-
8.9.2018	-	Beginn der 5-jährigen Gewährleistung für die Leistungen der LPh 1-4
3.8.2020	Abnahme der letzten Bauunternehmerleistung	-
4.8.2020	Teilabnahme nach § 650s BGB zu den Architektenleistungen der LPh 5-8 (Leistungsstand bis zum 4.8.2020)	-
5.8.2020	-	Beginn der 5-jährigen Gewährleistung für die Leistungen der LPh 5-8 (Leistungsstand bis zum 4.8.2020, LPh 8 nur, soweit bis dahin erbracht)
11.1.2021	Beendigung der LPh 8	-
7.9.2023	-	Ende der Gewährleistung für LPh 1-4
4.8.2025	-	Ende der Gewährleistung für LPh 5-8 (Leistungsstand bis zum 4.8.2020)
11.1.2026	Beendigung der LPh 9	-
12.1.2026	Schlussabnahme	-
13.1.2026	-	Beginn der 5-jährigen Gewährleistung für LPh 8 anteilig-9 (Leistungen vom 5.8.2020-11.1.2026)
11.1.2031	-	Ende der Gewährleistung für LPh 8 anteilig-9 (Leistungen vom 5.8.2020-11.1.2026)

5 Haftung und Gesamtschuld

§ 421 BGB
Gesamtschuldner

§ 633 BGB Sach- und Rechtsmangel

§ 634 BGB Rechte des Bestellers bei Mängeln

§ 650t BGB
Gesamtschuldnerische Haftung mit dem bauausführenden Unternehmer

Ein Beitrag von Markus Prause

§ 421 BGB
Gesamtschuldner

Schulden mehrere eine Leistung in der Weise, dass jeder die ganze Leistung zu bewirken verpflichtet, der Gläubiger aber die Leistung nur einmal zu fordern berechtigt ist (Gesamtschuldner), so kann der Gläubiger die Leistung nach seinem Belieben von jedem der Schuldner ganz oder zu einem Teil fordern. Bis zur Bewirkung der ganzen Leistung bleiben sämtliche Schuldner verpflichtet.

§ 633 BGB
Sach- und Rechtsmangel

(1) Der Unternehmer hat dem Besteller das Werk frei von Sach- und Rechtsmängeln zu verschaffen.

(2) Das Werk ist frei von Sachmängeln, wenn es die vereinbarte Beschaffenheit hat. Soweit die Beschaffenheit nicht vereinbart ist, ist das Werk frei von Sachmängeln,

1. wenn es sich für die nach dem Vertrag vorausgesetzte, sonst

2. für die gewöhnliche Verwendung eignet und eine Beschaffenheit aufweist, die bei Werken der gleichen Art üblich ist und die der Besteller nach der Art des Werkes erwarten kann.

Einem Sachmangel steht es gleich, wenn der Unternehmer ein anderes als das bestellte Werk oder das Werk in zu geringer Menge herstellt.

(3) Das Werk ist frei von Rechtsmängeln, wenn Dritte in Bezug auf das Werk keine oder nur die im Vertrag übernommenen Rechte gegen den Besteller geltend machen können.

§ 634
Rechte des Bestellers bei Mängeln

Ist das Werk mangelhaft, kann der Besteller, wenn die Voraussetzungen der folgenden Vorschriften vorliegen und soweit nicht ein anderes bestimmt ist,
1. nach § 635 Nacherfüllung verlangen,
2. nach § 637 den Mangel selbst beseitigen und Ersatz der erforderlichen Aufwendungen verlangen,

3. nach den §§ 636, 323 und 326 Abs. 5 von dem Vertrag zurücktreten oder nach § 638 die Vergütung mindern und
4. nach den §§ 636, 280, 281, 283 und 311a Schadensersatz oder nach § 284 Ersatz vergeblicher Aufwendungen verlangen.

§ 650t BGB
Gesamtschuldnerische Haftung mit dem bauausführenden Unternehmer

Nimmt der Besteller den Unternehmer wegen eines Überwachungsfehlers in Anspruch, der zu einem Mangel an dem Bauwerk oder an der Außenanlage geführt hat, kann der Unternehmer die Leistung verweigern, wenn auch der ausführende Bauunternehmer für den Mangel haftet und der Besteller dem bauausführenden Unternehmer noch nicht erfolglos eine angemessene Frist zur Nacherfüllung bestimmt hat.

A. Fall

Der Bauherr beauftragt den Architekten mit der Planung und Überwachung seines Bauvorhabens. Bei der Verlegung des Estrichs werden die Ebenheitstoleranzen nicht eingehalten. Der Architekt übersieht dieses bei der Bauüberwachung. Der Estrich müsste abgeschliffen werden, wozu der Estrichleger auch grundsätzlich bereit wäre. Der Bauherr legt allerdings keinen Wert auf die Mängelbeseitigung und hätte lieber das Geld. Er nimmt daher den Architekten auf Schadensersatz in Anspruch und verlangt das Geld für die Durchführung einer Ersatzvornahme, die er aber im Ergebnis gar nicht ausführen lassen möchte. Muss der Architekt zahlen?

B. Kommentierung

Auf der Baustelle arbeiten Architekten und Bauunternehmer Hand in Hand. Der Bauunternehmer führt seine Leistungen gemäß den bauvertraglichen Vereinbarungen aus. Der Architekt prüft, ob die Ausführung des Bauunternehmers unter Beachtung der vertraglichen Vorgaben, der Baugenehmigung, der Bestimmungen des öffentlichen Baurechts und der Regeln der Technik erfolgt. Trotz dieses Vier-Augen-Prinzips kommt es immer wieder zu Mängeln bei der Bauausführung. Dem Bauherrn stehen dann, wenn ein Mangel, der nur einheitlich beseitigt werden kann, sowohl vom Bauunternehmer als auch vom Architekten verursacht wurde, regelmäßig Haftungsansprüche sowohl gegen den Bauunternehmer als auch gegen den Architekten zu – der Fall der Gesamtschuld. Der Bauherr kann sich aussuchen, ob er Ansprüche gegen den Unternehmer auf Nachbesserung oder gegen den Architekten auf Schadensersatz in Geld geltend machen möchte. Architekt oder Bauunternehmer haben aufgrund der gesamtschuldnerischen Haftung den Schaden (zunächst) zu 100 % zu tragen und können erst nach der Befriedigung der Ansprüche des Bauherrns intern beim anderen Beteiligten hinsichtlich dessen Verursachungsbeitrages Rückgriff nehmen (Innenregress).

Nach der für die bis zum 31.12.2017 geschlossenen Verträge geltenden Rechtslage hat der Bauherrn bei Mängeln sogleich und ohne weiteres die freie Wahl, sich direkt an den Architekten zu wenden, und das Geld zur Schadensbeseitigung einzufordern – auch ohne den Schaden beseitigen zu wollen. Für den Bauherrn wird die Entscheidung zu diesem Vorgehen noch durch den Umstand erleichtert, dass der Architekt aufgrund seiner Berufshaftpflichtversicherung ein liquider Haftungsbeteiligter ist.

Diese besondere Belastung für die Architekten will der Gesetzgeber durch den neu geschaffenen § 650t BGB minimieren, indem der Bauherr zunächst erfolglos den Bauunternehmer zur Nacherfüllung auffordern muss, bevor er die Kosten der Mangelbeseitigung vom Architekten verlangen kann.

I. Grundlagen der Haftung

Um die Regelung des § 650t BGB besser zu verstehen, ist es sinnvoll, einen Blick auf die Grundlagen der Architektenhaftung insgesamt und das Konstrukt der Gesamtschuld zu werfen.

1. Begriff und Risiken

Unter „Haftung" versteht man im hier interessierenden Zusammenhang die Verpflichtung, für einen eingetretenen Schaden, den ein anderer durch eine sorgfaltswidrige Handlung oder Unterlassung des Architekten erlitten hat, Ersatz leisten zu müssen. Für eine Haftung müssen im Regelfall folgende Voraussetzungen kumulativ erfüllt sein:

- Bestehen einer Leistungs- oder Unterlassungspflicht des Architekten
- Verletzung dieser Pflicht
- Verursachung eines Schadens durch die Pflichtverletzung
- Der Architekt hat den Schadenseintritt zu vertreten (Verschulden)

Als verantwortlicher Planer und Bauüberwacher sieht sich der Architekt bei seiner beruflichen Tätigkeit vielfältigen Haftungsrisiken ausgesetzt. Folgende Beispielsfälle sollen diese Risiken veranschaulichen:

- Durch fehlerhafte Anweisungen bei erforderlichen Unterfangungsarbeiten kommt es zu Setzungsrissen am Nachbargebäude.
- Der Bauunternehmer verklebt ein Wärmedämmverbundsystem nicht richtig. Der Architekt prüft die Ausführung nicht. Die Platten lösen sich nach kurzer Zeit ab.
- Der Architekt bemisst den Grenzabstand falsch. Die Baubehörde erlässt auf eine Beschwerde des Nachbarn eine Abriss- oder Rückbauverfügung.
- Die Ausführungszeichnungen werden spiegelverkehrt erstellt.
- Der Böschungswinkel zur Garageneinfahrt ist zu steil angelegt, so dass der Pkw des Bauherrn aufsetzt.
- Eine Wendeltreppe ist entgegen den anerkannten Regeln der Technik geplant und ausgeführt worden. Ein Benutzer kommt dadurch zu Fall und verletzt sich.
- Der Architekt klärt die Baugrund- und Grundwasserverhältnisse nicht hinreichend und wählt daher die falsche Abdichtungsform, was auch der Bauunternehmer hätte erkennen können. Bei einem Starkregen dringt Wasser ins Gebäude ein.

2. Unterscheidung vertragliche / deliktische Haftung

Dem Architekten erwachsen insbesondere Pflichten aus seinem Vertragsverhältnis mit dem Bauherrn. Darüber hinaus obliegen dem Architekten aber auch Pflichten gegenüber der Allgemeinheit, beispielsweise bei der Baustellensicherung. Im Falle einer Pflichtverletzung sind folglich zwei Haftungsbereiche zu unterscheiden:

- die vertragliche Haftung aus dem Architektenvertrag gegenüber dem Bauherrn,
- die sogenannte deliktische Haftung gegenüber Dritten wegen der Verletzung von Pflichten, die gegenüber jedermann bestehen und nicht auf einer Sonderbeziehung wie einem Vertrag beruhen.

Im Folgenden soll lediglich auf die vertragliche Haftung des Architekten eingegangen werden.

3. Der Architektenvertrag

Der Architektenvertrag ist gemäß den neuen Regelungen der §§ 650p ff. BGB ein werkvertragsähnlicher Vertrag (siehe „Einführung und Überblick"). Als Leistungen eines Architektenvertrages im Sinne des neuen §§ 650p BGB kommen vor allem die klassischen Tätigkeiten der Planung, Ausschreibung und Bauüberwachung zu einem Bauwerk oder einer Außenanlage in Betracht. Demgegenüber unterfallen Architektenleistungen, die weder die Planung noch die Ausführung eines Bauwerkes oder einer Außenanlage betreffen, nicht den speziellen Regelungen der §§ 650p – t BGB. Daher finden diese Vorschriften beispielsweise auf Sachverständigenleistungen oder landschaftsplanerische Leistungen nach den §§ 22 ff. HOAI keine Anwendung.

Im Gegensatz zum Werk des Bauunternehmers ist nicht die körperliche Erstellung des Bauwerkes Aufgabe des Architekten. Vielmehr schuldet er die Leistungen, die erforderlich sind, um die zwischen den Parteien vereinbarten Planungs- und Überwachungsziele zu erreichen. Abhängig von den konkret vereinbarten Zielen wird es in der Regel darum gehen, dass durch eine sorgfältige Planung und Bauüberwachung ein mangelfreies Bauwerk entstehen kann. Der Architekt ist damit dafür verantwortlich, dass der Bauunternehmer nach vollständigen und eindeutigen Leistungsbeschreibungen sowie nach technisch einwandfreien und ausreichenden Plänen des Architekten und dessen Bauleitung das Bauwerk mangelfrei errichten kann.

Im Architektenvertrag vereinbaren Architekt und Bauherr, welche (Hauptleistungs-) Pflichten die jeweilige Vertragspartei bei einem konkreten Bauvorhaben übernehmen soll. Die Parteien sind hierbei nicht an Gesetzesvorgaben gebunden, sondern bei der individuellen Festlegung der genauen Leistungspflichten grundsätzlich frei. Auch die in der HOAI aufgeführten Leistungen geben nicht („automatisch") den Pflichtenkatalog eines Architektenvertrages vor. Die HOAI regelt nur, welche aufgrund der vertraglichen Vereinbarung zu erbringenden Leistungen wie zu honorieren sind. Die HOAI ist also reines Preisrecht und nicht eine „Musterleistungsbeschreibung" mit einem verbindlichen Pflichtenkatalog – dargestellt ist vielmehr ein idealtypischer Ablauf. Dies hat der Bundesgerichtshof in diversen Urteilen ausdrücklich klargestellt.

Welche Leistungen der Architekt im konkreten Fall zu erbringen hat, müssen die Parteien selbst im Vertrag regeln. In der Praxis werden in Architektenverträgen häufig die Leistungen in Anlehnung an die Leistungsphasen 1 – 8 bzw. 9 aus der Anlage 10.1 der HOAI vereinbart. In solchen Fällen muss sich der Architekt darüber im Klaren sein, dass er nach der Rechtsprechung auch jede einzelne Grundleistung vertraglich schuldet und zu erbringen hat. Vor der Abnahme seiner Leistung hat er im Streitfall deren Erbringung darzulegen und zu beweisen. Die Parteien sollten sich daher bei Vertragsabschluss bereits Gedanken darüber machen, ob bei dem konkreten Vorhaben tatsächlich sämtliche Grundleistungen benötigt werden. Die vertraglichen Leistungen sollten demnach genau zwischen den Vertragsparteien festgelegt werden, will man Unklarheiten vermeiden.

4. Die Mängelhaftung im Architektenvertrag

Der Architekt haftet aus einem Architektenvertrag nach den allgemeinen werkvertraglichen Vorschriften (§ 650q i.V.m. §§ 633 ff. BGB). Demnach hat der Architekt seine Leistungen frei von Sach- und Rechtsmängeln zu erbringen. Was unter einem Sach- oder Rechtsmangel zu verstehen ist, ergibt sich aus § 633 BGB. Nach dieser Vorschrift ist eine Leistung frei von Sachmängeln, wenn sie die vereinbarte Beschaffenheit besitzt. Soweit eine Beschaffenheit nicht vereinbart wurde, ist das Werk frei von Sachmängeln,

- wenn es sich für die nach dem Vertrag vorausgesetzte, sonst
- für die gewöhnliche Verwendung eignet und eine Beschaffenheit aufweist, die bei Leistungen gleicher Art üblich ist und die der Bauherr nach der Art der Leistung erwarten kann.

Die Leistung ist frei von Rechtsmängeln, wenn Dritte in Bezug auf das Architektenwerk keine entgegenstehenden Rechte geltend machen können.

a. Beschaffenheitsvereinbarung

Beschaffenheitsvereinbarungen können beispielsweise Abreden zu der Art der Ausführung (z.B. Pläne in einem bestimmten EDV-Format) oder zu den zu erreichenden Zielen des Vertrages (z.B. Objekt mit Passivhausstandard, Einhaltung einer Baukostenobergrenze) sein. Die Nichteinhaltung der Beschaffenheitsvereinbarung führt automatisch – ohne dass es auf ein Verschulden des Architekten ankommt – zur Mangelhaftigkeit der Leistung. Es ist daher Vorsicht bei der Zusage von bestimmten Beschaffenheiten oder sonstigen Eigenschaften geboten. Werden Beschaffenheitsvereinbarungen aufgenommen, so sollte auf jeden Fall verdeutlicht werden, unter welchen Prämissen diese stehen. Über mögliche Unsicherheitsfaktoren sollte aufgeklärt werden (z.B. Kostensteigerungen aufgrund noch ausstehender Bauteilöffnungen).

b. Eignung für die vertraglich vorausgesetzte oder gewöhnliche Verwendung

Die vom Architekten erbrachte Leistung dient üblicherweise einer vertraglich fixierten oder – sofern dieses nicht ausdrücklich festgelegt wurde – einer aus dem Vertragszweck ableitbaren oder einer gewöhnlichen Verwendung (z.B. Erlangung einer Baugenehmigung, Entstehenlassen eines mangelfreien Gebäudes). Insbesondere in den nachfolgend aufgeführten Konstellationen ist im Regelfall von einer Mangelhaftigkeit der Leistung des Architekten auszugehen:

- Die Leistungen sind wegen Verstoßes gegen gesetzliche Vorschriften (z.B. EnEV, LBauO) nicht oder nur eingeschränkt verwertbar.[1]
- Die Planung ist aus technischen Gründen nicht realisierbar.
- Die Gebrauchstauglichkeit der Planung ist beispielsweise durch Verstöße gegen DIN-Normen und/oder anerkannte Regeln der Technik gemindert.[2] Umgekehrt bedeutet die Einhaltung von Vorgaben aus DIN-Normen nicht zwingend, dass die Leistung mangelfrei ist. Die DIN kann veraltet oder für besondere Situationen nicht ausreichend sein.
- Der Architekt hat die Förderfähigkeit einer Baumaßnahme falsch beurteilt, und daher kann der Bauherr die Vorschläge aus finanziellen Gründen nicht realisieren.

c. Rechtsmangel

Ein Rechtsmangel kommt beispielsweise in Betracht, wenn die Planungsleistung Urheberrechte eines anderen Architekten verletzt und der seine Urheberrechte verletzt sehende Architekt eine Unterlassung der Verwertung seiner Pläne einfordert. Aber auch wenn der Architekt übersieht, dass der geplanten Bebauung Vorgaben aus einem Bebauungsplan oder Leitungsrechte aus einer Baulast entgegenstehen und sie daher auf dem Grundstück nicht realisierbar ist, liegt ein Rechtsmangel vor.

d. Unterscheidung: Erfüllungs- und Mängelansprüche

Der Architekt hat seine vertraglich geschuldeten Leistungen mangelfrei zu erbringen. Bei einer mangelhaften Architektenleistung steht dem Bauherrn zunächst das Recht auf Nacherfüllung zu (§§ 650q i.V.m.634, 635 BGB), er hat also einen Anspruch darauf, dass der Architekt den Fehler korrigiert. Solange eine fehlerhafte Planung noch nicht im Bauwerk umgesetzt worden ist, muss dem Architekten die Möglichkeit gegeben werden, den Fehler zu beseitigen. Er kann dabei wählen, ob er die Planung nur überarbeitet oder komplett neu anfertigt. Der Anspruch ist folglich darauf gerichtet, dass der Architekt seine vertragliche Leistungspflicht überhaupt erfüllt (Erfüllungsanspruch).

Zudem stehen dem Bauherrn die in § 634 BGB aufgeführten Mängelansprüche zu. Der Bauherr kann

- den Mangel nach erfolglosem Ablauf einer dem Architekten gesetzten Nacherfüllungsfrist selbst beseitigen oder durch einen Dritten beseitigen lassen und Ersatz der erforderlichen Aufwendungen verlangen (§ 634 Nr. 2 i.V.m. § 637 BGB, sogenannte Ersatzvornahme),
- nach fruchtlosem Ablauf einer dem Architekten gesetzten Nacherfüllungsfrist vom Architektenvertrag zurücktreten (§ 634 Nr. 3 i.V.m. §§ 636, 323, 326 Abs. 5 BGB),
- nach fruchtlosem Ablauf einer dem Architekten gesetzten Nacherfüllungsfrist das Honorar mindern (§ 634 Nr. 3 i.V.m. § 638 BGB),
- daneben u.U. Schadensersatz (§ 634 Nr. 4 i.V.m. §§ 636, 280, 281, 283 und § 311a BGB) oder den Ersatz vergeblicher Aufwendungen (§ 634 Nr. 4 i.V.m. § 284 BGB) verlangen.

Ist hingegen bereits eine Bauleistung wegen einer mangelhaften Objektüberwachung oder einem Planungsfehler fehlerhaft ausgeführt worden, ist eine Nacherfüllung durch den Architekten nicht mehr möglich. Da der Architekt

---

1 OLG Koblenz, Urt. v. 04.11.2009 – 1 U 633/09.
2 OLG Saarbrücken, Urt. v. 17.04.2008 – 8 U 599/06.

die Bauleistung nicht zu erbringen hat, steht ihm auch nicht die Möglichkeit offen, den Bauwerksmangel selbst zu beseitigen. Der Bauherr muss deswegen dem Architekten nicht Gelegenheit zur Nacherfüllung geben.

Daran wird sich auch nach dem neuen, für die seit dem 01.01.2018 abgeschlossenen Verträge geltenden neuen Recht, nichts ändern.

Nach der neuen Regelung des § 650t BGB muss jedoch der Bauherr unter bestimmten Voraussetzungen zuvor versuchen, den Mangel durch einen mitverantwortlichen Bauunternehmer beseitigen zu lassen. Der Bauherr kann erst dann das Honorar mindern und den Architekten auf Schadensersatz in Anspruch nehmen, wenn er zuvor erfolglos den Bauunternehmer zur Mängelbeseitigung aufgefordert hatte.

e. Vorrang der Mangelbeseitigung durch den Bauunternehmer

Unter Berufung auf die neue Vorschrift des § 650t BGB kann der Architekt seine Pflicht zum Schadensersatz unter bestimmten Voraussetzungen zunächst verweigern. § 650t BGB besagt, dass der Bauherr den Architekten für einen Überwachungsfehler noch nicht auf Schadensersatz in Anspruch nehmen darf, wenn der Mangel durch einen Bauunternehmer mitverursacht wurde und der Bauherr nicht zunächst diesen Unternehmer erfolglos zur Nacherfüllung unter Fristsetzung aufgefordert hat.

Damit will der Gesetzgeber den Vorrang der Nacherfüllung durch den Bauunternehmer zum Ausdruck bringen. Dem Architekten steht also die zur Leistungsverweigerung berechtigende Einrede im Hinblick auf den Schadensersatz zu, solange der Bauherr nicht den Versuch unternommen hat, den Bauunternehmer zur mangelfreien Herstellung der Bauleistung zu bewegen. Die Vorschrift soll insbesondere dort dem Architekten helfen, wo der Bauherr ihn vorschnell auf Zahlung in Anspruch nehmen will, obwohl der Bauunternehmer zur Nacherfüllung bereit ist. Denn es kommt gar nicht so selten vor, dass der Bauherr lieber das Geld als die mangelfreie Bauleistung wählt und dazu den Architekten in Anspruch nimmt, da er gegen diesen unmittelbar einen Zahlungsanspruch besitzt, der aufgrund der Berufshaftpflichtversicherung auch valide ist.

Die Regelung soll aber auch den Bauunternehmer schützen, da dieser durchaus ein Interesse an der Eigennachbesserung besitzen kann. Zum einen kann der Bauunternehmer zur Wahrung seines guten Rufs gewillt sein den Mangel zu beseitigen. Zum anderen muss er bei einer Zahlung durch den Architekten bzw. dessen Versicherung damit rechnen, seinen Mitverschuldensanteil finanziell im Wege des Innenregresses ausgleichen zu müssen. Da Ausgangspunkt dieses Ausgleichsanspruchs die Kosten der Mangelbeseitigung durch einen Drittunternehmer sind, kann der Innenregress gegebenenfalls sogar teurer werden als eine Beseitigung des Mangels mit eigenen Mitteln. Aus diesem Grund könnte der Bauunternehmer selbst dann ein Interesse an der eigenen Mangelbeseitigung haben, wenn der unmittelbare Anspruch auf Mangelbeseitigung zwischen Bauherr und Bauunternehmer verjährt ist. Denn der Anspruch auf Innenregress innerhalb der Gesamtschuld zwischen Bauunternehmer und Architekt könnte gegebenenfalls noch nicht verjährt sein.

Die zur Leistungsverweigerung berechtigende Einrede steht dem Architekten nur bei einem Überwachungsfehler zu. Geht es um einen Planungs- oder Ausschreibungsfehler greift die Vorschrift nicht. Daher zur Vertiefung:

Exkurs: Risiken in der Objektüberwachung

Die Objektüberwachung (Bauüberwachung – Leistungsphase 8) umfasst einen wesentlichen Teil der Bauphase und wird auch entsprechend honoriert. Sie birgt neben der Ausführungsplanung die höchsten Haftungsrisiken in der Architektentätigkeit und beinhaltet die Überwachung der Objektausführung auf Übereinstimmung mit den öffentlich-rechtlichen Genehmigungen oder Zustimmungen, den Verträgen mit den ausführenden Unternehmen, den Ausführungsunterlagen sowie den allgemein anerkannten Regeln der Technik und den einschlägigen Vorschriften.

5
Haftung und Gesamtschuld

Der Architekt muss die Bauleistung der bauausführenden Unternehmen und Handwerker grundsätzlich nicht lückenlos überwachen. Die ausführenden Unternehmer haben gegenüber dem Architekten keinen Anspruch auf eine ordnungsgemäße Überwachung – diese kann nur der Bauherr verlangen. Eine erhöhte Aufmerksamkeit des objektüberwachenden Architekten ist insbesondere dann erforderlich, wenn ihm der Bauunternehmer ungeeignet erscheint oder wenn es um Bauabschnitte geht, die für das Gelingen des Bauvorhabens von wesentlicher Bedeutung sind. Er muss die Arbeiten überwachen und sich sofort nach der Ausführung von der Ordnungsgemäßheit der Arbeiten überzeugen. Er muss sein Augenmerk vor allem auf schwierige oder gefahrenträchtige Arbeiten richten; typische Gefahrenquellen und kritische Bauabschnitte müssen besonders beobachtet und überprüft werden. Sind Details der Bauausführung besonders gefahrenträchtig, müssen diese dem ausführenden Unternehmer in einer jedes Risiko ausschließenden Weise verdeutlicht werden.

Erhöhte Sorgfaltspflichten gelten beispielsweise für

- *Gründungsarbeiten*
- *Drain- und Abdichtungsarbeiten*
- *Fensteranschlüsse*
- *Estrich- und Parkettarbeiten*
- *Dachkonstruktion*
- *Wärmedämmung*
- *Altbausanierungen (Umbauten und Modernisierungen)*
- *Einsatz älterer, seltener Handwerkstechniken und besonderer Baustoffe*
- *Schutzmaßnahmen im Winterbaubetrieb*

Demgegenüber sind handwerkliche Selbstverständlichkeiten bei gängigen und einfachen Bauarbeiten, deren Beherrschung durch den Unternehmer vorausgesetzt werden kann, weniger überwachungspflichtig. Insoweit darf sich der Architekt zu einem gewissen Grad auf die Zuverlässigkeit und ordnungsgemäße unternehmerische Bauausführung verlassen.[3]

Die Abgrenzung zwischen handwerklichen Selbstverständlichkeiten und Arbeiten mit einem erhöhten Mängelrisiko gestaltet sich im Einzelfall durchaus schwierig. In der Regel gelten aber folgende Gewerke als weniger überwachungspflichtig:

- *Malerarbeiten*
- *Verlegen von Fußböden oder Platten*
- *Auftragen des Innenputzes*
- *einfache Erdarbeiten*
- *Fassadenanstricharbeiten*
- *übliche Holzarbeiten*

Es ist allerdings zu beachten, dass die Überwachungspflichten nicht trennscharf nach Gewerken formuliert werden können und die oben genannten Gewerke nur eine Orientierungshilfe darstellen. Die Überwachungspflichten sind jeweils an der konkreten Situation vor Ort und den Eigenarten des Bauvorhabens auszurichten.

Insbesondere bei Sanierungsarbeiten werden erhöhte Anforderungen an den bauleitenden Architekten gestellt. Hierzu führt das OLG Rostock[4] *aus: „Ein beauftragter Architekt, der Sanierungsarbeiten an einem Altbau durchführen lässt, ohne die Bausubstanz zuvor auf einen Schwammbefall zu überprüfen, ist dem Bauherrn zum Ersatz des daraus entstehenden Schadens verpflichtet. Der Architekt hat bei einer Altbausanierung seine regelmäßige Bauaufsichts- und Überwachungspflicht an den Besonderheiten dieser Arbeiten zu orientieren. Eine stichprobenartige Überprüfung durch den Subunternehmer reicht nicht aus, der Architekt muss sich selbst ein Bild vom Zustand der Bausubstanz verschaffen."*

Zudem wird eine verstärkte Überwachungspflicht insbesondere dort gefordert, wo schon Mängel konkret aufgetreten sind. Daher sieht die Rechtsprechung auch für die Überwachung von Mängelbeseitigungsmaßnahmen eine gesteigerte Prüfungspflicht vor.

---

[3] Saarländisches OLG, Urt. v. 24.06.2003 – 7 U 930/01.

[4] OLG Rostock, Urt. v. 11.07.2006 – 4 U 128/04

Hinsichtlich der Beweislast für Mängel ist zu beachten, dass die Rechtsprechung gerade innerhalb der Leistungsphase 8 nicht selten Beweiserleichterungen zugunsten des Bauherrn vornimmt. Der BGH[5] hat hierzu ausgeführt: „Der Nachweis der Verletzung der Bauaufsichtspflicht eines Architekten kann durch einen Anscheinsbeweis erleichtert sein." Das OLG Saarbrücken hat dieses mit Urteil vom 11.12.2006 konkretisiert und verdeutlicht: „Grobe Mängel bei kritischen Arbeiten begründen den Anschein einer Pflichtverletzung des bauüberwachenden Architekten."

Besteht ein solcher Anscheinsbeweis, kann dieser nicht bereits dadurch erschüttert werden, dass der Architekt pauschal vorträgt, die Baustelle sei regelmäßig kontrolliert worden und bei der Ausführung von wichtigen Arbeiten sei er ständig anwesend gewesen[6]. Hier muss der Architekt eingehend darlegen, dass er seiner Leistungspflicht genügt hat.

Das Leistungsverweigerungsrecht des Architekten endet, wenn der Bauherr dem Bauunternehmer eine angemessene Frist zur Nachbesserung gesetzt hat und die Frist fruchtlos verstrichen ist. Es bedarf weder einer mehrfachen Aufforderung noch einer weitergehenden Klage gegen den Bauunternehmer. Ob die Rechtsprechung die Aufforderung zur Mangelbeseitigung für entbehrlich erachten wird, wenn der Bauunternehmer schon zuvor ausdrücklich erklärt hat, keine weiteren Arbeiten mehr auszuführen, bleibt abzuwarten. In anderen Zusammenhängen bewerten die Gerichte solche Aufforderungen als überflüssige Förmlichkeit, wenn sie offensichtlich erfolglos verlaufen.

---

5   BGH, Urt. v. 16.05.2002 – VII ZR 81/00
6   LG Krefeld, Urt. v. 04.12.2003 – 5 O 206/99.

5 Haftung und Gesamtschuld

Schematische Übersicht zu § 650t BGB:

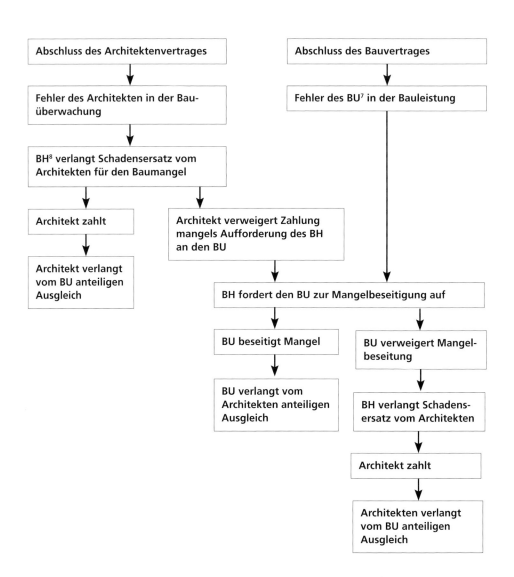

7 BU=Bauunternehmer
8 BH=Bauherr

Lösung zum Ausgangsfall:

Der Architekt muss im einleitend geschilderten Fall noch nicht zahlen. Er kann die Zahlung von Schadensersatz verweigern, solange der Bauherr den Bauunternehmer noch nicht erfolglos unter Fristsetzung zur Nachbesserung aufgefordert hat. Sollte der Bauunternehmer entgegen der oben getroffenen Annahme trotz einer Aufforderung zur Mangelbeseitigung durch den Bauherrn diese verweigern, müsste der Architekt dem Bauherrn Schadensersatz leisten – und zwar in Höhe von 100% der Kosten, die für eine Nachbesserung durch einen Fremdunternehmer anfallen würden (Ersatzvornahme). Der Architekt könnte im Anschluss gegenüber dem Bauunternehmer dessen Mitverschuldensanteil im Wege des Innenregresses geltend machen. Fordert der Bauherr den Estrichleger zum Mangelbeseitigung auf und führt dieser die Arbeiten durch, kann der Estrichleger im Anschluss im Wege des Innenregresses von Architekten einen Ausgleich verlangen – und zwar in Höhe des Mitverschuldensanteils und bezogen auf die Beseitigungskosten des Estrichlegers.

5. Der Schadensersatzanspruch

War der an den Bauunternehmer gerichteten Aufforderung des Bauherrn, den Baumangel zu beseitigen, kein Erfolg beschieden, steht im Zentrum der vertraglichen Haftung des Architekten der Anspruch des Bauherrn auf Schadensersatz. Dieser Anspruch soll daher nachfolgend weiter beleuchtet werden. Ein Schadensersatzanspruch setzt einen Verstoß des Architekten gegen eine bestimmte Handlungs- oder Unterlassungspflicht voraus.

a. Pflichten des Architekten

Der Abschluss eines Architektenvertrages löst für den Architekten umfangreiche Pflichten gegenüber dem Bauherrn, gegebenenfalls auch gegenüber anderen Baubeteiligten und sonstigen Dritten, aus. Verletzt der Architekt seine Pflichten, kann dies Schadensersatzansprüche zugunsten des Geschädigten nach sich ziehen.

aa. Vertragliche Hauptleistungspflichten

Welche Leistungen ein Architekt zu erbringen hat, ergibt sich vorrangig aus dem Architektenvertrag. Der Architekt ist dem Bauherrn gegenüber verpflichtet, die vertraglich übernommenen Leistungen in jeder Hinsicht mangelfrei zu erbringen. In der Rechtsprechung sind beispielsweise in folgenden Fällen Verletzungen der vertraglichen Leistungspflicht angenommen worden:

- Der Architekt versäumt es, sich bei der Planung eines Bauwerks über die Grundwasserstände und maximalen Schwankungen des Grundwassers ausreichend Gewissheit zu verschaffen und unterlässt es, wenn Unsicherheitsfaktoren bleiben, geeignete Sicherungsvorkehrungen zu treffen.
- Der Architekt unterlässt es, bei komplizierten technischen Lösungen dem Bauherrn zu empfehlen, einen Sonderfachmann hinzuzuziehen.
- Der Architekt übersieht, dass die Vergabe der Bauarbeiten an einen ungeeigneten Unternehmer erfolgt, der nicht ausreichend fachkundig, leistungsfähig und zuverlässig ist.
- Der bauüberwachende Architekt sieht davon ab, für die Funktionsfähigkeit einer Drainage oder einer Abdichtung zu sorgen, bevor die Arbeitsgräben wieder verfüllt werden.
- Die Planung des Architekten ist wegen einer Unterschreitung der Grenzabstände nicht genehmigungsfähig.
- Ein geplantes Renditeobjekt ist völlig unwirtschaftlich.

bb. Vertragliche Nebenpflichten

Der Architekt ist „Sachwalter" des in der Regel bauunerfahrenen Bauherrn. Zwischen den Parteien des Architektenvertrages besteht ein besonderes Vertrauensverhältnis, das den Architekten zur sorgfältigen Wahrnehmung der Bauherrninteressen verpflichtet. Dem Architekten obliegen daher zahlreiche Aufklärungs-, Beratungs- und Hinweispflichten gegenüber dem Bauherrn. Diese Beratungspflichten können Hauptpflichten im Rahmen der vertraglich geschuldeten Leistung sein (z.B. Beratung zur Einschaltung von Sonderfachleuten im Rahmen der Grundlagenermittlung).

Darüber hinaus bestehen aber auch zahlreiche Beratungspflichten als Nebenpflichten. Sie sind nicht speziell im Vertrag als Leistung aufgeführt, bestehen aber als „automatischer Annex" zum Vertrag.[9]

Zwar stellen die Beratungs- und Hinweispflichten die Hauptgruppe der Nebenpflichten dar, es gibt allerdings noch eine Reihe weiterer Nebenpflichten. Gemäß § 241 Abs. 2 BGB ist jeder Vertragspartner zur Rücksichtnahme auf die Rechte, Rechtsgüter und Interessen des anderen Partners verpflichtet. Daher kann auch die Verletzung sonstiger Aufklärungs- und Schutzpflichten Schadensersatzansprüche auslösen. Nebenpflichten können bereits vor einem Vertragsschluss oder auch noch nach Beendigung des Vertrages entstehen.

Schon durch die Aufnahme von Vertragsverhandlungen, die Anbahnung eines Vertrages oder ähnliche Kontakte – insbesondere Akquisitionsgespräche – werden vor Vertragsabschluss Sorgfalts-, Rücksichtnahme- und Aufklärungspflichten begründet, deren Verletzung Schadensersatzansprüche auslösen können (§ 311 Abs. 2 BGB).

Beispiele hierfür sind:

- Der Architekt unterlässt einen Hinweis auf ihm bekannte, ungünstige Bodenverhältnisse oder auf mögliche Schäden aus den Bodenverhältnissen.
- Der Ingenieur für Tiefbau verschweigt vor Vertragsabschluss die ihm fehlende Architekteneigenschaft.
- Der Architekt weist bei gewünschter Grenzbebauung den Bauherrn nicht darauf hin, dass die Durchführung des Bauvorhabens von der Zustimmung des Nachbarn abhängig ist.
- Der Architekt verdeutlicht nicht, dass ein vom Bauherrn avisierter Zeitplan für das Bauvorhaben, der zur Erlangung von Fördermitteln eingehalten werden müsste, unrealistisch ist.
- Der Architekt klärt nicht über die Höhe seines Honorars auf, obwohl der Bauherr als Laie erkennbar falsche Vorstellungen von der Honorarhöhe besitzt.

Der Architekt hat dem Bauherrn nach Vertragsschluss auch außerhalb der vertraglich vereinbarten (Haupt-)Beratungspflichten mit Rat und Tat zur Seite zu stehen. Solche Hinweis- und Beratungspflichten werden beispielsweise in folgenden Fällen angenommen:

- Bei einer baurechtlich „riskanten" Planung hat der Architekt auf die Möglichkeit der Stellung einer Bauvoranfrage hinzuweisen.
- Der Architekt hat darauf hinzuweisen, dass eine Vertragsstrafe bei der Abnahme des Bauwerks vorbehalten werden muss, wenn der Bauherr dieses Recht nicht verlieren will.[10]
- Der Architekt hat im Falle von Baumängeln gegebenenfalls über die Notwendigkeit einer Beweissicherung bzw. die Einschaltung eines Sachverständigen aufzuklären.
- Der Architekt hat auch hinsichtlich solcher Baumängel, deren Entstehung er selbst verschuldet hat, darüber aufzuklären und zu beraten, dass die gegen ihn gerichteten Gewährleistungsansprüche seines Bauherrn verjähren.[11]
- Der Architekt darf es nicht versäumen, den Bauherrn unverzüglich über einen gegenüber dem Bauunternehmer zu rügenden Mangel zu informieren, von dem er vor Ablauf der Verjährungsfrist erfährt.
- Der Architekt warnt den Bauherrn nicht davor, im Rohbau neue Möbel und Teppiche zu lagern – die Sachen nehmen durch Feuchtigkeit Schaden. Die Folgen einer Schutzpflichtverletzung können auch Eigentumsschäden des Bauherrn sein, die an anderen Sachen als dem Bauwerk selbst auftreten.

Auch nach der Beendigung des Vertrages treffen den Architekten vertragliche Nebenpflichten:

---

9 OLG Stuttgart, Urt. v. 18.08.2008 – 10 U 4/06; OLG Celle, Urt. v. 18.02.2010 – 5 U 119/09.

10 BGH, Urt. v. 26.04.1979 – VII ZR 190/78, BauR 1979, 345 (346).
11 BGH, Urt. v. 26.09.1985 – VII ZR 50/84, BauR 1986, 112 (113).

- Der Architekt muss gegebenenfalls über besondere Bedingungen zur Nutzung des Objektes aufklären (z.B. Lüftungsverhalten beim Passivhaus).
- Der Architekt muss Einsicht in Unterlagen gewähren.

Weitere Nebenpflichten können sein:

- Verschwiegenheitspflicht
- Auskunftspflichten
- Verwahrungspflichten

cc. Gefälligkeiten

Nicht selten erbringen Architekten ohne vertragliche Grundlage, aus bloßer Gefälligkeit, Leistungen. So bittet zum Beispiel ein Bauherr den Architekten, den er nur mit den Planungsleistungen beauftragt hatte, im Anschluss noch um eine Hilfestellung auf der Baustelle. Begeht der Architekt bei der Erbringung solcher Gefälligkeitsleistungen einen Fehler, kann dies Schadensersatzansprüche auslösen.[12] Der Architekt haftet, auch wenn ihm für die Leistungen kein Honorar zusteht.

Architekten sollten daher solche Anfragen von Bauherrn ablehnen oder hierüber einen zusätzlichen Vertrag mit einer entsprechenden Vergütung abschließen. Immerhin nehmen einige Gerichte bei Gefälligkeitsleistungen zur Minimierung des Haftungsrisikos eine stillschweigende Haftungsbeschränkung auf grobe Fahrlässigkeit und Vorsatz an.[13]

b. Der Schaden

Verletzt der Architekt seine Pflichten, kann dies zu einer Schädigung des Bauherrn oder eines Dritten führen. Das Entstehen eines Schadens ist eine weitere Voraussetzung für den Schadensersatzanspruch.

Schaden ist jeder Nachteil, den jemand durch ein bestimmtes Ereignis an seinem Vermögen oder an seinen sonstigen rechtlich geschützten Gütern erleidet. Er besteht in der Differenz zwischen zwei Güterlagen: Der tatsächlichen, durch das Schadenereignis geschaffenen, und der ohne das schädigende Ereignis gedachten.

aa. Schadensformen

Der Schadensersatzanspruch erfasst insbesondere folgende Schäden:

- Nachbesserungskosten
  Hierbei geht es um die Kosten für die erforderliche Nachbesserung der vom Architekten versprochenen vertraglichen Leistung, insbesondere um die Korrektur seiner fehlerhaften Planung. Nach ergebnislosem Ablauf einer dem Architekten gesetzten Nachbesserungsfrist ist der Bauherr berechtigt, einen anderen Planer mit der Berichtigung der fehlerhaften Planung zu beauftragen und Ersatz der dadurch entstehenden Kosten zu verlangen (Ersatzvornahme).
- Mangelfolgeschäden
  Ein Mangelfolgeschaden liegt vor, wenn eine mangelhafte Architektenleistung einen Schaden an einem anderen Werk verursacht, insbesondere wenn die Planungsleistung des Architekten mangelhaft ist und sich dies durch die Umsetzung in das Gebäude dort als Schaden auswirkt. Hierzu gehört aber auch der Bauüberwachungsfehler, der zu einem mangelbehafteten Bauwerk führt.

Zu den Mangelfolgeschäden zählen auch reine Vermögensschäden. Folgende Schadenspositionen sind an dieser Stelle insbesondere zu nennen:

- technischer oder merkantiler Minderwert
- Kosten für ein Gutachten, das der Bauherr eingeholt hat, um Ursache und Ausmaß der Baumängel festzustellen
- Vermögensaufwendungen, die dem Bauherrn entstehen, weil er das Bauwerk nicht nutzen kann (z.B. Kosten für ein Ausweichquartier oder für eine zwischenzeitliche Möbellagerung)
- entgangener Gewinn wegen der Unbenutzbarkeit des Bauwerks (z.B. Preisnachlass, Mieteinbuße, sonstiger Verdienst- und Nutzungsausfall)
- Kosten für einen Stillstand der Baustelle wegen unbrauchbarer Planung

---

12 OLG Karlsruhe, Urt. v. 23.12.2009 – 15 U 243/08.
13 OLG Dresden, Urt. v. 19.10.2010 – 5 U 300 /10.

bb. Art und Umfang des Schadensersatzes

Grundsätzlich sieht das Gesetz vor, den entstandenen Schaden durch sogenannte Naturalrestitution auszugleichen. Der Schädiger ist verpflichtet, den Zustand wiederherzustellen, der ohne das schädigende Ereignis bestehen würde (§ 249 BGB; z.B. ein beschädigtes Bauteil durch ein gleichartiges, unbeschädigtes Bauteil zu ersetzen). Allerdings kann der Geschädigte unter bestimmten Voraussetzungen auch Geldersatz verlangen. Dies ist bei Architekten in der Praxis nahezu ausnahmslos der Fall, weil Fehler in der Architektenleistung fast immer erst in der Umsetzung zu einem Schaden an Leistungen oder dem Eigentum Dritter führen und der Architekt diesen Schaden nicht durch seine eigenen Architektenleistungen beseitigen kann.

Keinen ersatzfähigen Schaden bilden die sogenannten „Sowieso-Kosten" oder auch „nachgeholten Baukosten". Sowieso-Kosten liegen vor, wenn bei der Beseitigung eines Mangels zusätzliche Maßnahmen erforderlich sind, die ursprünglich nicht vorgesehen waren, bei korrekter Planung aber hätten berücksichtigt werden müssen. Es handelt sich also um Kosten, die auch („ohnehin" bzw. „sowieso") angefallen wären, wenn der Architekt seine Aufgaben von vornherein mangelfrei erbracht hätte. Da die die Sowieso-Kosten auslösenden Leistungen im Wege der Schadensbehebung lediglich nachgeholt werden, stellen sie keinen mangelbedingten Schaden dar, für den der Architekt zum Ersatz verpflichtet wäre. Vielmehr handelt es sich um eine Wertverbesserung, die den Schadensersatzanspruch des Bauherrn begrenzt. Der Bauherr soll durch den Schadenseintritt und den daraus resultierenden Schadensersatzanspruch nicht besser gestellt werden, als er vor oder ohne dessen Eintritt gestanden hätte.

Beispiel: Hat der Architekt bei der Planung einer Keller-Außenabdichtung bestimmte Abdichtungsmaterialien vergessen und müssen diese nachträglich eingebaut werden, muss der Bauherr die hierfür anfallenden Material- und teilweise Lohnkosten übernehmen, da ihm diese Kosten auch bei einer ordnungsgemäßen Leistung entstanden wären. Der Architekt hingegen ist für die Kosten verantwortlich, die für die nachträgliche Freilegung und Wiederverfüllung des Arbeitsbereichs, für zuvor vergeblich verarbeitetes, ungeeignetes Material usw. entstehen.

c. Verschulden

Für einen Anspruch auf Schadensersatz ist erforderlich, dass der Architekt seine Pflichtverletzung zu vertreten hat, ihn also ein Verschulden trifft. Als schuldhaft werden Handlungen angesehen, die vorsätzlich oder zumindest fahrlässig begangen werden. Unter Vorsatz versteht man jede bewusste und gewollte Schädigungshandlung. Fahrlässig handelt, wer die im allgemeinen Geschäfts- und Rechtsverkehr übliche Sorgfalt nicht beachtet und dadurch eine Schädigung auslöst. War ein Fehler nicht erkennbar oder nicht vermeidbar, so entfällt das Verschulden.

Schaltet der Architekt einen Dritten zur Erbringung seiner vertraglich geschuldeten Leistungen ein, muss er auch für die Fehler des Dritten einstehen. Es geht um die so genannte Haftung für Erfüllungsgehilfen (§ 278 BGB). Ein Erfüllungsgehilfe ist eine Person, die mit Willen des Architekten für ihn bei der Erfüllung seiner geschuldeten Leistungen (z.B. Planung oder Bauüberwachung) tätig wird. Als solche Personen sind insbesondere Angestellte, freie Mitarbeiter und unterbeauftragte Büros zu nennen. Fügt der Erfüllungsgehilfe in Ausführung einer vertraglichen Leistung dem Bauherrn schuldhaft einen Schaden zu, muss sich der Architekt dieses Fehlverhalten zurechnen lassen, ohne dass ihn selbst ein Verschulden treffen müsste. Er wird dann haftungsrechtlich so gestellt, als ob er selbst schuldhaft gehandelt und dadurch den Schaden herbeigeführt hätte. Der Architekt kann sich in solchen Fällen auch nicht mit dem Einwand entlasten, dass er für die durchzuführenden Arbeiten geeignete und bewährte Mitarbeiter ausgewählt und diese ordnungsgemäß überwacht hat.

d. Mitverschulden des Bauherrn

Im Grundsatz hat der Verursacher eines Mangels den Geschädigten so zu stellen, wie er ohne den Mangel stehen würde (§ 249 BGB). Verursacht also ein Architekt einen Schaden, muss er den vollen Betrag zahlen, der zur Schadensbeseitigung erforderlich ist. Er kann die Zahlung allerdings kürzen, wenn der Geschädigte eine Mitverantwortung an dem Schaden trägt (§ 254 BGB). Das Mitverschulden kann in einem eigenen Fehlverhalten des Bauherrn liegen (z.B. wegen eines zögerlichen Ergreifens von Sicherungsmaßnahmen; die Zulieferung falscher Unterlagen/Angaben). Dann ist der Anspruch um den Mitverschuldensanteil zu mindern. Auch die Missachtung von Bedenkenhinweisen des Architekten führt zu einem Mitverschulden.[14] Hierbei ist allerdings zu beachten, dass Bedenkenhinweise des Architekten unmissverständlich und umfassend erfolgen müssen, um ein Mitverschulden des Bauherrn annehmen zu können.[15]

Der Architekt muss gegenüber dem Bauherrn nicht voll haften, wenn ein anderer Baubeteiligter das Problem mitverursacht hat und sich der Bauherr dessen Fehlverhalten zurechnen lassen muss. Dazu muss der andere Baubeteiligte Erfüllungsgehilfe des geschädigten Bauherrn im Verhältnis zum Architekten sein. Der Fehler des Erfüllungsgehilfen wird dann wie ein eigenes Fehlverhalten des Bauherrn gewertet. Der Schadensersatzanspruch des Bauherrn gegen den Architekten wird in solchen Fällen um den Mitverschuldensanteil des Erfüllungsgehilfen reduziert.

Ob ein Baubeteiligter als Erfüllungsgehilfe des Bauherrn zu werten ist, ist im Einzelfall zu prüfen. Dabei sind insbesondere die vertraglichen Vereinbarungen der Parteien genau zu untersuchen. Im Grundsatz ist das Fehlverhalten eines Erfüllungsgehilfen dem Bauherrn immer dann zuzurechnen, wenn der Gehilfe den Mangel mitverschuldet hat und er in Erfüllung einer Pflicht oder Obliegenheit des Bauherrn gegenüber dem Architekten handelt, der für den Schaden in Anspruch genommen werden soll. Das Konstrukt der Erfüllungsgehilfenschaft bietet mithin die Möglichkeit, sich gegen Schadensersatzansprüche des Bauherrn zu wehren und zumindest eine Reduzierung der Schadensersatzforderung zu erreichen.

Die Gerichte urteilten in verschiedenen Konstellationen zum Thema der Erfüllungsgehilfenschaft bisher wie folgt:

Macht ein Planer einen Fehler und setzt der bauüberwachende Architekt diese mangelhafte Planung um, dann ist der Bauüberwacher kein Erfüllungsgehilfe des Bauherrn.[16] Der Planer haftet voll. Das Gleiche gilt, wenn ein Fachplaner (zum Beispiel Statiker) einen Fehler des Planers umsetzt. Ähnlich urteilte der BGH zu Fehlern eines Sonderfachmanns, die der planende Architekt übernahm.[17] Voraussetzung für eine Haftung des planenden Architekten ist dabei jedoch, dass der Fehler des Sonderfachmanns für ihn überhaupt erkennbar war.

Mit Urteil vom 27.11.2008 (VII ZR 206/06) hat der BGH für den Fall, dass der Bauherr den bauüberwachenden Architekten für einen Bauleitungsfehler vollumfänglich in Anspruch nehmen will, obwohl der planende Architekt den Mangel durch einen Planungsfehler mitverursacht hatte, aber Folgendes entschieden:

1) Den Bauherrn trifft die Obliegenheit, dem bauaufsichtsführenden Architekten mangelfreie Pläne zur Verfügung zu stellen.

2) Nimmt er den bauaufsichtsführenden Architekten wegen eines übersehenen Planungsmangels in Anspruch, muss er sich das Verschulden des von ihm eingesetzten Planers zurechnen lassen.

Der Planer wurde also als Erfüllungsgehilfe des Bauherrn im Verhältnis zum Bauüberwacher angesehen. Der Anspruch des Bauherrn auf Schadensersatz gegen den Bauüberwacher wurde deshalb um den Mitverschuldensanteil des Planers reduziert.[18]

---

14 OLG München, Urt. v. 16.07.2010 – 9 U 1501/09.
15 OLG Stuttgart, Urt. v. 18.08.2008 – 10 U 4/06.
16 BGH, Urt. v. 29.09.1988 – VII ZR 182/87.
17 BGH, Urt. v. 04.07.2002 – VII ZR 66/01; BGH, Urt. v. 10.07.2003 – VII ZR 329/02.
18 ebenso OLG München, Urt. v. 09.08.2016 – 9 U 4338/15.

Bemerkenswert an der Entscheidung ist, dass der BGH die Pflichtenkreise des Bauherrn gegenüber dem Bauüberwacher sehr weit zog. Dies kann dazu führen, dass sich der Bauherr in Zukunft eventuell vermehrt das Verschulden Dritter zurechnen lassen muss. Der Gedanke, dass der Bauherr dem Bauüberwacher mangelfreie Pläne zur Verfügung stellen muss, kann auf andere Konstellationen übertragen werden. Auch der Sonderfachmann benötigt mangelfreie Pläne des Architekten und der Architekt umgekehrt mangelfreie Unterlagen der Sonderfachleute, etwa statische Berechnungen und Baugrundgutachten. Um hier die eigene Position zu verbessern, sollte die Pflicht des Bauherrn zur Zulieferung bestimmter Pläne oder Unterlagen ausdrücklich im Planungsvertrag verankert werden.

Im Verhältnis Architekt – Bauunternehmer gilt nach der Rechtsprechung Folgendes:

Der planende Architekt oder ein Fachplaner ist als Erfüllungsgehilfe des Bauherrn gegenüber dem Bauunternehmer einzustufen, wenn der Bauherr dem Unternehmer eine Planung zur Verfügung stellen muss. Der Bauherr muss sich daher ein Mitverschulden des Planers wegen einer fehlerhaften oder unterlassenen Planung anrechnen lassen.[19] Gleiches gilt, wenn der Architekt eine Koordinierungspflicht verletzt.[20] Hat der Bauunternehmer den Planungsfehler erkannt oder drängte sich der Fehler dem Unternehmer geradezu auf, tritt das Mitverschulden des Planers im Regelfall hinter das Verschulden des Unternehmers zurück, sodass dieser überwiegend oder sogar vollumfänglich haftet.[21] Der Bauherr schuldet dem Bauunternehmer in aller Regel keine Bauüberwachung. Der bauüberwachende Architekt ist daher kein Erfüllungsgehilfe des Bauherrn.[22] Der Bauunternehmer haftet dem Bauherrn daher in voller Höhe.

e. Beweislast

Wenn der Bauherr den Architekten nach der Abnahme der Architektenleistung wegen einer vertraglichen Pflichtverletzung auf Schadensersatz in Anspruch nehmen will (§ 634 Nr. 4 i.V.m. § 280 BGB), muss er die Pflichtverletzung des Architekten und ihre Ursächlichkeit für den entstandenen Schaden beweisen. Hierbei genügt es in der Regel, wenn der Bauherr darlegt, dass die Schadensursache nach den gegebenen Umständen dem Leistungsbereich des Architekten, d. h. weder seiner eigenen Verantwortungssphäre noch ausschließlich derjenigen eines Dritten (z.B. eines Bauunternehmers), entstammt.[23] Für bestimmte Mängel wird teilweise sogar die Vermutung zugrunde gelegt, dass diese dem Verantwortungsbereich des Architekten zuzuordnen sind (Anscheinsbeweis).

> **Beispiel:** Der vom Planer zu überwachende Einbau von zwei Stützmauern zur Befestigung einer Straße in Hanglage ist aufgrund fehlender Drainage und unzureichender Gründungstiefe mangelhaft; die Mauern drohen einzustürzen.[24]

Das Verschulden des Architekten wird gemäß § 280 Abs. 1 S. 2 BGB bei Vorliegen eines Schadens gesetzlich vermutet. Der Architekt muss folglich den Entlastungsbeweis führen, dass ihm kein Verschulden für den eingetretenen Schaden anzulasten ist.

f. Verjährung

Schadensersatzansprüche des Bauherrn unterliegen der Verjährung. Mit Eintritt der Verjährung kann der Architekt gegen ihn erhobene Mängelansprüche zurückweisen, auch wenn sie dem Grunde nach bestehen.

Die Verjährung der Mängelansprüche richtet sich nach § 634a BGB. Hiernach unterliegen Mängelansprüche aus der Erbringung von Planungs- oder Überwachungsleistungen für ein Bauwerk einer 5-jährigen Verjährungsfrist (§ 634a Abs. 1 Nr. 2 BGB). Darunter fallen neben der Neuerrichtung von Gebäuden auch

---

19 BGH, Urt. v. 22.03.1984 – VII ZR 50/82; BGH, Urt. v. 13.09.2001 – VII ZR 392/00.
20 BGH, Urt. v. 29.11.1971 – VII ZR 101/70, BauR 1972, 112 (113).
21 OLG Hamm, Urt. v. 30.03.1995 – VII ZR 17 U 205/93, BauR 1995, 852 (853); OLG Bamberg, Urt. v. 10.06.2002 – 4 U 179/01, BauR 2002, 1708 (1709).
22 BGH, Urt. v. 06.05.1982 – VII ZR 172/81.

---

23 BGH, Urt. v. 17.01.2002 – VII ZR 488/00, BauR 2002, 784 (785).
24 BGH, Urt. v. 16.05.2002 – VII ZR 81/00.

Veränderungen in der Gebäudesubstanz (Um- und Anbauten) und u.U. auch Erneuerungs- oder Reparaturarbeiten an diesen. Der Begriff des Bauwerks umfasst nicht nur Gebäude, sondern auch zahlreiche andere bauliche Anlagen (z.B. Brücken).

Werden Planungs- oder Überwachungsleistungen im Hinblick auf die Herstellung, Wartung oder Veränderung einer Sache erbracht, die kein Bauwerk ist, so verjähren diesbezügliche Mängelansprüche in zwei Jahren (§ 634a Abs. 1 Nr. 1 BGB), so beispielsweise bei einer Gartenbepflanzung.

Für sonstige Werke (z.B. Gutachten) gilt die regelmäßige, 3-jährige Verjährungsfrist (§ 634a Abs. 1 Nr. 3 BGB i.V.m. § 195 BGB).

Wenn der Architekt einen Mangel an seiner Leistung arglistig verschwiegen hat, kommen Sonderregelungen zum Tragen, die unter bestimmten Voraussetzungen zu Verjährungsfristen zwischen drei und 30 Jahren führen können.

Bei Planungs- und Überwachungsleistungen (§ 634a Abs. 1 und 2 BGB) beginnt die Verjährungsfrist mit der Abnahme der Architektenleistung zu laufen (wegen weiterer Einzelheiten zur Abnahme siehe Teil 3).

6. Die gesamtschuldnerische Haftung

Ein wichtiger Aspekt bei der Architektenhaftung ist das Gesamtschuldverhältnis mit anderen am Bau beteiligten Personen.

a. Das Gesamtschuldverhältnis

Gesamtschuldverhältnisse bestehen kraft Gesetzes, z.B. nach den §§ 427, 431 oder 840 BGB. Ein Gesamtschuldverhältnis ist durch eine Schuldnermehrheit (z.B. mehrere Mieter einer Wohnung) gekennzeichnet, bei der jeder Schuldner die Leistung insgesamt schuldet, der Gläubiger (z.B. der Vermieter) die Leistung aber nur einmal fordern darf. Die Gesamtschuldner bilden durch ihre gemeinsame Verpflichtung (z.B. gemeinsamer Abschluss eines Mietvertrags) eine Art Zweckgemeinschaft.

Wenn mehrere Baubeteiligte (z.B. Architekt und Bauunternehmer oder Sonderfachmann) beim Zusammenwirken bei der Durchführung eines Bauvorhabens zur Entstehung eines Mangels beitragen, muss geprüft werden, ob zwischen ihnen wegen der Mängelansprüche des Bauherrn ein Gesamtschuldverhältnis besteht. Es geht also um Fälle, bei denen ein bestimmter Mangel durch jeweils eigene Pflichtenverstöße der Beteiligten mit verursacht wird.

> **Beispiel:** Es kommt an einem Objekt zu Feuchteschäden durch eine mangelhafte Abdichtung, weil der Bauunternehmer das Gewerk fehlerhaft ausführt und der Architekt diesen Fehler aufgrund einer unzureichenden Objektüberwachung nicht bemerkt und folglich auch nicht unterbindet.

Liegt eine Gesamtschuldnerschaft vor, muss jeder Mitverursacher gegebenenfalls für den gesamten Schaden, also in voller Höhe, einstehen. Der Bauherr kann die Leistung insgesamt aber nur einmal verlangen (§ 421 BGB).

Ein Gesamtschuldverhältnis wird von den Gerichten insbesondere in folgenden Konstellationen angenommen:

- Mitgesellschafter einer Arbeitsgemeinschaft in Form einer Gesellschaft bürgerlichen Rechts gegenüber dem Bauherrn
- bauüberwachender Architekt und bauausführendes Unternehmen
- planender Architekt und bauleitender Architekt bei Fehlern des Planers, die für den bauleitenden Architekten erkennbar waren
- Architekt und Fachplaner bei Fehlern des Fachplaners, die für den Architekten erkennbar waren

b. Die Ausgleichspflicht der Gesamtschuldner

Im Außenverhältnis darf der Bauherr jeden der Gesamtschuldner in voller Höhe oder wenn er will auch nur teilweise in Anspruch nehmen – die Leistung insgesamt jedoch nur einmal fordern. Im Innenverhältnis kann der in Anspruch genommene Gesamtschuldner von dem oder den anderen Gesamtschuldnern einen Ausgleich in Höhe des jeweiligen Verursachungsbeitrags bzw. der Mithaftungsquote verlangen.

Der interne Ausgleichsanspruch verjährt nach der gesetzlichen Regelverjährungsfrist (§ 195 BGB) innerhalb von drei Jahren. Die Frist beginnt jedoch erst, wenn der Ausgleichsberechtigte folgende Kenntnisse besitzt:

- Kenntnis der Umstände, die den Anspruch des Bauherrn gegen den Architekten begründen
- Kenntnis der Umstände, die den Anspruch des Bauherrn gegen den Bauunternehmer begründen
- Kenntnis der Umstände, die die Gesamtschuld zwischen Architekt und Bauunternehmer und die Ausgleichspflicht im Innenverhältnis begründen[25]

Gegebenenfalls kann der auf vollen Schadensersatz in Anspruch genommene Architekt innerhalb dieser Frist den Regressanspruch auch dann noch gegen einen gesamtschuldnerisch mithaftenden Bauunternehmer durchsetzen, wenn die Mängelansprüche des Bauherrn gegen den Bauunternehmer bereits verjährt sind.

c. Die Höhe des Ausgleichsanspruchs

Grundsätzlich sind die Gesamtschuldner im Verhältnis zueinander zu gleichen Anteilen verpflichtet (§ 426 Abs. 1 BGB). Ist das Gewicht der jeweiligen Verursachungsbeiträge allerdings unterschiedlich, findet dieses bei der Bemessung der Höhe des Ausgleichsanspruches Berücksichtigung. Es wird folglich eine Verschuldens- und damit auch Haftungsquote zwischen den Gesamtschuldnern gebildet.

In der sehr häufig anzutreffenden Konstellation, dass der Bauunternehmer einen Fehler bei der Bauleistung begeht und der Architekt diesen im Rahmen der Bauüberwachung übersieht, wird in der Regel ein überwiegendes Verschulden des Bauunternehmers angenommen, da dieser unmittelbar und primär den Mangel verursacht.[26] Dieses Ergebnis kann mit den neuen Regelungen des BGB zusätzlich auf das Argument gestützt werden, dass wegen der dienstvertraglich geprägten Bauüberwachung und der Kategorisierung des Architektenvertrags als lediglich werkvertragsähnlich, die Festlegung des Gesamtschuldnerausgleichs eher zu einer Quotierung zu Gunsten der Architekten führen müsste.

C. Hinweise für die Praxis

Wird der Architekt mit Schadensersatzansprüchen aus einem Bauüberwachungsfehler konfrontiert, so sollte vor einer Zahlung stets geprüft werden, ob dem Anspruch nicht die zur Leistungsverweigerung berechtigende Einrede aus § 650t BGB entgegengehalten werden kann – auch, um den Blick des Bauherrn in die Richtung des Bauunternehmers zu lenken. Der Architekt muss sich auf sein Recht aus § 650t BGB ausdrücklich berufen. Gleichzeitig sollte der Architekt aber schon in diesem Stadium seine Berufshaftpflichtversicherung einschalten, um seinen Anzeigepflichten nach dem Versicherungsvertrag zu genügen. Es ist davon auszugehen, dass sich auch die Versicherer in Zukunft auf § 650t BGB berufen werden, sofern die Vorschrift greift. Daher sollte in einem solchen Fall das weitere Vorgehen mit der Versicherung abgestimmt werden.

Aus Klarstellungsgründen könnte die Regelung des § 650t BGB in den Architektenvertrag aufgenommen und wie folgt formuliert werden:

„Nimmt der Bauherr den Architekten wegen eines Überwachungsfehlers in Anspruch, der zu einem Mangel an dem Bauwerk geführt hat, kann der Architekt die Leistung verweigern, wenn auch der ausführende Bauunternehmer für den Mangel haftet und der Bauherr dem bauausführenden Unternehmer noch nicht erfolglos eine angemessene Frist zur Nacherfüllung bestimmt hat."

Notwendig ist eine vertragliche Regelung aber nicht, da es sich um ein unmittelbar geltendes gesetzliches Leistungsverweigerungsrecht handelt.

Versuche der Bauherrn, die Regelung durch eine Vereinbarung im Architektenvertrag auszuschließen, werden aller Voraussicht nach

---

25 BGH, Urt. v. 18.06.2009 – VII ZR 167/08.
26 Ihle in: Löffelmann/Fleischmann, Architektenrecht, Rn. 1881a.

scheitern. § 650t BGB stellt ein neues gesetzliches Leitbild auf, das zumindest durch allgemeine Geschäftsbedingungen nicht ausgehebelt werden kann.

Macht der Architekt Honoraransprüche geltend, ist der Bauherr nicht berechtigt, der Honorarforderung Schadensersatzansprüche entgegenzuhalten, solange dem Architekten das Leistungsverweigerungsrecht aus § 650t BGB zusteht.

D. Ausblick

Insgesamt stellt die Vorschrift des § 650t BGB eine klare Verbesserung gegenüber der alten Rechtslage dar. Sie führt insbesondere dazu, dass sich bei Mängeln der Fokus des Bauherrn zunächst weg vom Architekten und stattdessen auf den Bauunternehmer richtet. Ist dieser leistungsbereit, entfallen sogar durch die Nachbesserung des Bauunternehmers die höheren Kosten einer Ersatzvornahme und die Haftung des Architekten beschränkt sich im Falle des Innenregresses auf den Mitverschuldensanteil. Es ist im Ergebnis also damit zu rechnen, dass die Belastungen der Architekten reduziert werden.

Zudem ist der Gesetzgeber hinsichtlich der starken Belastungen von Architekten durch die gesamtschuldnerische Haftung sensibilisiert. Es wird deshalb über das neue Gesetzeswerk hinaus geprüft, ob anderweitige Möglichkeiten zur Entlastung der Architekten – insbesondere durch neue Versicherungskonzepte unter Beteiligung der Bauunternehmer – bestehen. Es ist also denkbar, dass der Gesetzgeber in einem zweiten Schritt weitere Maßnahmen zugunsten einer ausgewogeneren Haftungsverteilung einführt.

6 Verweisvorschrift

§ 650q BGB
Anwendbare Vorschriften

Ein Beitrag von Dr. jur. Volker Schnepel

§ 650q BGB
Anwendbare Vorschriften

(1) Für Architekten- und Ingenieurverträge gelten die Vorschriften des Kapitels 1 des Untertitels 1 sowie die §§ 650b, 650e bis 650h entsprechend, soweit sich aus diesem Untertitel nichts anderes ergibt.

(2) Für die Vergütungsanpassung im Fall von Anordnungen nach § 650b Absatz 2 gelten die Entgeltberechnungsregeln der Honorarordnung für Architekten und Ingenieure in der jeweils geltenden Fassung, soweit infolge der Anordnung zu erbringende oder entfallende Leistungen vom Anwendungsbereich der Honorarordnung erfasst werden. Im Übrigen ist die Vergütungsanpassung für den vermehrten oder verminderten Aufwand auf Grund der angeordneten Leistung frei vereinbar. Soweit die Vertragspartner keine Vereinbarung treffen, gilt § 650c entsprechend.

Kommentierung

I. Aktuelle Regelung

§ 650q BGB regelt, welche Vorschriften außerhalb des gesonderten Untertitels 2 zum Architekten- und Ingenieurvertrag anzuwenden sind. In Absatz 1 wird pauschal auf die Regelungen in Kapitel 1 des Untertitels 1 sowie die §§ 650b, 650 e bis h BGB verwiesen. Absatz 2 enthält hingegen eine Sonderregelung zur Vergütungsanpassung in den Fällen einer Anordnung nach § 650b Abs. 2 BGB. Unabhängig von der speziellen Verweisvorschrift des § 650q BGB bleiben die Regelungen des Allgemeinen Teils des BGB sowie des Allgemeinen Schuldrechts selbstverständlich weiterhin anwendbar.

II. Sinn und Zweck der Einführung des § 650q BGB

§ 650q BGB ist schon deshalb notwendig, weil der Gesetzgeber das Architekten- und Ingenieurvertragsrecht aus der durch die Rechtsprechung vorgenommenen Einordnung in das Werkvertragsrecht herausgelöst und als speziellen, nämlich werkvertragsähnlichen Typus geregelt hat.[1] Dem widerspricht auch nicht, dass aufgrund des Verweises in § 650q Abs. 1 BGB die Vorschriften des Allgemeinen Teils des Werkvertragsrechts grundsätzlich entsprechend gelten. Dies macht den Architekten- und Ingenieurvertrag nach neuem Recht genauso wenig zum Werkvertrag wie ihn der Verweis auf Vorschriften aus dem Bauvertragsrecht zum Bauvertrag machen könnte.

III. Regelungsinhalt im Einzelnen

1. 650q Abs. 1 BGB

Soweit § 650q Abs. 1 BGB die Vorschriften des Allgemeinen Teils des Werkvertragsrechts sowie bestimmte Regelungen aus dem Bauvertragsrecht für entsprechend anwendbar erklärt, steht dies zunächst unter dem Vorbehalt, dass sich aus den speziellen Regelungen zum Architekten- und Ingenieurvertrag nicht etwas anderes ergibt.

Nicht anwendbar sind daher § 631 Abs. 1 HS. 1 und Abs. 2 BGB, wonach durch den Werkvertrag ein Unternehmer zur Herstellung des versprochenen Werkes verpflichtet ist und Gegenstand des Werkvertrages sowohl die Herstellung oder Veränderung einer Sache als auch ein anderer durch Arbeit oder Dienstleistung herbeizuführender Erfolg sein kann. Diese Regelungen, die bislang als Grundlage für die vertraglichen Hauptpflichten des Architekten herangezogen wurden, werden im neuen Recht durch § 650p BGB ersetzt. Auch wenn die Beschreibung der vertragstypischen Pflichten beim Architekten- und Ingenieurvertrag in § 650p BGB nicht in allen Punkten inhaltlich „etwas anderes bestimmt" als die allgemeinen Regelungen in § 631 Abs. 1 HS. 1 und Abs. 2 BGB, sondern sie teilweise konkretisiert, teilweise – insbesondere durch § 650p Abs. 2 BGB - ergänzt, teilweise aber auch modifiziert, ist § 650p BGB doch insgesamt als abschließende Regelung zu verstehen.[2]

Demgegenüber sind die in §§ 631 Abs. 1 HS. 2, 632 BGB normierten Vergütungsregelungen und die Regelung zu deren Fälligkeit (§ 641 BGB) grundsätzlich heranzuziehen, da der gesamte Untertitel 2 hierzu lediglich zu bestimmten Sonderthemen Aussagen trifft (§ 650q Abs. 2 BGB: Vergütungsanpassung bei Anordnung des Bestellers; § 650r Abs. 3 BGB: Teilvergütung bei Sonderkündigung). Die in § 632a BGB enthaltene Regelung zur Abschlagszahlung wäre zwar grundsätzlich anwendbar; allerdings hatte der BGH bereits zur bisherigen Rechtslage geurteilt, dass sich die Fälligkeit von Abschlagsforderungen bei Architekten nicht nach § 632a BGB, sondern nach § 15 Abs. 2 HOAI richtet.[3]

Auch die übrigen allgemeinen Vorschriften zum Werkvertragsrecht dürften – von der Regelung in § 647a BGB zur Sicherungshypothek des Inhabers einer Schiffswerft abgesehen – auch für das Architekten- und Ingenieurvertragsrecht gelten. Dies gilt für die Regelungen zur Gewährleistung (§§ 633 bis 639 BGB[4]), zu den Abnahme- und Mitwirkungspflichten des Bauherrn (§§ 640, 642, 643 BGB) und zur Gefahrtragung (§§ 645, 646 BGB). Anwendbar ist insbesondere auch das jetzt in § 648a BGB ausdrücklich kodifizierte, bislang nur auf ständiger Rechtsprechung beruhende Recht zur Kündigung aus wichtigem Grund mit den in § 648a Abs. 5 BGB geregelten Vergütungsfolgen (siehe hierzu im Einzelnen Kündigung aus wich-

---

1 Siehe hierzu auch Vertragstypische Pflichten.
2 A.A. Motzke, NZBau 2017, 251 (255): „§ 650p BGB nF begründet neben § 631 BGB weitere, spezielle Vertragspflichten der Planer.", Fuchs, NZBau 2015, 675, Deckers, ZfBR 2017, 523 (532), sofern der Architekt die tatsächliche Macht hat, für den Werkerfolg zu sorgen; siehe zu dieser Frage auch Ausführungen zu § 650p BGB.
3 BGH, Urt. v. 09.07.1981 – VII ZR 139/80, NJW 1981, 2351 ff.
4 Für die Verjährung gilt – über den Verweis – weiterhin die Frist von fünf Jahren nach § 634a Abs. 1 Nr. 2 BGB. Dass diese Vorschrift die Verjährung bei Planungs- und Überwachungsleistungen bei Bauwerken bereits selbst ausdrücklich regelt, wird auf einem gesetzgeberischen Versehen beruhen (siehe hierzu auch Vertragstypische Pflichten).

tigem Grund). Das Recht des Bauherrn, den Vertrag mit dem Architekten – allerdings bei vollständiger Vergütung – jederzeit und ohne Begründung kündigen zu können (§ 649 BGB), bleibt daneben uneingeschränkt bestehen.

Aus dem Bauvertragsrecht benennt § 650q Abs. 1 BGB ausdrücklich diejenigen Vorschriften, die auch im Bereich des Architekten- und Ingenieurvertragsrechts anzuwenden sind:

- Dies betrifft insbesondere die Regelungen zur Änderung des Vertrags bzw. zum Anordnungsrecht des Bestellers nach § 650b BGB (siehe hierzu im Einzelnen: Anordnungsrecht des Bauherrn). Nicht ausdrücklich verwiesen wird in diesem Zusammenhang auf § 650c BGB (siehe hierzu sogleich unten zu § 650q Abs. 2 BGB) und § 650d BGB. Letztgenannte Vorschrift sieht vor, dass es zum Erlass einer einstweiligen Verfügung in Streitigkeiten über das Anordnungsrecht oder die Vergütungsanpassung nach Beginn der Bauausführung nicht erforderlich ist, dass der Verfügungsgrund (d.h. die besondere Eilbedürftigkeit der Entscheidung) glaubhaft gemacht wird. Ob es sich hierbei um ein gesetzgeberisches Versehen handelt, ist offen.
- Ausdrücklich einbezogen in den Verweis sind hingegen die Regelungen zur Sicherungshypothek des Bauunternehmers (§ 650e BGB) und zur Bauhandwerkersicherung (§ 650f BGB). Beide Arten der Unternehmerabsicherung waren nach der Rechtsprechung bereits bislang auch auf Architekten und Ingenieure anwendbar (siehe im Einzelnen hierzu: Gesetzliche Sicherung von Honorarforderungen).
- Als gegebenenfalls auch bei Architektenverträgen sinnvoll sieht das Gesetz die Möglichkeit der Zustandsfeststellung bei Abnahmeverweigerung des Bauherrn an, so dass auch die Regelung in § 650g BGB für anwendbar erklärt wird.
- Schließlich wird § 650h BGB explizit erwähnt. Das Interesse an Beweissicherung und Rechtssicherheit rechtfertigt es nach Auffassung des Gesetzgebers, für die Kündigung nicht nur des Bauvertrages, sondern auch des Architekten- oder Ingenieurvertrages die Schriftform, d.h. eine eigenhändig unterschriebene Kündigungserklärung, zu verlangen. Hierdurch sollen laut Gesetzesbegründung die Parteien zudem von einer gegebenenfalls übereilten Kündigung abgehalten werden.

2. § 650q Abs. 2 BGB

Zur Vergütungsanpassung bei Anordnungen des Bauherrn enthält der Untertitel zum Architekten- und Ingenieurvertragsrecht mit § 650q Abs. 2 BGB eine eigenständige Regelung. (Siehe hierzu im Einzelnen: „Vergütungsanpassung bei geändertem Leistungsumfang")

7 Anordnungsrecht des Bauherrn

§ 650b BGB
Änderung des Vertrags; Anordnungsrecht des Bestellers

Ein Beitrag von Fabian Blomeyer

§ 650b BGB
Änderung des Vertrags; Anordnungsrecht des Bestellers

(1) Begehrt der Besteller

1. eine Änderung des vereinbarten Werkerfolgs (§ 631 Absatz 2) oder

2. eine Änderung, die zur Erreichung des vereinbarten Werkerfolgs notwendig ist,

streben die Vertragsparteien Einvernehmen über die Änderung und die infolge der Änderung zu leistende Mehr- oder Mindervergütung an. Der Unternehmer ist verpflichtet, ein Angebot über die Mehr- oder Mindervergütung zu erstellen, im Falle einer Änderung nach Satz 1 Nummer 1 jedoch nur, wenn ihm die Ausführung der Änderung zumutbar ist. Macht der Unternehmer betriebsinterne Vorgänge für die Unzumutbarkeit einer Anordnung nach Absatz 1 Satz 1 Nummer 1 geltend, trifft ihn die Beweislast hierfür. Trägt der Besteller die Verantwortung für die Planung des Bauwerks oder der Außenanlage, ist der Unternehmer nur dann zur Erstellung eines Angebots über die Mehr- oder Mindervergütung verpflichtet, wenn der Besteller die für die Änderung erforderliche Planung vorgenommen und dem Unternehmer zur Verfügung gestellt hat. Begehrt der Besteller eine Änderung, für die dem Unternehmer nach § 650c Absatz 1 Satz 2 kein Anspruch auf Vergütung für vermehrten Aufwand zusteht, streben die Parteien nur Einvernehmen über die Änderung an; Satz 2 findet in diesem Fall keine Anwendung.

(2) Erzielen die Parteien binnen 30 Tagen nach Zugang des Änderungsbegehrens beim Unternehmer keine Einigung nach Absatz 1, kann der Besteller die Änderung in Textform anordnen. Der Unternehmer ist verpflichtet, der Anordnung des Bestellers nachzukommen, einer Anordnung nach Absatz 1 Satz 1 Nummer 1 jedoch nur, wenn ihm die Ausführung zumutbar ist. Absatz 1 Satz 3 gilt entsprechend.

A. Fall

Im Architektenvertrag haben sich Architekt und Bauherr auf den zu erbringenden Werkerfolg, nämlich das vom Architekten zu planende und bauzuleitende Gebäude, verständigt. Festgelegt wurden der Umfang des Vorhabens und die Standards zur Ausführung sowie der zeitliche Rahmen und das Budget der Umsetzung des Projektes. Im Zuge des Planungsprozesses ordnet der Bauherr nunmehr eine andere Ausstattung an, weil er einen Passivhausstandard erreichen möchte.

Der Gesetzgeber räumt dem Bauherrn mit der Gesetzesnovelle ausdrücklich das Recht ein, solche Anordnungen zu erteilen. Während früher nach alter Rechtslage die konsensuale Einigung über die anzupassenden Leistungen im Vordergrund stand, die gegen eine ggf. ausgesprochene Teilkündigung abgegrenzt werden musste, kommt es nunmehr auf die praktische und honorarrechtliche Abwicklung des neuen Anordnungsrechts an.

B. Kommentierung

Das formale Anordnungsrecht des Bauherrn nach § 650b BGB findet sich nicht im Untertitel 2 des BGB „Architektenvertrag und Ingenieurvertrag". Vielmehr kommt es über die Verweisung des § 650q Abs.1 BGB zum Kapitel des Bauvertragsrechts nach § 650b BGB zur Anwendung. Das einseitige Anordnungsrecht des Auftraggebers kennt man schon vor der Novelle im Wesentlichen aus dem Bereich der Bauverträge[1], für Planerverträge ließ es sich aus dem allgemeinen Leistungsbestimmungsrecht des Bestellers nach § 315 BGB ableiten.[2] Das Leistungsbestimmungsrecht nach § 315 BGB konnte sich auf die Leistung als solche, auf die Person des Vertragspartners oder die Anpassung des Vertrages beziehen. Begrenzt wurde das Bestimmungsrechts durch eine allgemeine Billigkeitskontrolle.[3] In Bezug auf Architektenleistungen erfährt es nunmehr eine Konkretisierung. Bauherrn und Architekten haben jeweils formale Vorgaben und Fristen zu beachten, bevor eine Anordnung umgesetzt bzw. als unzumutbar abgelehnt werden kann.

I. Regelungsinhalt

Im Fall von einseitigen Anordnungen des Bauherrn („Besteller") soll nach § 650b Abs. 1 BGB zunächst ein Einvernehmen über die Änderung der Werkleistung und über die in Folge der Änderungen zu leistende Mehr- oder Mindervergütung erzielt werden. Der Architekt („Unternehmer") hat dazu für die zu leistenden Mehr- oder Minderleistungen einen Honorarvorschlag zu unterbreiten. Erzielen die Vertragsparteien innerhalb von 30 Tagen nach Zugang des Änderungsverlangens keine Einigung, kann der Bauherr gemäß § 650b Abs. 2 BGB die Änderung in Textform einseitig anordnen.

Zu unterscheiden sind zwei Varianten:

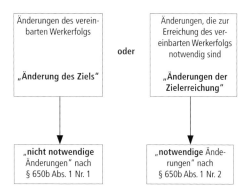

Zur Ausführung von „nicht notwendigen" Änderungen gem. Abs.1 Nr. 1 ist der Architekt nur verpflichtet, wenn ihm die Ausführung der Änderungen zumutbar ist.

---

1 Vgl. § 4 Abs. 1 Nr. 3 VOB/B.
2 Siehe auch Deckers, ZfBR 2017, 534ff.
3 Grüneberg, in: Palandt, § 315 BGB Rn. 2.

II. Anwendungsbereich

1. Änderungen

Durch den Architektenvertrag werden gemäß § 650p Umfang und Art des spezifischen Werkerfolgs-BGB bestimmt. Es bedarf hierzu einer Beschreibung der zu planenden und bauzuleitenden Baumaßnahme. Darüber hinaus werden regelmäßig Vertragsziele, bzw. im Fall einer nicht durchgehenden Beauftragung Teilvertragsziele, vereinbart.

Diese Ziele reichen von der Erarbeitung eines mit dem Bauherrn abgestimmten Planungskonzepts, der Ausarbeitung eines genehmigungsfähigen Entwurfs, dem Erarbeiten einer ausführungsreifen Lösung der Planungsaufgabe bis hin zu der Erarbeitung der vergabe- und zuschlagsreifen Lösung und der Sicherstellung der Umsetzung der Planung in ein mangelfreies Gebäude (vgl. hierzu bspw. die Orientierungshilfen der Architektenkammern zur Abfassung von Architektenverträgen). Der Architekt schuldet auf dieser Basis eine Planung bzw. Überwachung der Bauausführung, die geeignet ist, zu einem mangelfreien Bauwerk zu führen.

a) Änderungen des Ziels (Abs. 1 Nr. 1)

Die Unterscheidung in „nicht notwendige Änderungen des Ziels" und in „notwendige Änderungen der Zielerreichung" scheint im Fall von Planungsleistungen schwer zu treffen zu sein. Im Hinblick auf die Frage, ob dem Architekten die konkrete Änderung zuzumuten ist, bedarf es im Konfliktfall allerdings sehr wohl der Differenzierung.

Das vom Architekten geschuldete Ziel ist durch den Architektenvertrag festgelegt. Anhand von verschiedenen Beschaffenheitsmerkmalen ist das zu planende Bauvorhaben näher definiert: Es können aufgrund eines gewünschten Raumprogramms bestimmte Flächengrößen, sowohl von Einzelräumen als auch in der Gesamtheit, vereinbart worden sein. Angaben zu Qualitätsstandards, zur Gestaltung (z.B. Bauweise, Dachform, Fassade) sind ebenso denkbar wie Vorgaben zur Funktionalität (u.a. Barrierefreiheit), zur technischen Ausstattung oder zu energetischen Standards. Die Festlegung dieser Merkmale erfolgt ggf. aufgrund einer „Planungsgrundlage" im Sinne von § 650p Abs. 2 BGB.

Gerade in Bezug auf Änderungen kommt der Beschreibung des Bauvorhabens vor Beginn der Planungstätigkeit erhebliche Bedeutung zu. Hier wird die Ausgangsbasis zur Bestimmung, ob es sich um Änderungen des Leistungsziels handelt, eingesetzt. Einseitige Änderungen dieser vertraglichen Vorgaben durch den Bauherrn stellen „nicht notwendige Anordnungen" im Sinne von § 650b Abs. 1 Nr. 1 BGB dar.

b) Notwendige Änderungen zur Zielerreichung (Abs. 1 Nr. 2)

Im Fall von Planungsleistungen schuldet der Architekt regelmäßig solche Leistungen, die nach dem jeweiligen Stand der Planung und Ausführung des Bauwerks oder der Außenanlage erforderlich sind, um die zwischen den Parteien vereinbarten Planungs- und Überwachungsziele zu erreichen (§ 650p Abs.1 BGB). Die Art und Weise, wie der vereinbarte Werkerfolg zu erreichen ist, ist im Regelfall nicht näher festgelegt.

Wesen der geistig-schöpferischen, kreativen Leistungen des Architekten ist es gerade, dass die zu erbringenden Leistungen nicht eindeutig beschreibbar sind. Das Preisrecht der HOAI kann mit seinen definierten Leistungen und Teilleistungen Orientierung und Leitbild für den üblicherweise notwendigen Planungsablauf sein. Wie der Architekt konkret vorgehen soll, entzieht sich aber einer Festlegung.

Der Anwendungsbereich von Anordnungen zur Zielerreichung der Planung ist dementsprechend sehr eingeschränkt und der Übergang zur Nachbesserung von Planungsmängeln fließend. Zudem ist wesentlicher Charakter eines Planervertrags, dass im Zuge der Durchführung des Vorhabens die Planung konkretisiert wird. Das Vorhaben unterliegt einem ständigen Optimierungsprozess, der gemeinsame Festlegungen zwischen Architekt und Bauherrn erforderlich macht.

Schon immer galt dabei, dass der Bauherr Weisungen erteilen konnte und sich die Planung an den Wünschen und Vorgaben des Bauherrn ausrichten muss. Bevor eine formale Anordnung einer Änderungsleistung durch den Bauherrn ausgesprochen werden kann, sollen die Parteien einen gütlichen Versuch unternehmen, Einvernehmen herzustellen.

Was können aber dann Änderungen, die die Zielerreichung betreffen, sein?

> **Beispiel 1:** Zu denken wäre an Abstimmungsprozesse mit späteren Nutzern oder Käufern des Objektes. Hat ein Bauträger den Käufern die Option eingeräumt, eigene Vorstellungen an Grundrisse und Raumzuordnungen einzubringen, dürfte die Weisung an den Architekten, diese Abstimmungsprozesse durchzuführen, eine Anordnung im Sinne § 650b Abs. 1 Nr. 2 BGB sein.
>
> **Beispiel 2:** Aufgrund einer vorangegangenen Baugrunduntersuchung ordnet der Bauherr eine Artenschutzprüfung an.

1. Anordnungen

a) Die Anordnung notwendiger Änderungsleistungen nach § 650b Abs. 1 Nr. 2 BGB

aa) Einigung

Anordnungen zur Zielerreichung sind sog. „notwendige Änderungen". Im ersten Schritt sollen die Parteien Einvernehmen über die Änderung und die infolge der Änderung entstehende Mehr- oder Minderhonorierung erzielen. Dieses Vorgehen entspricht dem üblichen Nachtragsmanagement bei Planungsleistungen. Schon § 10 HOAI sieht hierzu vor, dass sich die Vertragsparteien im Fall von Änderungen sowohl über den Umfang der Leistungsänderung als auch über die Änderung der Honorarberechnungsgrundlage einigen. Gelingt eine Einigung bezüglich beider Aspekte, sind die Anforderungen auch nach § 650b BGB erfüllt. Der Planungsprozess kann auf Basis der festgehaltenen Änderungen fortgesetzt werden. Auch wenn keine Form für die Dokumentation der Einigung vorgesehen ist, ist es empfehlenswert, diese schriftlich zu fixieren. Auf Grundlage dieser Einigung erfolgen die angeordneten Änderungsleistungen sowie deren Honorierung.

Um eine Einigung zu erzielen, haben Architekt und Bauherr 30 Tage Zeit, wobei hier Kalendertage, nicht Werktage gemeint sein dürften. Die Frist beginnt mit dem Zugang des Änderungsbegehrens (§ 650b Abs. 2 S. 1 BGB). Eine bestimmte Form ist für das Änderungsbegehren nicht vorgesehen. Prozessual ist ein beweisbarer Zugang für den Bauherrn empfehlenswert. Die Frist bezieht sich dabei jeweils auch nur auf das konkrete Änderungsbegehren. Weitere Änderungswünsche sind separat zu behandeln.

bb) Keine Einigung: Einseitiges Angebot!

Kann keine Einigung über die begehrten Änderungen des Leistungsumfangs sowie dessen Honorierung erzielt werden, gilt das Vertragsverhältnis als gestört. Der Gesetzgeber sieht nunmehr vor, dass der Architekt dem Bauherrn als zweiten Schritt ein Angebot über die Mehr- oder Mindervergütung vorlegen muss. Auch hierfür gilt die 30-Tage-Frist des § 650b Abs. 2 BGB. Der Bauherr kann entweder innerhalb dieser 30-Tage-Frist das Angebot annehmen. Dann gelten die Änderungen sowie deren Honorierung als vereinbart. Dasselbe gilt, wenn nunmehr doch noch eine vom Angebot abweichende Einigung erzielt werden kann.

Kann dagegen keine Einigung erzielt werden, kann der Bauherr im dritten Schritt die Änderung verbindlich anordnen. Hierzu sieht der Gesetzgeber die einfache „Textform" vor. Die Textform im Sinne des § 126b BGB erfüllen z. B. E-Mail und Telefax. Selbstverständlich kann die Anordnung aber auch herkömmlich schriftlich, z.B. als Brief per Post erfolgen. Das Erfordernis der Textform soll den Architekten vor möglicherweise übereilten mündlichen Anordnungen schützen und hat insoweit nur eine klarstellende und, soweit notwendig, eine beweisrechtliche Funktion. Die Einhaltung der Textform ist allerdings für den Bauherrn zwingend zu beachten. Der Gesetzgeber hat in der Begründung zu § 650b BGB klargestellt, dass eine Anordnung nach § 125 BGB nichtig ist, wenn sie nicht in der vorgeschriebenen Form erfolgt. In Fällen, in denen allein nach einer mündlichen Anordnung entsprechend dieser geplant wird, und sich der Architekt später auf die Formnichtigkeit beruft, sollen die Parteien zu den ursprünglich vereinbarten Leistungen

cc) Honorierung

Hinsichtlich der Honorierung wird auf die Ausführungen im Kapitel „Vergütungsanpassung bei geänderter Leistung" verwiesen.

dd) Zusammenfassung

Der Ablauf bei notwendigen Änderungsleistungen stellt sich zusammenfassend wie folgt dar:

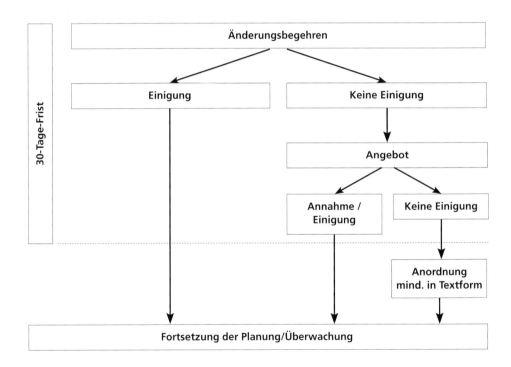

b. Die Anordnung nicht notwendiger Änderungsleistungen nach § 650b Abs.1 Nr. 1 BGB

aa) Einigung

Auch im Fall der Anordnung von „nicht notwendigen" Änderungen, also bei Änderung des Ziels, steht zunächst die Einigung über den Umfang der Änderungsleistungen und deren Honorierung im Vordergrund. Gelingt diese innerhalb der vorgesehenen Frist von 30 Tagen, wird der Architektenvertrag auf Basis der erzielten Einigung fortgesetzt.

bb) Keine Einigung: Angebot oder Unzumutbarkeit!

Kann keine Einigung erzielt werden, ist der Architekt grundsätzlich auch bei nicht-notwendigen Änderungsbegehren verpflichtet, ein Angebot abzugeben. Allerdings kann er – anders als bei notwendigen Änderungen! – das Änderungsbegehren wegen Unzumutbarkeit zurückzuweisen.

Das Anordnungsrecht gilt in diesem Fall nicht uneingeschränkt. Der Vorbehalt der Unzumutbarkeit ist erforderlich, handelt es sich doch gerade um nicht notwendige Leistungsänderungen: Er leitet sich aus dem allgemeinen Leistungsbestimmungsrecht nach § 315 BGB ab. Die Leistungsbestimmung des Bestellers hat danach „nach billigen Ermessen" zu erfolgen. Hiermit soll Austauschgerechtigkeit im konkreten Fall erreicht werden.[4] Bei notwendigen Änderungen zur Erreichung eines vereinbarten Erfolgs ist die Austauschgerechtigkeit nicht berührt. Vielmehr dienen die einseitigen Anordnungen per se der Erhaltung der Austauschgerechtigkeit. Deshalb kann und darf diesen Anordnung auch nicht die Einrede der Unzumutbarkeit nach § 650b Abs. 2 Satz 2 BGB entgegen gehalten werden. Bei notwendigen Anordnungen bliebe dem Unternehmer nur der Rückgriff auf die allgemeinen Leistungsverweigerungsrechte wegen Unzumutbarkeit (§ 275 Abs. 2 und 3 BGB).[5]

Kriterien, nach denen es dem Architekten unzumutbar ist, einer Anordnung Folge zu leisten, lassen sich aus Fallbeispielen im Anwendungsbereich des § 315 BGB sowie der amtlichen Begründung des § 650b BGB ableiten. Unzumutbar für den Architekten sind demnach Anordnungen, für die ihm

- die technischen Möglichkeiten,
- die Ausstattung oder
- die Qualifikation

fehlen. Dieser Gedanke lässt sich auch aus § 1 Abs. 4 VOB/B ableiten. Danach muss der Auftragnehmer nachträglich erforderliche Leistungen nicht ausführen, „wenn sein Betrieb auf derartige Leistungen nicht eingerichtet ist". Somit dürfte eine Anordnung auch dann unzumutbar sein, wenn nachvollziehbar keine personellen Kapazitäten zu ihrer Umsetzung bestehen.

Es können auch gestalterische Gründe zu einer Unzumutbarkeit einer Anordnung führen, wenn die Anordnung mit den ästhetischen Vorstellungen des Architekten erheblich kollidiert.[6] Da sich ein Bauvorhaben in der Planungsphase jedoch in einem ständigen Abstimmungs- und Optimierungsprozess zwischen Architekt und Bauherr befindet, sollten gestalterische Fragen eher auf der konsensualen Ebene geklärt, als einseitig angeordnet werden.

Bei der Abwägung, welche Leistungen für den Unternehmer zumutbar sind, sind die Interessen beider Parteien zu betrachten. Die wechselseitigen Interessen müssen in einem ausgewogenen Verhältnis in die Bewertung einfließen. Zu berücksichtigen ist, dass der Unternehmer durch die Anordnung zu Leistungen verpflichtet wird, die nicht der ursprünglichen Vereinbarung der Parteien entsprechen. Die Schwelle für die Unzumutbarkeit einer Anordnung soll daher laut amtlicher Begründung zur Fassung des § 650b BGB unterhalb des allgemeinen Leistungsverweigerungsrechts wegen Unzumutbarkeit (§ 275 Abs. 2 und 3 BGB) liegen.

---

[4] Fuchs, in: Fuchs/Berger/Seifert Syst. A VII Rn. 29.
[5] Amtliche Begründung zu § 650b BGB.
[6] So Deckers, ZfBR 2017, 523 (534).

Aus Sicht des Bauherrn gilt es zu bedenken, dass ein Wechsel des Vertragspartners für ihn nur schwer möglich und mit hohen Kosten verbunden wäre.

Beispiel 1 (auch Ausgangsfall): Der Bauherr eines Einfamilienhauses ordnet während der Planung abweichend von der ursprünglichen Vereinbarung die Ausführung des Bauvorhabens im Passivhausstandard an.

Auch wenn der beauftragte Architekt kein Passivhausspezialist ist, dürfte die Grenze der Zumutbarkeit nicht überschritten sein. Die Planung von sehr hohen energetischen Standards sollte regelmäßig von Architekten zu leisten sein. Fehlt dieses Know-how im Büro, wäre es auf Kosten des Architekten hinzuzukaufen. Der mit der Umplanung verbundene Mehraufwand wäre zu honorieren. Selbstverständlich bliebe davon die ggf. notwendige Einschaltung weiterer Fachplaner unberührt.

Beispiel 2: Der Bauherr ordnet die Zertifizierung nach bestimmten Nachhaltigkeitslabeln an. Für die Nachweisführung muss man als Planer ein bestimmtes Anerkennungsverfahren durchlaufen haben.

Verfügt der Planer nicht über die notwendige Anerkennung, ist die Anordnung unzumutbar. Es kann nicht erwartet werden, dass jedes Büro für sämtliche Nachhaltigkeitslabels qualifiziert und anerkannt ist.

Darüber hinaus kann die Umsetzung der Anordnung auch aus objektiven Gründen unzumutbar sein. Der Ausführung von angeordneten Änderungsleistungen stünde es entgegen, wenn bspw.:

- damit ein Verstoß gegen Bauordnungsrecht begangen würde,
- eine vergaberechtswidrige Leistung gefordert würde oder
- durch die Ausführung eine berufsrechtliche Sanktion ausgelöst werden könnte.

Beispiel: Der Bauherr verlangt im Zuge der Ausführungsplanung, dass von dem in der Baugenehmigung oder im Bebauungsplan vorgesehenen Baufenster abgewichen werden soll.

Ungenehmigte Abweichungen von der Bauordnung stellen regelmäßig einen Verstoß gegen die Bauordnung dar. Sie können mit Bußgeldern sowohl gegenüber dem Architekten als auch dem Bauherrn geahndet werden. Das bewusste Risiko einer Ordnungswidrigkeit wäre für den Architekten unzumutbar im Sinne von § 650b Abs. 1 Satz 2 BGB.

cc) Beweislast

Die Beweislast für die Frage, ob eine Änderungsanordnung nach § 650b Abs. 1 Nr. 1 BGB zumutbar ist, trägt grundsätzlich der anordnende Bauherr. Er ist es, der den Vertrag ändern möchte. Er muss ggf. den Nachweis führen, dass der geänderte Werkerfolg überhaupt möglich ist.

Trägt der Architekt allerdings betriebsinterne Vorgänge für die Unzumutbarkeit einer solchen Anordnung vor, trifft nach § 650b Abs. 1 Satz 3 BGB ihn die Beweislast. Der Bauherr hat als Außenstehender keine Kenntnis von den betrieblichen Möglichkeiten und den Qualifikationen des Auftragnehmers und seines Büroteams. Es ist Aufgabe des Architekten, die Umstände für die Unzumutbarkeit einer Anordnung darzulegen.

Ist die Grenze der Zumutbarkeit überschritten, kann der Architekt die Anordnung der Änderungsleistung zurückweisen. Er muss jedoch weder leisten noch zwingend ein Angebot unterbreiten.

dd) Anordnung

Wird über den geänderten Leistungsumfang samt dessen Honorierung innerhalb der 30-Tage-Frist keine Einigung erzielt, kann der Bauherr die Änderung final anordnen (§ 650b Abs. 2 BGB). Es gilt hierfür wiederum mindestens die einfache „Textform".[7]

Dieser Anordnung muss der Architekt allerdings nur dann nachkommen, wenn ihm die Ausführung der Anordnung nach Abwägung der wechselseitigen Interessen zumutbar ist.

---

[7] Siehe auch oben; die Textform i. S. d. § 126 b BGB halten z.B. ein: E-Mail und Telefax. Selbstverständlich kann die Anordnung aber auch herkömmlich schriftlich, d. h. als Brief per Post erfolgen.

Der Gesetzgeber setzt an dieser Stelle nach erteilter finaler Anordnung noch einmal das Kriterium der Zumutbarkeit als Schranke für eine tatsächliche Erbringung der Änderungsleistungen. Es gelten dabei dieselben Kriterien wie bei der ersten Zumutbarkeitsprüfung. Der Architekt kann auch die gleichen Gründe noch einmal vorbringen, die zur Unzumutbarkeit nach § 650b Abs. 1 BGB geführt haben. Dies ist insbesondere dann geboten, wenn der Bauherr trotz der schon vorgetragenen Gründe zur Unzumutbarkeit die Änderung formell anordnet.

Die erneute Hürde der Zumutbarkeit ist im Rahmen des § 650b Abs. 2 BGB sinnvoll angesetzt: Den Vertragsparteien verbleiben zwischen der Anmeldung des Änderungsbegehrens und der Anordnung in Textform nur 30 Tage. Sofern im Zuge des Versuchs einer Einigung bzw. der Verhandlungen über das Angebot keine Einigung erzielt werden kann, wäre der Architekt ohne diese Schranke ansonsten zur Leistung verpflichtet, obwohl ihm die Ausführung der Leistung nicht zumutbar ist. Die Beweislast für die Begründung der Unzumutbarkeit aus bürointernen Gründen trägt nach § 650b Abs. 2 Satz 3 BGB wiederum der Architekt.

ee) Honorierung

Hinsichtlich der Honorierung wird auf die Ausführungen im Kapitel „Vergütungsanpassung bei geänderter Leistung" verwiesen.

ff) Zusammenfassung

Der Ablauf bei nicht notwendigen Änderungsleistungen stellt sich zusammenfassend wie folgt dar:

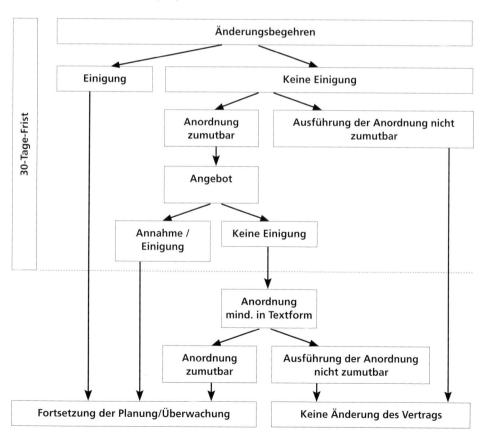

C. Hinweise für die Praxis

Das Anordnungsrecht des Bauherrn im Zuge der Erbringung von Planungsleistungen ist nicht neu, es erfährt mit der Regelung des § 650b BGB allerdings eine Formalisierung. Während mit der Vorschrift des § 10 HOAI die honorarrechtliche Seite abgedeckt wurde und immer noch wird, bestehen nunmehr formal zu beachtende Vorgaben. Auf diese Vorgaben ist das Nachtragsmanagement des Architektenbüros auszurichten. Es zwingt zu einer genauen Abgrenzung zwischen einseitiger Änderungsanordnung i.S.v. § 650b BGB einerseits sowie der bloßen Präzisierung der Vorstellungen des Bauherrn andererseits. Gleichzeitig müssen Änderungsanordnungen von der Nachbesserung von Mängeln unterschieden werden.

D. Ausblick

Mit der 30-Tage-Frist zwischen dem Anordnungsbegehren und der endgültigen Erteilung der Anordnung besteht ein erheblicher und nicht nur positiver Gestaltungsspielraum für den Architekten. Anordnungen könnten durch die Ausnutzung der Frist „ausgesessen" und damit Verzögerungen in Kauf genommen werden.

> Hinweis: Diese Problematik stellt sich erst recht für Anordnungen des Bauherrn gegenüber den ausführenden Firmen. Solchermaßen bewusste zeitliche Verzögerungen sind bei der Überlegung, ob eine Anordnung nach § 650b BGB ausgesprochen wird, zu bedenken und ggf. sogar schon in die Bauzeitenpläne mit einzukalkulieren. Keinesfalls sollten deshalb Anordnungen nach § 650b BGB ohne Abstimmung mit dem Bauherrn – und selbstverständlich nur bei entsprechender Bevollmächtigung – durch den Architekten angeordnet werden!

Sicherlich ist es richtig, dass im Fall von Änderungswünschen die Konsequenzen einer Änderung erst einmal gut überlegt werden müssen. So ist an die Auswirkungen auf die verschiedenen Fachplanerleistungen zu denken. Verzögerungen bei Terminen und Kostensteigerungen sind zu prognostizieren. Das Korsett der 30-Tage-Frist begrenzt dabei einerseits den Zeitraum für den Architekten zur Vorbereitung dieser Entscheidungsprozesse. Andererseits kann eine bewusst in Kauf genommene Verzögerung von 30 Tagen am Bau erhebliche Mehrkosten auslösen. Im Sinne des Architektenvertrags als Kooperationsvertrag ist an den Willen der Vertragsparteien zur Einigung über die Änderungen des Leistungsumfangs und eine etwaige Mehr- oder Minderhonorierung zu appellieren.

Das primäre Ziel der Einigung ist und bleibt über § 10 HOAI angelegt und sollte der Regelfall sein; formale Anordnungen nach § 650b BGB dagegen die Ausnahme. Sind sie einmal doch notwendig, steht mit der Regelung des § 650b BGB ein neues Instrument zur Verfügung, das sich allerdings in der Praxis erst noch bewähren muss.

8 Vergütungsanpassung bei geändertem Leistungsumfang

§ 650q BGB
Anwendbare Vorschriften

§ 650c BGB
Vergütungsanpassung bei Anordnungen nach § 650b Absatz 2

§ 10 HOAI
Berechnung des Honorars bei vertraglichen Änderungen des Leistungsumfangs

Ein Beitrag von Dr. jur. Sven Kerkhoff

§ 650q BGB
Anwendbare Vorschriften

(1) (...)

(2) Für die Vergütungsanpassung im Fall von Anordnungen nach § 650b Absatz 2 gelten die Entgeltberechnungsregeln der Honorarordnung für Architekten und Ingenieure in der jeweils geltenden Fassung, soweit infolge der Anordnung zu erbringende oder entfallende Leistungen vom Anwendungsbereich der Honorarordnung erfasst werden. Im Übrigen ist die Vergütungsanpassung für den vermehrten oder verminderten Aufwand auf Grund der angeordneten Leistung frei vereinbar. Soweit die Vertragsparteien keine Vereinbarung treffen, gilt § 650c entsprechend.

§ 650c BGB
Vergütungsanpassung bei Anordnungen nach § 650b Absatz 2

(1) Die Höhe des Vergütungsanspruchs für den infolge einer Anordnung des Bestellers nach § 650b Absatz 2 vermehrten oder verminderten Aufwand ist nach den tatsächlich erforderlichen Kosten mit angemessenen Zuschlägen für allgemeine Geschäftskosten, Wagnis und Gewinn zu ermitteln. Umfasst die Leistungspflicht des Unternehmers auch die Planung des Bauwerks oder der Außenanlage, steht diesem im Fall des § 650b Absatz 1 Satz 1 Nummer 2 kein Anspruch auf Vergütung für vermehrten Aufwand zu.

(2) Der Unternehmer kann zur Berechnung der Vergütung für den Nachtrag auf die Ansätze in einer vereinbarungsgemäß hinterlegten Urkalkulation zurückgreifen. Es wird vermutet, dass die auf Basis der Urkalkulation fortgeschriebene Vergütung der Vergütung nach Absatz 1 entspricht.

(3) Bei der Berechnung von vereinbarten oder gemäß § 632a geschuldeten Abschlagszahlungen kann der Unternehmer 80 Prozent einer in einem Angebot nach § 650b Absatz 1 Satz 2 genannten Mehrvergütung ansetzen, wenn sich die Parteien nicht über die Höhe geeinigt haben oder

keine anderslautende gerichtliche Entscheidung ergeht. Wählt der Unternehmer diesen Weg und ergeht keine anderslautende gerichtliche Entscheidung, wird die nach den Absätzen 1 und 2 geschuldete Mehrvergütung erst nach der Abnahme des Werkes fällig. Zahlungen nach Satz 1, die die nach den Absätzen 1 und 2 geschuldete Mehrvergütung übersteigen, sind dem Besteller zurückzugewähren und ab ihrem Eingang beim Unternehmer zu verzinsen. § 288 Absatz 1 Satz 2, Absatz 2 und § 289 Satz 1 gelten entsprechend.

§ 10 HOAI
Berechnung des Honorars bei vertraglichen Änderungen des Leistungsumfangs

(1) Einigen sich Auftraggeber und Auftragnehmer während der Laufzeit des Vertrags darauf, dass der Umfang der beauftragten Leistung geändert wird, und ändern sich dadurch die anrechenbaren Kosten oder Flächen, so ist die Honorarberechnungsgrundlage für die Grundleistungen, die infolge des veränderten Leistungsumfangs zu erbringen sind, durch schriftliche Vereinbarung anzupassen.

(2) Einigen sich Auftraggeber und Auftragnehmer über die Wiederholung von Grundleistungen, ohne dass sich dadurch die anrechenbaren Kosten oder Flächen ändern, ist das Honorar für diese Grundleistungen entsprechend ihrem Anteil an der jeweiligen Leistungsphase schriftlich zu vereinbaren.

A. Fall

Zielvorgabe des Bauherrn, der den Architekten mit der Erbringung der Leistungsphasen 1 bis 8 beauftragt, ist die Errichtung eines zweigeschossigen Wohngebäudes. Dem Bauherrn ist zwar bekannt, dass auch eine dreigeschossige Bauweise möglich wäre, er möchte diese aber aus Kostengründen nicht verwirklichen. Die Leistungsphasen 1 bis 3 werden vollständig durchlaufen. Die anrechenbaren Baukosten betragen gemäß der Kostenberechnung 600.000 Euro. Nachdem die Kostenberechnung vorliegt, erwägt der Bauherr aufgrund neu erlangter Finanzierungsmöglichkeiten, das geplante Gebäude doch aufzustocken. Er wünscht hierzu eine Analyse der beiden Varianten und deren Wertung mit Kostenuntersuchung (Optimierung). Außerdem möchte er zwei Präsentationsmodelle zur Verfügung gestellt bekommen. Bezüglich der Analyse vereinbaren die Beteiligten eine Vergütung nach Stundenaufwand, bezüglich der Präsentationsmodelle kommt eine Einigung trotz monatelangen Ringens nicht zustande, da der Architekt sich auf die vom Bauherrn vorgeschlagene Pauschalvergütung dieser Leistung in Höhe von 1.000 Euro nicht einlassen will. Der Bauherr weist den Architekten schließlich schriftlich an, die Modelle dennoch zu erstellen. Nachfolgend entscheidet der Bauherr sich tatsächlich für die Aufstockung. Der Architekt ergänzt und ändert die Entwurfsplanung entsprechend. Die anrechenbaren Kosten für das sodann dreistöckige Gebäude belaufen sich nach der neuerlichen Kostenberechnung auf 800.000 Euro.

B. Kommentierung

I. Kerngehalt der Neuregelung

Wie im vorangegangenen Kapitel erläutert, sieht § 650b BGB i.V.m. § 650q Abs. 1 BGB nunmehr Regelungen zum Anordnungsrecht des Bauherrn vor. Zugleich beinhaltet das neue Architektenvertragsrecht mit dem Verweis auf § 650c BGB für den Fall der einseitig durch den Bauherrn angeordneten, also einer nicht einvernehmlich vereinbarten Leistungsänderung, spezifische Regelungen für den Anspruch auf Vergütungsanpassung. Einvernehmliche Leistungsänderungen, die in der Praxis weit häufiger sein dürften, sind hiervon nicht betroffen; bei ihnen richten sich die preisrechtlichen Vorgaben weiterhin ausschließlich nach der HOAI in der aktuellen Fassung

II. Einführung

Schon seit der HOAI 2009 bilden die auf Basis der in Leistungsphase 3 zu erstellenden Kostenberechnung ermittelten anrechenbaren Kosten die feste Grundlage zur Bestimmung des Architektenhonorars, § 6 Abs. 1 Nr. 1 HOAI. Durch die Wahl dieses Anknüpfungspunktes erlangen beide Vertragsparteien zu einem vergleichsweise frühen Zeitpunkt Sicherheit über das zu erwartende Architektenhonorar. Jedoch wird die Kostenberechnung als statische Bezugsgröße der unvermeidlichen Dynamik im Planungs- und Baugeschehen nicht gerecht, sofern später wesentliche Änderungen im Leistungsumfang oder in den Leistungszielen eintreten. Vor allem dann, wenn sich die zu erreichenden Vertragsziele, also die Vorgaben für das zu errichtende Objekt, erst nach Vorlage der Kostenberechnung ändern, bedarf es der Anpassung des Honorars. Anderenfalls nämlich käme es im Ergebnis zu einer Überschreitung der Höchst- oder Unterschreitung der Mindestsätze, die der Verordnungsgeber als angemessen festgesetzt hat. Der Verordnungsgeber hat diese Notwendigkeit erkannt und bereits in der HOAI berücksichtigt.

Dreh- und Angelpunkt der in solchen Fällen gebotenen Anpassung der Honorarberechnungsgrundlage ist und bleibt auch nach Inkrafttreten des neuen Planervertragsrechts die Vorschrift des § 10 HOAI. Nur in ganz speziellen Konstellationen und bei einseitiger Vorgabe von geänderten Vertragszielen durch den Auftraggeber ergeben sich in Zukunft teilweise abweichende Maßstäbe für die Modifikation des Honorars.

III. Einvernehmlich geänderte Vorgaben

In der Regel wird eine Änderung der beauftragten Leistungen zwischen dem Architekten und dem Bauherrn einvernehmlich vereinbart werden. Hiervon geht auch § 10 HOAI aus. Einvernehmlichkeit liegt dabei schon vor, wenn sich die Vertragspartner über die Vergütungsanpassung verständigen, denn sie geben damit zu erkennen, zugleich mit den geänderten Leistungsanforderungen einverstanden zu sein.

Der neue § 650b i.V.m. § 650q Abs. 1 BGB betont noch einmal ganz ausdrücklich, dass bei Änderungswünschen des Auftraggebers (= Bauherr) primär eine Einigung der Vertragspartner über die Änderung und deren Auswirkungen auf das Honorar anzustreben ist. Zugleich verpflichtet die Vorschrift den Auftragnehmer (= Architekt) ausdrücklich, ein Angebot über das Mehr- oder Minderhonorar vorzulegen. Das dafür notwendige Änderungsbegehren des Bauherrn kann von diesem jederzeit formfrei geäußert werden, also auch mündlich oder durch schlüssiges Verhalten.

Was die Art der gewünschten und im Falle der Zumutbarkeit auszuführenden Änderung angeht, so ist zwischen einer Änderung des Leistungsumfangs und einer Änderung des Leistungsziels zu unterscheiden:[1]

Der Leistungsumfang beschreibt, welche Leistungen im Sinne ganzer Leistungsphasen oder auch einzelner Teilleistungen dem Architekten überhaupt in Auftrag gegeben wurden. Das Leistungsziel beschreibt hingegen die vertraglich definierten Anforderungen an das zu planende und in der Erstellung zu überwachende Objekt im Hinblick auf Art des Gebäudes, Bauweise, Umfang, Funktion, Standard, Kosten etc.

Diese Differenzierung nach dem unterschiedlichen Bezugspunkt von Änderungen ist nicht zuletzt notwendig, um die zutreffenden Konsequenzen im Hinblick auf das Honorar zu bestimmen:

Handelt es sich nämlich um eine bloße Änderung des Leistungsumfangs, also der beauftragten Grundleistungen, ohne dass damit eine Änderung der anrechenbaren Kosten einhergeht, ist die Sache klar: Solche nachträglich zusätzlich in Auftrag gegebene Grundleistungen oder Leistungsphasen sind nach den allgemeinen Regeln zusätzlich HOAI-konform zu vergüten. Gegebenenfalls sind sie durch Heranziehung der einschlägigen Teilleistungstabellen prozentual zu bestimmen. Eines Rückgriffs auf § 10 Abs. 1 HOAI bedarf es nicht.[2]

---

1 Fuchs, NZBau 2015, 429 (431).
2 Meurer, in: Morlock/Meurer, Rn. 738.

Entfallen durch den Änderungswunsch zum Leistungsumfang hingegen ursprünglich beauftragte Leistungen, so geschieht dies regelmäßig allein auf Veranlassung des Bauherrn. Hierbei handelt es sich der Sache nach um eine Teilkündigung des Architektenvertrages mit den entsprechenden Folgen für die Vergütung: Für die gekündigten (Teil-)Leistungen schuldet der Bauherr die vorgesehene Vergütung abzüglich der projektbezogenen Sach- und Personalaufwendungen, die der Architekt erspart, § 648 S. 2 BGB.[3] Nicht als Abzugsposten gelten die allgemeinen Geschäftskosten bzw. Fixkosten (Löhne und Gehälter der ständigen Mitarbeiter, Miete des Büros, Versicherungen etc.). Gegenzurechnen wäre hingegen ein sogenannter echter Ersatzauftrag. Voraussetzung dafür ist, dass dem Architekten die Hereinnahme dieses Auftrags bei Fortbestand des Vertrages mit sämtlichen ursprünglich beauftragten Leistungen nicht möglich gewesen wäre; dies ist naturgemäß kaum je der Fall.

Eine gänzlich andere Situation entsteht, wenn sich – wie in unserem Beispielsfall – nach dem Willen der Vertragsparteien nicht der Leistungsumfang, sondern die Leistungsziele in Gestalt von Bauweise, Funktion, Ausstattung des Objekts usw. ändern:

Soweit im Zusammenhang mit der Änderung zusätzlich und einvernehmlich Besondere Leistungen (HOAI) anfallen, ist das Honorar dafür – wie stets – frei vereinbar. Das betrifft im Beispielsfall die Optimierung, also die Analyse der Varianten samt Wertung mit Kostenuntersuchung, denn hierbei handelt es sich um eine Besondere Leistung der Leistungsphase 3.

Für die von den Änderungen betroffenen Grundleistungen ist hingegen § 10 Abs. 1 HOAI zu beachten. Dabei bezieht sich diese insgesamt unglücklich und missverständlich formulierte Vorschrift ihrem Wortlaut nach zwar lediglich auf eine einvernehmliche Änderung des Leistungsumfangs. Aus der Gesamtschau wird aber deutlich, dass eigentlich die einvernehmliche Änderung der Leistungsziele gemeint ist, denn nur bei deren Veränderung kann es die von der Norm vorausgesetzte Änderung der anrechenbaren Kosten überhaupt geben. § 10 Abs. 1 HOAI sieht vor, dass in einem solchen Fall geänderter Vertragsziele mit damit (typischerweise) einhergehender Veränderung der anrechenbaren Kosten auch die Honorarberechnungsgrundlage angepasst wird. Dabei ist es unerheblich, in welchem Maße sich die anrechenbaren Kosten durch die neuen Leistungsziele ändern. Jedwede Auftragsänderung, die mit Auswirkungen gleich welcher Art auf die anrechenbaren Kosten verbunden ist, genügt.[4]

Nichts anderes gilt, wenn infolge einer derart geänderten und zu veränderten anrechenbaren Kosten führenden neuen Vorgabe bereits erbrachte Grundleistungen ganz oder teilweise wiederholt werden müssen. Es handelt sich dabei nicht um einen Anwendungsfall des § 10 Abs. 2 HOAI, denn dieser Absatz erfasst nur Leistungen, die ohne Änderung der anrechenbaren Kosten erneut erbracht werden. Die Vergütungsanpassung erfolgt für Wiederholungsleistungen, sofern sich infolge der geänderten Vorgabe auch die anrechenbaren Kosten ändern, vielmehr ebenfalls nach § 10 Abs. 1 HOAI.[5]

Allerdings vollziehen sich diese Anpassungen nicht etwa durch eine schlichte Fortschreibung der Kostenberechnung über alle Leistungsphasen, sondern sind deutlich komplexer. Die anrechenbaren Kosten gemäß der unveränderten Kostenberechnung bilden nur für den Zeitpunkt bis zur Bekanntgabe des Änderungswunsches die Honorargrundlage. Ab diesem Zeitpunkt kommt es tatsächlich zu einer Anpassung und damit zu einer Durchbrechung des Grundsatzes der Stabilität der Kostenberechnung. Ab der Änderungsvorgabe nämlich sind die entsprechend geänderten anrechenbaren Kosten der Honorarberechnung zugrunde zu legen. Diese Anpassung der anrechenbaren Kosten gilt also nicht rückwirkend. Die zuvor bereits erbrachten Leistungen werden unverändert auf Basis der ursprünglichen Kostenberechnung vergütet.

---

[3] vgl. insgesamt Fuchs/Seifert, in: Fuchs/Berger/Seifert, Rn. 23f. zu § 10.

[4] Meurer, in: Morlock/Meurer, Rn. 732; a.A. Koeble, in: Locher/Koeble/Frik, § 10 Rn. 14, der eine Veränderung der anrechenbaren Kosten um zumindest mehr als 1-2% für erforderlich hält.

[5] Meurer, in: Morlock/Meurer, Rn. 845.

8 Vergütungsanpassung bei geändertem Leistungsumfang

Bedarf es infolge der Änderung zudem einer Wiederholung zuvor schon erbrachter Grundleistungen, so ist es zur Bestimmung des dafür geschuldeten Wiederholungshonorars notwendig, zunächst deren Anteil an der jeweiligen Leistungsphase zu ermitteln, vgl. § 10 Abs. 2 HOAI. Dabei muss zugleich Berücksichtigung finden, dass die wiederholten Leistungen sich auf andere anrechenbare Kosten beziehen als die ursprünglichen Leistungen.

Wie die Anpassung in diesem Sinne von statten geht, soll anhand unseres Ausgangsbeispiels beleuchtet werden. In diesem Beispielsfall kommt es aufgrund der erst spät im Planungsverlauf vom Bauherrn getroffenen und vom Architekten akzeptierten Entscheidung zu einer Veränderung der anrechenbaren Kosten. Zugleich bedarf es der Wiederholung bereits erbrachter Grundleistungen, da die Aufstockung in der an sich bereits fertiggestellten Entwurfsplanung zu berücksichtigen ist. Für die Honorarberechnung gilt:

Abzurechnen sind zum einen die anfangs erbrachten Leistungen aus Leistungsphase 1 bis 3 nach den (alten) anrechenbaren Kosten für die ursprünglich zweigeschossige Planung in Höhe von 600.000 Euro. Zudem sind im weiteren Verlauf die Leistungen der Leistungsphasen 4 bis 8 nach den (neuen) anrechenbaren Kosten für das nunmehr dreigeschossige Objekt von 800.000 Euro abzurechnen.

Hinzu kommt das Honorar für die Wiederholung von Leistungen aus der Leistungsphase 3 im Zuge der Umplanung. Um den Anteil der wiederholten Grundleistungen zu bewerten, kann etwa darauf abgestellt werden, auf welche Bauteile sich die Umplanungsleistungen beziehen und wie dieser Anteil im Verhältnis zu den Gesamtkosten steht, damit der Degressionseffekt der Honorartabellen für den Bauherrn erhalten bleibt.[6] Nehmen wir an, von der Umplanung betroffen seien neben den zusätzlichen Bauteilen (200.000 Euro) Bauteile mit anrechenbaren Kosten von 100.000 Euro, insgesamt also Bauteile im Umfang von 300.000 Euro.

Werden bezüglich der Umplanung sämtliche Teilleistungen der Leistungsphase 3 erneut erbracht, so ist damit ein Anteil von 37,5% (300.000 : 800.000) der für die Leistungsphase 3 vorgesehenen 15%, mithin von 5,625% erneut verdient und zwar unter Zugrundelegung der (neuen) anrechenbaren Baukosten von 800.000 Euro. Dieses Wiederholungshonorar tritt zu dem Honorar für die Leistungsphasen 1 bis 3 und 4 bis 8 hinzu.

Gerade die Bewertung des Anteils der zu wiederholenden Grundleistungen bereitet in der Praxis Probleme und ist nicht selten Gegenstand der Begutachtung durch Honorarsachverständige. Hinzu kommt, dass die Änderungswünsche kostenmäßig vielfach nicht so klar und abgrenzbar zu erfassen sind, wie in unserem Beispielsfall. Auch kann durch eine mögliche Vielzahl von Änderungswünschen des Bauherrn eine extrem aufwändige und kleinschrittige Honorarberechnung notwendig sein.

Nicht zuletzt wegen der daraus resultierenden Komplexität und Streitanfälligkeit bei den Honorarfolgen gibt § 10 Abs. 1 HOAI den Vertragsparteien auf, über die Vergütungsanpassung schriftlich eine Vereinbarung zu treffen. Dies ist zwar keine zwingende Anspruchsvoraussetzung. Sie kann vom Bauherrn auch nicht durch formularmäßig vorgegebene Vertragsbedingungen dazu gemacht werden; allenfalls kann ein solches Schriftformerfordernis für die Ankündigung oder die Vereinbarung individualvertraglich wirksam vereinbart werden.[7] Der Architekt kann also auch ohne eine solche Vereinbarung später sein Mehrhonorar einklagen.

Eine schriftliche Vereinbarung über die Änderung und die Honorarfolgen sollte aber dennoch unbedingt angestrebt werden. Für den Architekten empfiehlt es sich nämlich, zumindest im Interesse der Rechtssicherheit und der schnelleren Durchsetzbarkeit von Honoraransprüchen, Änderungswünsche seines Bauherrn nicht unkommentiert entgegenzunehmen und lediglich später nach den soeben aufgezeigten Grundsätzen abzurechnen. Vielmehr sollte er, sobald er sich mit solchen Wünschen konfrontiert sieht,

---

6 Berger/Fuchs, Rn. 295 ff.

7 Koeble, in: Locher/Koeble/Frik, § 10 Rn. 38 ff.

darauf hinweisen, dass es sich um zusätzlich zu vergütende Leistungen handelt. Zugleich sollte er ein entsprechendes Honorarangebot bzw. eine Nachtragsvereinbarung zum Vertrag vorlegen, um so zu einer klaren und auch in dieser Hinsicht einvernehmlichen Regelung zu kommen.

Nach neuem Recht ist der Architekt bei einem vom Bauherrn geäußerten Begehren nach Änderung des Leistungsziels sogar ausdrücklich verpflichtet, ein derartiges Angebot über die Mehr- oder Mindervergütung zu erstellen. Die Einigung über ein derartiges Angebot bildet dann im Sinne einer ergänzenden Beauftragung die vertragliche Grundlage für den Honoraranspruch. Die wesentlichen Rahmenbedingungen hierfür können bereits im Architektenvertrag festgeschrieben werden, wozu etwa folgende Klausel dienen kann:

> Ändert sich der beauftragte Leistungsumfang nachträglich mit der Folge von Änderungen der anrechenbaren Kosten, gilt die vom Architekten zu erstellende angepasste Kostenberechnung als Grundlage des Honorars für die danach zu erbringenden Leistungen (vgl. § 10 Abs. 1 HOAI). Einigen sich die Parteien über die Wiederholung von Grundleistungen, sind diese Leistungen gesondert auf Basis der HOAI zu vergüten, ggf. auf Basis einer geänderten Kostenberechnung (siehe Satz 1).

Bei der Einigung über die Honorarfolgen einvernehmlich vereinbarter Änderungen der Leistungsziele steht den Parteien im Übrigen wegen der zahlreichen Unwägbarkeiten und vielfältigen Berechnungsfaktoren auch im Bereich der Grundleistungen ein erheblicher, gerichtlich nur begrenzt nachprüfbarer Beurteilungsspielraum zu.[8]

IV. Einseitig durch den Auftraggeber vorgegebene Änderungen

Das neue Architektenvertragsrecht gibt im Wege des Verweises auf die Vorschriften des Bauvertrags dem Bauherrn, wie im vorangegangenen Abschnitt bereits erläutert, ausdrücklich die Möglichkeit, unter bestimmten Umständen einseitig eine Änderung des vereinbarten Werkerfolgs vorzugeben (§ 650b Abs. 1 S. 1 Nr. 1 und Abs. 2).[9] Der Bauherr gestaltet also einseitig den Vertrag um, ohne dass sich der Auftragnehmer dieser Anordnung entziehen kann. Der bekannte Grundsatz: Verträge sind zu halten, erfährt demnach eine ganz erhebliche Erweiterung: Verträge sind zu halten, u.U. auch in geänderter Form.

Insbesondere ist bei Änderungswünschen, über die die Vertragspartner nicht innerhalb von 30 Tagen ab Zugang des Änderungsbegehrens beim Planer Einvernehmen erzielen, der Auftraggeber berechtigt, die Änderung in Textform anzuordnen. Erreicht den Auftragnehmer nach Ablauf der 30-tägigen Warte- bzw. Einigungsfrist eine solche Anordnung, so ist er verpflichtet, die Änderung auch ohne Einigung auszuführen, sofern ihm die Ausführung zumutbar ist (siehe hierzu im Einzelnen Kapitel „Anordnungsrecht des Bauherrn").

Hinsichtlich der Erstellung der Präsentationsmodelle konnte im Beispielsfall keine Einigung zwischen den Vertragsparteien erzielt werden. Der Bauherr hat sodann von seinem Recht zur einseitigen Anordnung der Leistung Gebrauch gemacht. Die Erbringung der Leistung dürfte dem Architekten in diesem Fall zuzumuten sein, auch wenn kein Einvernehmen über die Höhe des Honorars erzielt werden konnte, denn dies liegt gerade in der Natur der nicht erreichten Einigung. Zur Unzumutbarkeit wird ein entsprechender Dissens wohl nur führen können, wenn der Bauherr bei der Anordnung bereits definitiv zu erkennen gibt, die entsprechenden Leistungen überhaupt nicht honorieren zu wollen.[10] Das ist im gewählten Beispiel

---

8 Messerschmidt, NZBau 2014, 3 (8).

9 Zu den Grenzen dieses Rechts siehe Motzke, NZBau 2017, 251 (256).
10 vgl. OLG Oldenburg, Urt. v. 10.06.2003 - 2 U 13/03, in: BauR 2004, 1350.

nicht der Fall. Wie sieht es dann aber mit dem auf diese Weise letztlich streitig gebliebenen Honorar aus?

Für die Vergütung verweist § 650q Abs. 2 S. 1 BGB auf die Berechnungsregeln der HOAI, soweit die angeordneten Leistungen von deren Anwendungsbereich erfasst sind. Es handelt sich um eine sogenannte Rechtsfolgenverweisung. Wird mit der Anordnung der Leistungsumfang erweitert, werden also zusätzliche Grundleistungen in Auftrag gegeben, sind diese mithin entsprechend der HOAI zu vergüten. Werden durch einseitige Änderungsanordnung die Leistungsziele verändert, sind die Grundsätze des § 10 HOAI anzuwenden, sofern es sich bei den betreffenden Leistungen um (preisgebundene) Grundleistungen im Sinne der HOAI handelt. § 650q Abs. 2 S. 1 BGB bildet insofern die notwendige gesetzliche Anspruchsgrundlage, während die Anspruchshöhe sich bei den Grundleistungen konsequent nach der HOAI, dort insbesondere nach den oben erläuterten Grundsätzen des § 10 Abs. 1 HOAI bestimmt.

Für alle anderen Leistungen, namentlich also für infolge von einseitigen Änderungsanordnungen anfallende Besondere Leistungen, stellt § 650q Abs. 2 S. 2 BGB mit der Formulierung, die Vergütungsanpassung sei frei vereinbar, klar: Die Vergütung ist dem Grund nach anzupassen, allerdings kann zur Bestimmung der Höhe dieses Anpassungsanspruchs nicht auf preisrechtliche Bestimmungen zurückgegriffen werden. Hier sind die Parteien, wie stets bei Besonderen Leistungen, frei. Dies betrifft im Beispielsfall die nachträglich gewünschte Anfertigung der Präsentationsmodelle (Besondere Leistung aus Leistungsphase 2). Der gesetzliche Hinweis auf die daraus resultierende Gültigkeit der frei vereinbarten Vergütung dürfte in der Praxis allerdings ins Leere gehen, da im Falle einer fehlenden Einigung über die Änderung in der Regel auch keine Einigung über die Vergütung von Besonderen Leistungen erzielt worden sein wird.

Dieser Umstand wird über Satz 3 der Vorschrift aufgefangen, welche für diesen und nur für diesen Fall die entsprechende Anwendung von § 650c BGB anordnet.[11] Die Vorschrift sieht vor, dass sich die Höhe des Vergütungsanspruchs für solche infolge einseitiger Änderungsanordnung anfallenden, nach der HOAI nicht preisgebundenen Leistungen „nach den tatsächlich erforderlichen Kosten mit angemessenen Zuschlägen für allgemeine Geschäftskosten, Wagnis und Gewinn" bestimmt. Berücksichtigungsfähig werden hier am ehesten Personalkosten (einschließlich etwaiger Subplanerkosten) samt entsprechender Zuschläge sein[12]. Jedoch ist es für den Architekten schwierig, solche Kosten projektbezogen zu ermitteln.

Der nach § 650c Abs. 2 BGB vorgesehene Rückgriff auf eine Urkalkulation wird kaum weiterhelfen, da eine Urkalkulation von Architekten – anders als bei Unternehmen der Bauwirtschaft – üblicherweise nicht erstellt wird. Auch sind die „tatsächlich erforderlichen Kosten" nur mit Mühe zu ermitteln, da beim Architekten kein nennenswerter Material-, sondern in erster Linie (eigener) Arbeitsaufwand entsteht. Maßgeblich werden dennoch in diesem Sinne betriebswirtschaftlich zu unterlegende Stundensätze sein. Diese bewegen sich übrigens keineswegs zwingend auf der Höhe der (branchen-)üblichen Vergütung (§ 632 BGB), die der Gesetzgeber bei § 650c BGB ohnehin gerade nicht herangezogen wissen will[13]. Es kommt also nicht darauf an, ob in der Praxis möglicherweise auch nicht selten Stundensätze anzutreffen sind, die unterhalb der betriebswirtschaftlich zu kalkulierenden Werte liegen. Letztere können in solchen Fällen deutlich höher liegen und allein sie sind ausschlaggebend.[14]

Auch in unserem Beispiel wäre es somit angebracht, bezüglich des Honorars für die Präsentationsmodelle einerseits auf Materialkosten und andererseits auf Stundensätze zurückzugreifen, wobei diese im Streitfall betriebswirtschaftlich zu untermauern und eventuell sogar sachverständig zu überprüfen sein dürften.

---

11 Dammert, BauR 2017, 421 (429).
12 Fuchs, BauR 2015, 675 (679).
13 BT-Drs. 18/8486, S. 55
14 Kalte/Wiesner, DIB 6-2017, 49 (51).

Für derartige, einseitig angeordnete Besondere Leistungen (HOAI) gilt zudem, dass der Architekt bei vereinbarten oder nach § 632a BGB bzw. § 15 HOAI gesetzlich zulässigen Abschlagsrechnungen 80% der Summe ansetzen kann, die er in seinem Angebot für die Zusatzleistung als Honorar vorgeschlagen hat, solange sich die Parteien noch nicht über die Höhe des Zusatzhonorars geeinigt haben und auch keine anderslautende gerichtliche Entscheidung vorliegt, § 650c Abs. 3 BGB.[15] Der Gesetzgeber will dem Architekten mit dieser Pauschalierung die Möglichkeit geben, zügig für Liquidität zu sorgen und das Auflaufen hoher Nachtragsforderungen im Zuge der Schlussrechnung zu vermeiden. In unserem Beispielsfall könnte der Architekt im Wege von Abschlagsrechnungen zunächst also immerhin bis zu 800 Euro einfordern. Sollte dieser Ansatz letztendlich und nach gerichtlicher Prüfung zu einer Überzahlung führen, ist eine solche nach Abnahme der Werkleistung und Schlussrechnungsreife auszugleichen bzw. zurückzugewähren, §§ 650c Abs. 3, 650q Abs. 2 S. 3 BGB. Davon unberührt bleiben die allgemeinen Voraussetzungen für Abschläge, insbesondere der Umstand, dass solche nur für bereits erbrachte, nachgewiesene Leistungen gefordert werden können, § 15 Abs. 2 HOAI und § 632a Abs. 1 S. 1 BGB.

Zusammenfassend ist festzustellen, dass bei Änderung der Leistungsziele oder des Leistungsumfangs, gleich ob einvernehmlich oder einseitig angeordnet, auch nach der Reform weiterhin die HOAI und dort insbesondere § 10 den Maßstab zur Bestimmung der daraus folgenden Vergütungsanpassung im Hinblick auf die Grundleistungen bildet. Bei Besonderen Leistungen bzw. nicht verpreisten Leistungen, die durch eine einvernehmliche Änderung der Leistungsziele oder des Leistungsumfangs erforderlich werden, wird die vereinbarte Vergütung bzw. bei Fehlen einer Vereinbarung die übliche Vergütung geschuldet. Lediglich bei Besonderen Leistungen, die auf einer einseitigen Änderungsanordnung des Auftraggebers beruhen, ergibt sich nach dem neuen Architektenvertragsrecht nunmehr ein etwas anderer Weg zur Berechnung der Vergütung (§ 650c BGB).

V. Planungsüberarbeitung ohne Vergütungsfolgen

Von den geschilderten Varianten der Vergütungsanpassung infolge veränderter Leistungsvorgaben zu unterscheiden sind unverändert weiterhin die honorarneutralen Planungsüberarbeitungen. Auch die Abgrenzung hierzu erweist sich in der Praxis allerdings oft als Streitpunkt.

Keinerlei Vergütungsanpassung oder zusätzliche Honorierung erfolgt nach altem wie nach neuem Recht, soweit die Änderung oder Überarbeitung der Planung im Zuge der Nachbesserung einer bis dahin mangelhaften Architektenleistung erfolgt. Das ist etwa dann der Fall, wenn planerische Anforderungen zunächst unbeachtet geblieben sind, die vorangegangene Planung nicht dem Gebot der Wirtschaftlichkeit nach § 3 Abs. 4 HOAI oder den vertraglich vereinbarten Beschaffenheiten entsprach, mit ihr eine vereinbarte Baukostenobergrenze nicht eingehalten worden wäre oder die Bauüberwachung nicht ordnungsgemäß durchgeführt wurde.

Ebenfalls vergütungsneutral sind eigenmächtige Planänderungen durch den Architekten sowie die Erarbeitung vertraglich geschuldeter Planungsvarianten insbesondere in der Leistungsphase 2. Zwar gibt es insoweit keine verbindliche Vorgabe, wie viele Varianten im Rahmen der Grundleistungen zu erbringen sind. Jedoch enthält der Katalog zu Leistungsphase 2 hierzu wichtige Hinweise: Nur Varianten „nach gleichen Anforderungen" sind in dieser Phase als Grundleistung geschuldet, während „alternative Lösungsansätze nach verschiedenen Anforderungen" eine besondere und damit zusätzlich vergütungsfähige Leistung darstellen. Lösungsvorschläge also, die auf Basis deutlich anderer Planungsziele etwa bzgl. des Umfangs des Bauvorhabens, seines Grundrisses oder seiner Funktion oder unter Annahme eines gänzlich anderen Kostenrahmens erarbeitet werden, sind somit gesondert zu honorieren. Die Varianten innerhalb des Spektrums der bis dato vorgegebenen Ziele sind hingegen mit dem Grundleistungshonorar abgedeckt.

---

[15] So auch Digel/Jacobsen, BauR 2017, 1587 (1591); a.A. Kniffka, BauR 2017, 1846 (1868).

8 Vergütungsanpassung bei geändertem Leistungsumfang

Diesbezüglich kann der Planer das Risiko permanenter, arbeitsintensiver Um- und Neuplanungen ohne zusätzlichen Honoraranspruch am ehesten dadurch begrenzen, dass schon bei Vertragsschluss die Vertragsziele möglichst konkret festgeschrieben, zumindest aber zu Beginn der Leistungsphase 2 die Zielvorstellungen des Auftraggebers benannt und dokumentiert werden. Will der Auftraggeber dann Varianten unter Abweichung von diesen eigentlich schon feststehenden Vorgaben entwickelt wissen, handelt es sich um „alternative Lösungsansätze nach verschiedenen Anforderungen", mithin um eine Besondere Leistung. Ein solches Vorgehen schützt auch vor honorarfreien Umplanungen in der Leistungsphase 3 – zu diesem Zeitpunkt nämlich sollten die Vertragsziele und Zielvorstellungen bereits längst festgeschrieben sein. Gegebenenfalls sind spätestens im Verlaufe der Leistungsphase 2 entsprechende ausdrückliche Entscheidungen des Auftraggebers einzufordern, denn eine Entwurfsplanung nach Varianten ist nicht vorgesehen und stellt ganz sicher keine Grundleistung im Sinne der HOAI mehr da.

Dass sich in der Praxis immer wieder Streit darüber ergibt, ob eine Leistung des Architekten nun auf geänderten Vorgaben zu den Leistungszielen bzw. zum Leistungsumfang beruht, oder ob sie nicht schon vom Spektrum der ursprünglich beauftragten, womöglich nicht umfassend bzw. nicht korrekt abgearbeiteten Leistung umfasst ist, liegt in der Natur der Sache. Ob durch das neue Recht entsprechende Abgrenzungsprobleme wegen der präziseren Definition des Werkerfolgs durch die Vertragsparteien im Zuge der Erarbeitung der Planungsgrundlage entschärft werden, oder aber mit Blick auf das Anordnungsrecht des Auftraggebers zusätzliche Relevanz erhalten[16], bleibt abzuwarten.

Ebenfalls eigenen Regeln unterliegen im Übrigen mögliche Mehrhonoraransprüche wegen eines veränderten Bauablaufs, namentlich einer wesentlichen, nicht in den Verantwortungsbereich des Architekten fallenden Überschreitung der ursprünglich vertraglich vorgesehenen Bauzeit. Das neue Architektenrecht verhält sich hierüber nicht. Daher gilt hierzu noch immer:

Treffen die Vertragspartner keine vertragliche Vereinbarung darüber, wie der durch den geänderten Bauablauf entstehende Mehraufwand des Architekten vergütet werden soll, ist der Architekt darauf angewiesen, entsprechende Ansprüche aus den Vorschriften des BGB abzuleiten. Dies ist bekanntlich schon deshalb problembehaftet, weil ein vergütungsfähiger Mehraufwand vor Gericht nicht leicht zu beziffern und zu beweisen ist. Diese Schwierigkeiten haben ihren Grund darin, dass nur die zeitabhängigen Komponenten überhaupt einen solchen Mehraufwand begründen können.[17] Die Abgrenzung des auch bei regulärem Bauablauf aufzuwendenden Zeitkontingents von den zusätzlich anfallenden Stunden aber ist äußerst diffizil.[18]

Für den keineswegs seltenen Fall der Bauzeitverlängerung stattdessen von vornherein vertraglich pauschalierte Entschädigungsansprüche je Woche oder Monat festzuschreiben, kann solchen Problemen vorbeugen; die angedachte Bauzeit muss dazu aber von vornherein realistisch und einvernehmlich festgelegt werden.[19] Bewährt hat sich dazu insgesamt folgende Vertragsklausel:

> Dauert die Durchführung der vereinbarten Vertragsziele länger als …… Monate und wird diese Zeit aus Gründen, die dem Architekten nicht zugerechnet werden können und von diesem auch nicht zu vertreten sind, überschritten, erhält der Architekt für jede Verlängerungswoche ………………… Euro.
>
> Erfolgt keine Vereinbarung, sind die Vertragsparteien verpflichtet, über eine angemessene Erhöhung des Honorars für die Verlängerung der Durchführung des Vertrages zu verhandeln. Der nachgewiesene Mehraufwand ist dem Architekten in jedem Falle zu erstatten, es sei denn, dass der Architekt die Verlängerung zu vertreten hat.

---

16 So Schramke/Keilmann, NZBau 2016, 333 (337).
17 Werner/Pastor, Rn. 1038.
18 BGH, Urt. v. 10.05.2007 – VII ZR 288/05, BauR 2007, 1592; Küpper, DIB 3-2016, 49.
19 Schramm, DAB 6-2007, 46 (50).

Wird die Durchführung des Vertrages wegen fehlender Mitwirkungshandlungen des Bauherrn unterbrochen und hat der Architekt den Bauherrn fruchtlos zur Mitwirkung aufgefordert, so steht dem Architekten für die Dauer der Unterbrechung eine angemessene Entschädigung zu.

C. Hinweise für die Praxis

Sobald der Bauherr Änderungen im Leistungsumfang oder hinsichtlich der Leistungsziele wünscht, und im Fall geänderter Leistungsziele damit eine Veränderung der anrechenbaren Kosten einhergeht, sollte der Architekt ihm umgehend ein entsprechendes Honorarangebot unterbreiten, sofern es sich nicht um eine vergütungsneutrale Planungsüberarbeitung handelt. Dies gilt grundsätzlich für jeden einzelnen Änderungswunsch. Mit der Übersendung eines entsprechenden Angebots kommt der Architekt nicht nur seiner gesetzlich normierten Pflicht nach. Vielmehr wird dem Auftraggeber so zugleich klar vor Augen geführt, dass sein Änderungswunsch nicht ohne Auswirkungen auf das Architektenhonorar bleiben wird. Die anzustrebende, rechtssicher dokumentierte Einigung über diese Auswirkungen entzieht späteren Streitigkeiten den Boden. Der erhöhte Berechnungs- und Kommunikationsaufwand, der im Vorfeld durch den sorgfältigen Umgang mit Änderungswünschen entsteht, zahlt sich im Nachhinein also aus.

Daneben ist anzuraten, im Architektenvertrag eine Regelung vorzusehen, welche für Besondere Leistungen, auch dann wenn sie nachträglich beauftragt oder einseitig angeordnet werden, einen festen Stundensatz festlegt.

D. Ausblick

Mit der Neuregelung bleibt das preisrechtliche System der HOAI unangetastet und wird sogar ausdrücklich bekräftigt. Dies zeigt nicht zuletzt sehr deutlich, dass der Gesetzgeber, anders als die EU-Kommission, die ein entsprechendes Vertragsverletzungsverfahren vor dem EuGH angestrengt hat (Kommission ./. Deutschland, Aktenzeichen: C-377/17), von der Europarechtskonformität der HOAI ausgeht und sich der Bedeutung verbindlicher Honorarvorgaben für die Qualität des Planens und Bauens in Deutschland bewusst ist. Insofern ist der Verweis des § 650q Abs. 2 S.1 BGB auf die HOAI zu begrüßen, wenngleich die Regelung – ebenso wie der Satz 2 jenes Absatzes – inhaltlich eigentlich obsolet wäre. Hilfreich für die Vertragsparteien ist es zudem, dass die Neuregelung das etablierte, ohnehin schon komplexe System der Regeln zur Vergütungsanpassung weitgehend unangetastet lässt. Bei zukünftigen Novellierungen der HOAI wäre sicherlich zu erwägen, ob § 10 HOAI nicht präziser formuliert oder durch eine leichter zu handhabende Regelung ersetzt werden kann.[20]

Als wenig praktikabel erweist sich im neuen Recht allein der Verweis in Satz 3 auf den § 650c BGB mit dem Rückgriff auf eine Urkalkulation. Es wird abzuwarten bleiben, ob Planer, wie es hiernach eigentlich notwendig wäre, dazu übergehen, selbst Urkalkulationen zu hinterlegen. Anderenfalls könnte eine gesetzgeberische Korrektur der Regelung angezeigt sein.

---

20 Die Empfehlungen des Arbeitskreises IV des 6. Deutschen Baugerichtstags aus dem Jahre 2016 könnten hierbei den Weg weisen, vgl. http://www.baugerichtstag.de/index.php?pageid=74 (zuletzt abgerufen: 23.08.2017).

9
Gesetzliche Sicherung von Honorarforderungen

§ 650e BGB
Sicherungshypothek des Bauunternehmers

§ 650f BGB
Bauhandwerkersicherung

Ein Beitrag von Fabian Blomeyer

§ 650e BGB
Sicherungshypothek des Bauunternehmers

Der Unternehmer kann für seine Forderungen aus dem Vertrag die Einräumung einer Sicherungshypothek an dem Baugrundstück des Bestellers verlangen. Ist das Werk noch nicht vollendet, so kann er die Einräumung der Sicherungshypothek für einen der geleisteten Arbeit entsprechenden Teil der Vergütung und für die in der Vergütung nicht inbegriffenen Auslagen verlangen.

§ 650f BGB
Bauhandwerkersicherung

(1) Der Unternehmer kann vom Besteller Sicherheit für die auch in Zusatzaufträgen vereinbarte und noch nicht gezahlte Vergütung einschließlich dazugehöriger Nebenforderungen, die mit 10 Prozent des zu sichernden Vergütungsanspruchs anzusetzen sind, verlangen. Satz 1 gilt in demselben Umfang auch für Ansprüche, die an die Stelle der Vergütung treten. Der Anspruch des Unternehmers auf Sicherheit wird nicht dadurch ausgeschlossen, dass der Besteller Erfüllung verlangen kann oder das Werk abgenommen hat. Ansprüche, mit denen der Besteller gegen den Anspruch des Unternehmers auf Vergütung aufrechnen kann, bleiben bei der Berechnung der Vergütung unberücksichtigt, es sei denn, sie sind unstreitig oder rechtskräftig festgestellt. Die Sicherheit ist auch dann als ausreichend anzusehen, wenn sich der Sicherungsgeber das Recht vorbehält, sein Versprechen im Falle einer wesentlichen Verschlechterung der Vermögensverhältnisse des Bestellers mit Wirkung für Vergütungsansprüche aus Bauleistungen zu widerrufen, die der Unternehmer bei Zugang der Widerrufserklärung noch nicht erbracht hat.

(2) Die Sicherheit kann auch durch eine Garantie oder ein sonstiges Zahlungsversprechen eines im Geltungsbereich dieses Gesetzes zum Geschäftsbetrieb befugten Kreditinstituts oder Kreditversicherers geleistet werden. Das Kreditinstitut oder der Kreditversicherer darf Zahlungen an den

Unternehmer nur leisten, soweit der Besteller den Vergütungsanspruch des Unternehmers anerkennt oder durch vorläufig vollstreckbares Urteil zur Zahlung der Vergütung verurteilt worden ist und die Voraussetzungen vorliegen, unter denen die Zwangsvollstreckung begonnen werden darf.

(3) Der Unternehmer hat dem Besteller die üblichen Kosten der Sicherheitsleistung bis zu einem Höchstsatz von 2 Prozent für das Jahr zu erstatten. Dies gilt nicht, soweit eine Sicherheit wegen Einwendungen des Bestellers gegen den Vergütungsanspruch des Unternehmers aufrechterhalten werden muss und die Einwendungen sich als unbegründet erweisen.

(4) Soweit der Unternehmer für seinen Vergütungsanspruch eine Sicherheit nach Absatz 1 oder 2 erlangt hat, ist der Anspruch auf Einräumung einer Sicherungshypothek nach § 650e ausgeschlossen.

(5) Hat der Unternehmer dem Besteller erfolglos eine angemessene Frist zur Leistung der Sicherheit nach Absatz 1 bestimmt, so kann der Unternehmer die Leistung verweigern oder den Vertrag kündigen. Kündigt er den Vertrag, ist der Unternehmer berechtigt, die vereinbarte Vergütung zu verlangen; er muss sich jedoch dasjenige anrechnen lassen, was er infolge der Aufhebung des Vertrages an Aufwendungen erspart oder durch anderweitige Verwendung seiner Arbeitskraft erwirbt oder böswillig zu erwerben unterlässt. Es wird vermutet, dass danach dem Unternehmer 5 Prozent der auf den noch nicht erbrachten Teil der Werkleistung entfallenden vereinbarten Vergütung zustehen.

(6) Die Absätze 1 bis 5 finden keine Anwendung, wenn der Besteller

1. eine juristische Person des öffentlichen Rechts oder ein öffentlich-rechtliches Sondervermögen ist, über deren Vermögen ein Insolvenzverfahren unzulässig ist, oder

2. Verbraucher ist und es sich um einen Verbraucherbauvertrag nach § 650i oder um einen Bauträgervertrag nach § 650u handelt.

Satz 1 Nummer 2 gilt nicht bei Betreuung des Bauvorhabens durch einen zur Verfügung über die Finanzierungsmittel des Bestellers ermächtigten Baubetreuer.

(7) Eine von den Absätzen 1 bis 5 abweichende Vereinbarung ist unwirksam.

A. Fall

Der Architekt hat einen Planungsauftrag zur Erweiterung eines Firmengebäudes. Aufgrund seiner bisherigen Erfahrungen mit dem Auftraggeber bestehen Zweifel an dessen Liquidität und er befürchtet den Ausfall seines Honorars. Er möchte deshalb für seine Honoraransprüche eine Sicherheit verlangen.

B. Kommentierung

Dem Architekten stehen dieselben gesetzlichen Sicherungsinstrumente zur Verfügung wie den übrigen am Bau Beteiligten. Sie galten schon immer als „Unternehmer eines Bauwerks" und konnten nach § 648a BGB a.F. eine Sicherheit für das vereinbarte und noch nicht gezahlte Honorar verlangen. Ebenso war es möglich, eine Sicherungshypothek auf das zu bebauende Grundstück im Grundbuch eintragen zu lassen.

Die Regelungen der §§ 648 und 648a BGB a.F. entsprechen inhaltlich den neuen §§ 650e (Sicherungshypothek des Bauunternehmers) und § 650f (Bauhandwerkersicherung) BGB. Diese Vorschriften finden über § 650q Abs. 1 BGB bei Architektenverträgen entsprechende Anwendung.

I. Regelungsinhalt

1. Bauhandwerkersicherung nach § 650f BGB

a) Höhe der Sicherheit (§ 650 Abs. 1 BGB)

Architekten können für das vereinbarte und noch nicht gezahlte Honorar eine Sicherheit verlangen. Von der Sicherheit können auch Nebenforderungen bis zu einer Höhe von 10% des zu sichernden Honoraranspruchs erfasst werden. Maßgeblich ist das vertraglich vereinbarte Honorar, ggf. um 10% für etwaige Nebenforderungen (mögliche Nachträge etc.) erhöht. Bereits erhaltene Voraus- oder Abschlagszahlungen sind abzuziehen. Es besteht keine Pflicht und oft auch nicht die Notwendigkeit, eine Sicherheit in Höhe des gesamten Honorars zu verlangen. Entscheidend für die Höhe der verlangten Sicherung ist das Sicherungsinteresse, das sich u.a. nach dem Ausfallrisiko der Forderung richtet.

b) Zeitpunkt

Die Stellung einer Sicherheit kann bis zur Beendigung des Architektenvertrags verlangt werden. Kommt es bspw. bei Abschlagsrechnungen zu Zahlungsschwierigkeiten, könnte es ein probates Mittel sein, die künftigen Honorarforderungen mittels einer Sicherung nach § 650f BGB abzudecken.

c) Art der Sicherheit (§ 650 Abs. 2 BGB)

Die Art der Sicherheit ist nicht vorgegeben. Üblich ist eine Garantie oder ein sonstiges Zahlungsversprechen eines Kreditinstituts oder Kreditversicherers (§ 650f Abs. 3 BGB), bspw. in Form einer Sicherungsbürgschaft. Die Sicherheit muss sich allerdings immer auf die unmittelbare Honorarforderung beziehen und einen unmittelbaren Zahlungsanspruch gegenüber dem Sicherungsgeber gewähren.[1] Weitere, allerdings bei Honorar- und Werklohnforderungen unübliche Sicherheiten können die Hinterlegung von Geld oder die Verpfändung von Forderungen sein.[2]

d) Kosten (§ 650 Abs. 3 BGB)

Wird die Stellung einer Sicherung verlangt, hat der Architekt die Kosten hierfür zu übernehmen. Die Höhe der Kostenübernahme ist nach § 650f Abs. 3 Satz 1 BGB auf 2% der Sicherungssumme für das Jahr gedeckelt. Kostenschuldner bleibt der Bauherr. Die Pflicht zur Kostenübernahme greift nicht, wenn die Sicherheit aufgrund von unbegründeten Einwendungen des Bauherrn länger als ursprünglich vorgesehen aufrechterhalten werden muss.

> **Beispiel:** Der Bauherr macht gegenüber dem Architekten nach Beendigung des Architektenvertrags Ansprüche aufgrund mangelhafter Planungsleistungen geltend. Er behält deswegen einen Teil des Honorars ein. Die erteilte Bankbürgschaft wird deswegen seitens des Architekten nicht zurückgegeben. Für die weitere Dauer des Fortbestands der Bankbürgschaft fallen weitere Kosten an.

Nach § 650f Abs. 3 Satz 2 BGB hat die Kosten der Bankbürgschaft der Bauherr dann zu tragen, wenn sich die geltend gemachten Ansprüche als unbegründet erwiesen haben.

e) Geltendmachung und Konsequenzen im Fall einer Verweigerung (§ 650 Abs. 5 BGB)

Für die Geltendmachung der Forderung nach einer Sicherheit gelten keine Formvorschriften. Aus prozessualen Beweisgründen sollte mindestens die Textform beachtet werden. Ist die Forderung nach der Beibringung einer Sicherheit an eine Frist geknüpft, kann der Architekt die Leistung verweigern oder den Vertrag kündigen. Als angemessene Frist im Sinne des § 650f Abs. 5 BGB wird ein Zeitraum von zwei Wochen erachtet.[3]

Entschließt sich der Architekt im Fall der Verweigerung einer Sicherheit zur Kündigung, greifen dieselben Rechtsfolgen wie bei einer freien Auftraggeberkündigung nach § 648 BGB (entspricht § 649 BGB a.F.): Der Architekt kann das vereinbarte Honorar verlangen, muss sich jedoch dasjenige anrechnen lassen, was er infolge der Aufhebung des Vertrages an Auf-

---

[1] Sprau, in: Palandt, Rn. 10 noch zu § 648a BGB a.F.
[2] Vgl. die üblichen Sicherungen nach § 232 BGB.
[3] Schmitz, in: Fuchs/Berger/Seifert, Syst C Rn. 5.

wendungen erspart oder durch anderweitige Verwendung seiner Arbeitskraft erwirbt oder böswillig zu erwerben unterlässt. Hinsichtlich des entgangenen Gewinns greift zunächst die Vermutung, dass dieser mit 5% anzusetzen ist. Der tatsächliche Ausfall dürfte bei Planerleistungen regelmäßig höher sein, wobei hierfür den Architekten die Beweislast trifft. Dieser Teil des insgesamt anzusetzenden Honorars ist nach bisheriger Rechtsprechung umsatzsteuerfrei.[4]

f) Ausnahmen

Sicherheiten nach § 650f BGB können grundsätzlich nur von Unternehmern verlangt werden. Ausgenommen sind nach § 650f Abs. 6 BGB sowohl Verbraucher als auch Auftraggeber der öffentlichen Hand. Bei Verbrauchern kommt als weiteres Kriterium hinzu, dass es sich um einen Verbraucherbauvertrag nach § 650i BGB oder um einen Bauträgervertrag nach § 650u BGB handeln muss. Ein gesetzlicher Anspruch auf Stellung einer Sicherheit wird bei diesen Gruppen für verzichtbar gehalten. Zum einen besteht bei der öffentlichen Hand kein Insolvenzrisiko. Bei Verbrauchern wird zum anderen unterstellt, dass deren Bauvorhaben solide finanziert seien, ausreichend Eigenkapital vorhanden sei und zudem – eine entsprechende Tittulierung vorausgesetzt – auch über einen sehr langen Zeitraum die Honorarforderungen durchgesetzt werden können.[5]

Da von den Ausnahmeregelungen vom Wortlaut tatsächlich nur Verbraucherbau- und Bauträgerverträge ausgenommen werden, ist davon auszugehen, dass Architekten sehr wohl diesen Sicherungsanspruch haben.[6] Der Gesetzgeber hat es – bewusst oder unbewusst – unterlassen, den Verbraucherarchitektenvertrag in den Katalog der Ausnahmen aufzunehmen. Zwar sind die Regelungen des § 648f BGB gemäß § 650q Abs.1 BGB entsprechend anzuwenden. Einen entsprechenden Anwendungsbefehl sieht jedoch bei Bauträgerverträgen auch § 650u BGB vor. Trotzdem wurde der Bauträgervertrag in die Ausnahmeregelung des § 648f Abs. 6 BGB aufgenommen. Es spricht damit viel dafür, dass Architekten auch gegenüber Verbrauchern von dem Sicherungsinstrument des § 648f BGB Gebrauch machen können.

Unbenommen bleibt es darüber hinaus, sich individuell im Vertrag auch von der öffentlichen Hand Sicherheiten geben zu lassen. Ein gesetzlicher Anspruch besteht jedoch nicht.

2. Sicherungshypothek nach § 650e BGB

Fordert der Architekt keine Sicherheit nach § 650f BGB kann er eine Sicherungshypothek an dem Baugrundstück des Bauherrn eintragen lassen. Die Höhe der Sicherungshypothek ist jedoch auf den Wert der erbrachten Leistungen begrenzt und wirkt daher nur nachträglich. Die Bestellung der Hypothek erfolgt durch Einigung und Eintragung im Grundbuch, ggf. auch im Rahmen eines einstweiligen Verfügungsverfahrens. Der Architekt hat in diesem Fall die Höhe seines Honorars durch Vorlage geeigneter Beweismittel (prüffähige Schlussrechnung, Abschlagsrechnungen) sowie einer eidesstattlichen Versicherung ihrer Richtigkeit glaubhaft zu machen.[7]

Da bei Planungsaufträgen ein gesetzlicher Anspruch auf Abschlagszahlungen nach § 15 Abs. 2 HOAI besteht und zu dem über § 650f BGB auch eine Sicherheit für das gesamte vereinbarte Honorar verlangt werden kann, kommt diese Möglichkeit der Sicherheit nur selten zur Anwendung.

C. Hinweise für die Praxis

Im Eingangsfall kann der Architekt eine Sicherung im Sinne von § 650f BGB verlangen. Verweigert der Bauherr die Stellung der geforderten Sicherheit könnte der Architekt seine weiteren Leistungen verweigern oder

---

[4] Sprau, in: Palandt Rn. 8 zu § 649 BGB a.F.
[5] Amtliche Begründung zu § 648a BGB, BT-Drs. 12/4526 S.11 f. vom 10.03.1993.
[6] So auch Scholtissek „Neue Absicherung der Planer und Bauunternehmer", FAZ vom 22.09.2017, Seite 13 und Deckers, ZfBR 2017, 523 (535).

[7] Sprau, in: Palandt, § 648 BGB Rn. 5 (zu § 648 BGB a.F.).

sogar den Vertrag kündigen. Die angezeigten Rechtsfolgen sind in ihrer Konsequenz sehr gravierend. Dies ist wahrscheinlich auch der Grund, warum seitens der Architekten als Auftragnehmer nur sehr selten Sicherheiten eingefordert werden. Zudem müssten auch die entsprechend anfallenden Kosten übernommen werden. Im Einzelfall ist abzuwägen, ob die Forderung nach einer Sicherheit sinnvollerweise zu erheben ist.

D. Ausblick

Mit dem Anspruch nach § 15 Abs. 2 HOAI auf Abschlagszahlungen für nachgewiesene Grundleistungen besteht im Regelfall ausreichende Sicherheit für den vollständigen Erhalt des vereinbarten Honorars. Gleichwohl ist es für den Architekten wichtig, seine gesetzlichen Rechte für die Stellung von Sicherheiten zu kennen, bspw. auch als Reaktion, wenn Sicherheitseinbehalte zu Lasten des Architekten vereinbart werden sollten. Insoweit ist die ausdrückliche Einbeziehung der Regelungen zu Sicherungen nach §§ 650e und f BGB über § 650q BGB zu begrüßen.

Die Beschränkung des Anwendungsbereichs allein auf Unternehmen besteht wohl nicht mehr. Insofern obliegt es nun den Architekten in geeigneten Fällen, eine „Bauhandwerkersicherung" als Sicherung der eigenen Honorarforderungen zu verlangen.

10 Kündigung aus wichtigem Grund

§ 314 BGB
Kündigung von Dauerschuldverhältnissen aus wichtigem Grund

§ 323 BGB
Rücktritt wegen nicht oder nicht vertragsgemäß erbrachter Leistung

§ 648a BGB
Kündigung aus wichtigem Grund

Ein Beitrag von Eric Zimmermann

§ 314 BGB
Kündigung von Dauerschuldverhältnissen aus wichtigem Grund

(1) Dauerschuldverhältnisse kann jeder Vertragsteil aus wichtigem Grund ohne Einhaltung einer Kündigungsfrist kündigen. Ein wichtiger Grund liegt vor, wenn dem kündigenden Teil unter Berücksichtigung aller Umstände des Einzelfalls und unter Abwägung der beiderseitigen Interessen die Fortsetzung des Vertragsverhältnisses bis zur vereinbarten Beendigung oder bis zum Ablauf einer Kündigungsfrist nicht zugemutet werden kann.

(2) Besteht der wichtige Grund in der Verletzung einer Pflicht aus dem Vertrag, ist die Kündigung erst nach erfolglosem Ablauf einer zur Abhilfe bestimmten Frist oder nach erfolgloser Abmahnung zulässig. Für die Entbehrlichkeit der Bestimmung einer Frist zur Abhilfe und für die Entbehrlichkeit einer Abmahnung findet § 323 Absatz 2 Nummer 1 und 2 entsprechende Anwendung. Die Bestimmung einer Frist zur Abhilfe und eine Abmahnung sind auch entbehrlich, wenn besondere Umstände vorliegen, die unter Abwägung der beiderseitigen Interessen die sofortige Kündigung rechtfertigen.

(3) Der Berechtigte kann nur innerhalb einer angemessenen Frist kündigen, nachdem er vom Kündigungsgrund Kenntnis erlangt hat.

(4) Die Berechtigung, Schadensersatz zu verlangen, wird durch die Kündigung nicht ausgeschlossen.

§ 323 BGB
Rücktritt wegen nicht oder nicht vertragsgemäß erbrachter Leistung

(1) Erbringt bei einem gegenseitigen Vertrag der Schuldner eine fällige Leistung nicht oder nicht vertragsgemäß, so kann der Gläubiger, wenn er dem Schuldner erfolglos eine angemessene Frist zur Leistung oder Nacherfüllung bestimmt hat, vom Vertrag zurücktreten.

(2) Die Fristsetzung ist entbehrlich, wenn

1. der Schuldner die Leistung ernsthaft und endgültig verweigert,

2. der Schuldner die Leistung bis zu einem im Vertrag bestimmten Termin oder innerhalb einer im Vertrag bestimmten Frist nicht bewirkt, obwohl die termin- oder fristgerechte Leistung nach einer Mitteilung des Gläubigers an den Schuldner vor Vertragsschluss oder auf Grund anderer den Vertragsabschluss begleitenden Umstände für den Gläubiger wesentlich ist, oder

3. im Falle einer nicht vertragsgemäß erbrachten Leistung besondere Umstände vorliegen, die unter Abwägung der beiderseitigen Interessen den sofortigen Rücktritt rechtfertigen.

(3) Kommt nach der Art der Pflichtverletzung eine Fristsetzung nicht in Betracht, so tritt an deren Stelle eine Abmahnung.

(4) Der Gläubiger kann bereits vor dem Eintritt der Fälligkeit der Leistung zurücktreten, wenn offensichtlich ist, dass die Voraussetzungen des Rücktritts eintreten werden.

(5) Hat der Schuldner eine Teilleistung bewirkt, so kann der Gläubiger vom ganzen Vertrag nur zurücktreten, wenn er an der Teilleistung kein Interesse hat. Hat der Schuldner die Leistung nicht vertragsgemäß bewirkt, so kann der Gläubiger vom Vertrag nicht zurücktreten, wenn die Pflichtverletzung unerheblich ist.

(6) Der Rücktritt ist ausgeschlossen, wenn der Gläubiger für den Umstand, der ihn zum Rücktritt berechtigen würde, allein oder weit überwiegend verantwortlich ist oder wenn der vom Schuldner nicht zu vertretende Umstand zu einer Zeit eintritt, zu welcher der Gläubiger im Verzug der Annahme ist.

§ 648a BGB
Kündigung aus wichtigem Grund

(1) Beide Vertragsparteien können den Vertrag aus wichtigem Grund ohne Einhaltung einer Kündigungsfrist kündigen. Ein wichtiger Grund liegt vor, wenn dem kündigenden Teil unter Berücksichtigung aller Umstände des Einzelfalls und unter Abwägung der beiderseitigen Interessen die Fortsetzung des Vertragsverhältnisses bis zur Fertigstellung des Werks nicht zugemutet werden kann.

(2) Eine Teilkündigung ist möglich; sie muss sich auf einen abgrenzbaren Teil des geschuldeten Werks beziehen.

(3) § 314 Absatz 2 und 3 gilt entsprechend.

(4) Nach der Kündigung kann jede Vertragspartei von der anderen verlangen, dass sie an einer gemeinsamen Feststellung des Leistungsstandes mitwirkt. Verweigert eine Vertragspartei die Mitwirkung oder bleibt sie einem vereinbarten oder einem von der anderen Vertragspartei innerhalb einer angemessenen Frist bestimmten Termin zur Leistungsstandfeststellung fern, trifft sie die Beweislast für den Leistungsstand zum Zeitpunkt der Kündigung. Dies gilt nicht, wenn die Vertragspartei infolge eines Umstands fernbleibt, den sie nicht zu vertreten hat und den sie der anderen Vertragspartei unverzüglich mitgeteilt hat.

(5) Kündigt eine Vertragspartei aus wichtigem Grund, ist der Unternehmer nur berechtigt, die Vergütung zu verlangen, die auf den bis zur Kündigung erbrachten Teil des Werks entfällt.

(6) Die Berechtigung, Schadensersatz zu verlangen, wird durch die Kündigung nicht ausgeschlossen.

A. Fall

Der Auftraggeber bezahlt eine Abschlagsrechnung des Architekten nicht, worauf dieser ihm per E-Mail kündigt. Die Kündigung hält der Auftraggeber für ungerechtfertigt, kündigt aber nun seinerseits dem Architekten, da er eine Zusammenarbeit aufgrund der Erstkündigung für unzumutbar hält.

B. Kommentierung

Die Kündigung aus wichtigem Grund wird sowohl von Bauherrn wie auch von Architekten seit langem im Architektenrecht angewandt und ist durch Richterrecht anerkannt. Allerdings fehlte es bislang an einer gesetzlichen Regelung. Nun findet sich in § 648a BGB erstmals eine solche im Werkvertragsrecht und gilt über die Verweisung aus § 650q BGB auch für den Architektenvertrag.

Die Kündigung aus wichtigem Grund ergänzt damit das bestehende freie Kündigungsrecht aus § 648 BGB und folgt ihm unmittelbar in § 648a BGB. Genauso wie die freie Kündigung findet die Kündigung aus wichtigem Grund für alle Rechtsverhältnisse im Werkvertragsrecht Anwendung, gilt – im Gegensatz zur Sonderkündigung nach § 650r BGB – also nicht nur ausschließlich für Architekten.

Das Werkvertragsrecht sieht ein eigenes Kündigungsrecht auch für den Architekten für den Fall vor, dass eine Handlung des Bauherrn erforderlich ist, dieser aber trotz Fristsetzung die erforderliche Handlung nicht vornimmt (Kündigung bei unterlassener Mitwirkung, §§ 642, 643 BGB).

Die Kündigung, egal in welcher Form, ist dabei immer das taktisch und psychologisch schärfste Mittel, um Verträge zu beenden. Denn sie ist eine empfangsbedürftige einseitige Willenserklärung, die auf die Beendigung eines Vertrages gerichtet ist.[8] Diese Einseitigkeit kann zu Missstimmungen und Unzufriedenheiten bei der gekündigten Partei führen; sie könnte sich als „Verliererin" fühlen und dies bei nächster Gelegenheit gegen den Kündigenden verwenden. Das wiederum kann die Abwicklung des gekündigten Vertrags belasten: Fragen des Honorars, der Gewährleistung, der Herausgabe von Unterlagen oder zum Urheberrecht könnten dann zu Schwierigkeiten führen.

Insofern stellt ein gemeinsamer Aufhebungsvertrag eine Alternative zum einseitigen Kündigungsrecht dar. Der Vorteil der beidseitigen Aufhebung ist neben der Tatsache, dass es keinen Gekündigten gibt, die Möglichkeit, offene (Rechts-)Fragen im Aufhebungsvertrag anzusprechen und verbindlich zu regeln. Freilich ist eine Aufhebung nur im gegenseitigen Einvernehmen möglich.

	Freie Kündigung, § 648 BGB	Kündigung aus wichtigem Grund, § 648a BGB	Sonderkündigungsrecht, § 650r BGB
Anspruch Bauherr	✔	✔	✔
Anspruch Architekt	–	✔	✔

---

8 Meurer, in: Morlock/Meurer, Rn. 202.

I. Bisherige Regelung

Gesetzlich war im Werkvertragsrecht die Kündigung aus wichtigem Grund, die auch als außerordentliche Kündigung oder fristlose Kündigung bezeichnet wird[9], zwar nicht geregelt, doch gab es grundsätzlich keine Zweifel daran, dass sich die Vertragsparteien in der Praxis auf sie berufen können. Sie wurde in zahlreichen Entscheidungen immer wieder aufgegriffen und angewandt.

Der Gesetzgeber stellte dennoch eine gewisse Rechtsunsicherheit in der Praxis fest, insbesondere zur Frage, welche Gründe eine Kündigung aus wichtigem Grund rechtfertigen.[10] Gerade im Vergleich zur VOB/B, die Kündigungstatbestände aufführt, erkannte der Gesetzgeber ein Defizit im BGB.[11] Aus diesem Grund nahm er die Kündigung aus wichtigem Grund ins Werkvertragsrecht auf. Dadurch ist nun klargestellt, dass die Kündigung aus wichtigem Grund auch im Werkvertragsrecht Anwendung findet.

II. Neue Regelung

Die Kündigung aus wichtigem Grund ist in § 648a BGB aufgeführt und verschiebt damit die bisher dort verortete Bauhandwerkersicherung, die sich in § 650e BGB wiederfindet. Somit steht sie systematisch direkt nach der freien Kündigung (§ 648 BGB). Mit der Bezeichnung als „Kündigung aus wichtigem Grund" und nicht als außerordentliche oder fristlose Kündigung lehnt sich der Gesetzgeber sprachlich an die Bezeichnung des für Dauerschuldverhältnisse geltenden Kündigungsrechts aus § 314 an, auf den in § 648a Abs. 2 BGB explizit Bezug genommen wird.

1. Anwendbarkeit auf den Architektenvertrag

Die Kündigung aus wichtigem Grund gilt durch die Verweisung des § 650q Abs. 1 BGB für den Architektenvertrag, der in der Gesetzesbegründung zu § 648a BGB sogar als Beispiel einer längerfristigen Zusammenarbeit genannt wird.[12] Aus Sicht des Gesetzgebers besteht gerade bei solchen längerfristigen Verträgen ein Bedürfnis nach einem Recht zur Kündigung aus wichtigem Grund.[13]

Explizit betont der Gesetzgeber, dass sich die Kündigung aus wichtigem Grund nicht auf Werkverträge beschränken soll, die auf eine längere Dauer der Zusammenarbeit angelegt sind.[14] Auch zeitlich kurze Verträge können aus wichtigem Grund gekündigt werden. Allerdings geht der Gesetzgeber bei kleineren und schneller abzuwickelnden Verträgen davon aus, dass eine Unzumutbarkeit an der Fortsetzung des Vertrages bis zur Fertigstellung nicht gegeben sei und „diese schon deshalb nicht in den Anwendungsbereich des Kündigungsrechts aus wichtigem Grund fallen."[15]

2. Sinn und Zweck der Regelung

Mit dem einfachen Kündigungsrecht in § 648 BGB, der sog. freien Kündigung, steht dem Bauherrn eine rechtliche Möglichkeit zur Verfügung, um ein Werkvertrags- oder werkvertragsähnliches Verhältnis einseitig zu beenden, und zwar jederzeit. Die freie Kündigung hat für den Bauherrn aber auch Nachteile: Der Architekt ist bei der freien Kündigung des Bauherrn berechtigt, grundsätzlich die vereinbarte Vergütung auch für die in der Folge der Kündigung nicht mehr zu erbringenden, aber ursprünglich vertraglich vereinbarten Leistungen zu verlangen. Er muss sich jedoch dasjenige anrechnen lassen, was er infolge der Aufhebung des Vertrages an Aufwendungen erspart oder durch anderweitige Verwendung seiner Arbeitskraft erwirbt oder zu erwerben böswillig unterlässt.

---

9 Vgl. Franz/Fuchs, in: Fuchs/Berger/Seifert, Syst A VIII, Rn. 72.
10 BT-Drs. 18/8486, S. 50.
11 BT-Drs. 18/8486, S. 50.
12 BT-Drs. 18/8486, S. 50.
13 BT-Drs. 18/8486, S. 50.
14 BT-Drs. 18/8486, S. 51.
15 BT-Drs. 18/8486, S. 51.

Die Kündigung aus wichtigem Grund erreicht eine unmittelbare Beendigung des Vertragsverhältnisses, ggf. sogar ohne Einhaltung einer speziellen Frist und ohne – sofern sie zu Recht erfolgt – Vergütungspflicht.

Im Gegenteil: Kündigt der Bauherr einen Architektenvertrag aus wichtigem Grund zu Recht, kann der Architekt lediglich die Honorierung für die bereits erbrachten Leistungen geltend machen, und ggf. kann der Bauherr sogar einen möglichen Schaden zusätzlich gegen den Architekten beanspruchen.[16]

Der Sinn der Kündigung aus wichtigem Grund besteht darin, dass an einem Vertragsverhältnis wie einem Architektenvertrag aus unzumutbaren Gründen nicht festgehalten zu werden braucht, sondern eine unmittelbare „Exit"-Option besteht. Die besteht – im Gegensatz zum einfachen Kündigungsrecht – für beide Parteien, also auch für den Architekten.

Denn auch für den Architekten gilt, dass er nicht an ein unzumutbares Vertragsverhältnis gebunden werden kann. Insofern gewährt die Kündigung aus wichtigem Grund eine Waffengleichheit, indem sich beide Parteien auf sie berufen können. Damit unterscheidet sie sich vom einfachen Kündigungsrecht aus § 648 BGB, auf das sich allein der Bauherr berufen kann.

Die Aufnahme der Kündigung aus wichtigem Grund in das Werkvertragsrecht bezweckt die Kodifizierung eines bisher bereits bestehenden, durch die Rechtsprechung geprägten Einzelfallrechts. Da die Kündigung aus wichtigem Grund auch nicht durch Allgemeine Geschäftsbedingungen abbedungen werden konnte, ändert die Regelung im Gesetz nicht bestehende Rechtsauslegungen oder erweitert diese, sondern kodifiziert lediglich (Richter-)Recht.[17]

3. Regelung des § 648a Abs. 1 BGB

Beide Vertragsparteien können nach § 648a Abs. 1 S. 1 BGB den Vertrag aus wichtigem Grund ohne Einhaltung einer Kündigungsfrist kündigen. Wann ein wichtiger Grund vorliegt, wird in § 648a Abs. 1 S. 2 BGB definiert.

a) Beidseitiges Kündigungsrecht

Sowohl der Bauherr als auch der Architekt können den Vertrag aus wichtigem Grund kündigen. Dies stellt § 648 Abs. 1 S. 1 BGB explizit klar.

b) Keine festgelegten Kündigungstatbestände

Der Gesetzgeber hat keine konkreten Kündigungstatbestände aufgenommen, wie es bei § 8 VOB/B der Fall ist. Vielmehr orientiert er sich bewusst an der freien Formulierung des § 314 BGB, vermeidet also eine abschließende Aufzählung von Kündigungsfällen, sodass auch besondere Einzelfälle berücksichtigt werden können.[18] Dabei weist er bewusst auf die bisher entstandene Rechtsprechung zu § 314 BGB hin, auf die zugegriffen werden kann, um „einen Zuwachs an Sicherheit" zu geben.[19]

Positiv bewertet wurde in der juristischen Literatur, dass es keinen abschließenden Kündigungsgründekatalog gibt, doch gleichzeitig wurde angeregt – dem Mietrecht in § 543 Abs. 2 BGB ähnlich – exemplarische Kündigungsbeispiele aufzulisten („insbesondere").[20] Der Hinweis hat Hand und Fuß: Mit dieser Methodik hätte der Gesetzgeber gewisse Leitplanken setzen können, an denen sich die Rechtsprechung orientieren könnte.

c) Wichtiger Grund

Das Herz der Vorschrift ist das Vorliegen eines wichtigen Grundes. Ohne wichtigen Grund gibt es hier kein Kündigungsrecht. Ein wichtiger Grund liegt nach § 648a Abs. 1 S. 2 BGB vor, wenn dem kündigenden Teil unter Berücksichtigung aller Umstände des Einzelfalls und unter Abwägung der beiderseitigen Interessen die Fortsetzung des Vertragsverhältnisses bis zur

---

16 Berger/Fuchs, Rn. 344.
17 Vgl.: BGH, Urt. v. 09.06.2005 - III ZR 436/04 (für Dienstverträge); Voit, in: BeckOK-BGB, § 649 Rn. 29.

18 BT-Drs. 18/8486, S. 50.
19 BT-Drs. 18/8486, S. 51.
20 Langen, NZBau 2015, 658 (660).

Fertigstellung des Werks nicht zugemutet werden kann. Diese Definition orientiert sich bewusst[21] am Wortlaut des § 314 Abs. 1 S. 2 BGB.

aa) Berücksichtigung aller Umstände des Einzelfalls

Das Einfordern der Berücksichtigung aller Umstände des Einzelfalls (wie es bereits in § 314 Abs. 1 S. 2 BGB verlangt wird, um die Zumutbarkeit zu prüfen) mag sich in der Praxis nicht als wirkliches Kündigungshemmnis entwickelt haben. Es bedeutet aber, dass ein grundlegend objektiver Maßstab herangezogen wird, um die Zumutbarkeit der Kündigung zu bewerten.

bb) Abwägung der beiderseitigen Interessen

Die Zumutbarkeit bezüglich der Fortsetzung des Vertragsverhältnisses hat unter Abwägung der beiderseitigen Interessen zu erfolgen. Im Gegensatz zur Berücksichtigung aller Umstände des Einzelfalls – die grundsätzlich auch die beiderseitigen Interessen umfasst – ist dieses Kriterium klar und verständlich: Es handelt sich um eine Verhältnismäßigkeitsprüfung, die Grund und Folge abzuwägen hat. Durch dieses Kriterium wird verhindert, dass Kündigungsgründe verallgemeinert werden und es zu stark einseitigen Benachteiligen kommen kann.

Die schleppende Erbringung der Architektenleistung wegen der Erkrankung eines Architekten beispielsweise mag den Auftraggeber grundsätzlich zu einer Kündigung aus wichtigem Grund berechtigen,[22] doch ist hier auch zu prüfen, ob eine solche Kündigung im Einzelfall dem Interesse des Architekten gerecht wird, der sich ggf. im Genesungsprozess befindet und zeitnah seine Arbeit wieder aufnehmen kann. Hier ist abzuwägen, ob das Interesse des Architekten in das Vertrauen auf den Auftrag stärker wiegen kann als das Interesse des Bauherrn an einer schnellen Arbeit.

Die Verhältnismäßigkeitsprüfung hat damit eine Filterfunktion, um das einschneidende Kündigungsrecht zu relativieren. Denn die Zumutbarkeitsprüfung bezieht sich darauf, dass das Festhalten am Vertrag nicht bis zur Fertigstellung des Werkes bzw. bis zum Auslaufen des Vertrags zugemutet werden kann. Insofern ist auch im Ausblick auf die Zukunft die Verhältnismäßigkeit der Kündigung aus wichtigem Grund zu bewerten.

Ein bloßes vertragswidriges Verhalten kann nicht pauschal zu einer Kündigung aus wichtigem Grund führen.[23] Denn Vertragswidrigkeiten gehören (leider) regelmäßig zu einem Vertragsverhältnis. Der Bauherr, der eine Abschlagszahlung nicht rechtzeitig zahlt, der Architekt, der etwas hinter dem Zeitplan ist: Dies sind Sachverhalte, die keiner zu dulden braucht, die aber nicht direkt zu einer Kündigung aus wichtigem Grund berechtigen. Hier ist im Einzelfall zu prüfen, um was für ein Verhalten es sich handelt und wie es im Verhältnis zum Bauvorhaben einzuordnen ist.

cc) Zeitpunkt und Form

Die Kündigung aus wichtigem Grund tritt sofort, also unmittelbar mit Zugang der Kündigungserklärung ein, sodass das Vertragsverhältnis beendet ist.

Nach § 650h BGB, der gemäß § 650q Abs. 1 BGB entsprechend für den Architektenvertrag Anwendung findet, bedarf die Kündigung der Schriftform. In der Gesetzesbegründung heißt es erläuternd dazu: „Das Schriftformerfordernis gilt im Hinblick auf diesen Schutzzweck sowohl für die freie Kündigung (...), als auch für die Kündigung aus wichtigem Grund (...)."[24]

> **Praxistipp**
> Die Schriftform hat eine Warn- und Beweisfunktion. Der Verwender wird nochmals selbst mit der Frage konfrontiert, ob er eine Kündigung aus wichtigem Grund aussprechen will. Gleichzeitig existiert ein Beweisstück.

---

21 BT-Drs. 18/8486, S. 51.
22 Vgl. OLG Oldenburg, Urt. v. 29.08.2001 - 2 U 122/01, in: NZBau 2003, 40.
23 Schwenker/Wessel, in: Thode/Wirth/Kuffer, § 20 Rn. 209.
24 BT-Drs. 18/8486, S. 63.

dd) Zumutbarkeit

Wenn dem kündigenden Teil das Aufrechterhalten des Architektenvertrages nicht weiter zugemutet werden kann, erfolgt eine Kündigung aus wichtigem Grund zu Recht.

Grundsätzlich sind an die Unzumutbarkeit hohe Anforderungen zu stellen. Denn Sinn und Zweck des Architektenvertrags ist gerade eine objektbezogene Bindung, der sich beide Parteien am Anfang bewusst sind und damit darauf vertrauen sowie dies bei der weiteren Planung für sich berücksichtigen.

Die Kündigung aus wichtigem Grund stellt eine *Ultima ratio* dar, die nicht der Beliebigkeit unterliegt, weil sich eine Vertragspartei einmal geärgert hat. Unstimmigkeiten gehören zu einem Bauprozess genauso dazu wie Diskussionen und auch Schwierigkeiten bei der Erfüllung der jeweils vertraglichen Pflichten.

aaa) Unzumutbarkeit für den Bauherrn

- Als Beispiele[25] aus der Vergangenheit, die weiterhin Anwendung finden, sind zu nennen:
- Nichteinhaltung einer Baukostenobergrenze[26]
- Unberechtigte Arbeitsniederlegung des Architekten[27]
- Geltendmachung einer Abschlagsrechnung, ohne dem Auftraggeber durch Übergabe der Planungsunterlagen die Möglichkeit zur Überprüfung zu verschaffen[28]
- Annahme von Provisionen von am Bau Beteiligten durch Architekten[29]
- Nichterbringung der Kostenschätzung trotz mehrfacher Aufforderung[30]

Lösung des Ausgangsfalls:

Die einmalige Nichtzahlung der Abschlagszahlung dürfte grundsätzlich nicht zu einer Kündigung aus wichtigem Grund berechtigen, wenn es nicht Hinweise gibt, dass der Bauherr droht, insolvent zu werden oder bekannt ist, dass er gar nichts mehr zahlen wird. Hier hätte es schon zunächst Mahnungen bedurft.[31] Auch ist die Schriftform, die notwendig ist, nicht eingehalten mit der E-Mail.

Wenn der Architekt zu Unrecht von einem wirksamen Kündigungsgrund ausgeht, kann wiederum unter Umständen der zu Unrecht gekündigte Bauherr seinerseits aus wichtigem Grund kündigen, und zwar zu Recht.[32] Denn der Architekt hat mit seiner (unwirksamen) Kündigung zum Ausdruck gebracht, dass aus seiner Sicht ein Festhalten an dem Vertrag unzumutbar ist. Dies wiederum kann beim Auftraggeber dazu führen, dass das mangelnde Vertrauen auch bei ihm entstanden ist. Ob ein Rechtsirrtum wie im vorliegenden Fall aber zur Kündigung aus wichtigem Grund berechtigen kann, erscheint zweifelhaft. Immerhin hat sich der Auftraggeber in der Hinsicht vertragswidrig gezeigt, als dass er eine Abschlagszahlung nicht bezahlte. Ein Kündigungsgrund des Bauherrn liegt mithin auch nicht vor.

bbb) Unzumutbarkeit für den Architekten

Auch für wichtige Kündigungsgründe auf Seiten des Architekten gibt es genügend Beispiele[33], die weiterhin anzuwenden sind:

- Bezichtigung des Architekten des Betruges[34]
- Heranziehung von „Schwarzarbeitern" in nicht unerheblichem Umfang[35]
- Öffentliche Kritik des Bauherrn an der Planung[36]

---

25 Vgl. dazu die umfangreiche Darstellung bei Motzke, in: Motzke/Preussner/Kehrberg, Kap. U Rn. 44.
26 BGH, Urt. v. 13.02.2003 - VII ZR 395/01, in: NZBau 2003, 388.
27 OLG Celle, Urt. v. 18.04.2007 - 14 U 87/06, in: NZBau 2007, 794 (797).
28 KG, Urt. v. 05.06.2007 - 21 U 103/03.
29 Koeble, in: Kniffka/Koeble, 12. Teil Rn. 162.
30 Wirth, in: Korbion u.a., Teil B Rn. 469.
31 Vgl. BGH, Urt. v. 29.06.1989 - VII ZR 330/87, in: NJW-RR 1989, 1248 (1249).
32 Koeble, in: Kniffka/Koeble, 12. Teil Rn. 179.
33 Vgl. dazu die umfangreiche Darstellung bei Motzke, in: Motzke/Preussner/Kehrberg, Kap. U Rn. 42.
34 OLG Düsseldorf. Urt. v. 24.07. 1964 - 5 U 338/63.
35 OLG Köln, Urt. v. 18.09.1992 - 19 U 106/91, in: NJW 1993, 73; nach diesseitiger Auffassung kann es nicht auf den Umfang ankommen, sodass generell die Heranziehung einen Kündigungsgrund auch wichtigem Grund darstellen kann.
36 Berger/Fuchs Rn. 352.

- Schwere oder mehrfache Beleidigung des Architekten durch den Bauherrn[37]

Regelmäßig werden „ehrenrührige Behauptungen und Beleidigungen" vom Bauherrn als Kündigungsgründe des Architekten akzeptiert.[38] Hier sollte mit der gebotenen Zurückhaltung abgewogen werden, um was für eine ehrenrührige Behauptung oder Beleidigung es sich handelt. Einen rauen, auch unverschämten Ton muss sich niemand bieten lassen; eine Kündigung aus wichtigem Grund kann aber nur ausnahmsweise gerechtfertigt sein. Eine solche Ausnahme könnte z.B. bei Vergleichen mit Personen oder Handlungen des Nationalsozialismus vorliegen. Sie stellen in jedem Fall eine Beleidigung dar, die kein Architekt zu dulden braucht und die eine Kündigung rechtfertigt.

ccc) Ergebnis

Beiden Parteien ist zu raten, mit dem Institut der Kündigung aus wichtigem Grund zurückhaltend umzugehen. Im Zweifel empfiehlt sich ein beidseitiger Aufhebungsvertrag. Neben dem psychologischen Vorteil, dass es keinen Gekündigten gibt, was die Auseinandersetzung im Zweifel belasten wird, können alle wichtigen Punkte wie z.B. die Honorierung besprochen und geregelt werden, ohne dass die gesetzlichen Automatismen greifen. Dies führt am Ende zu meist praktikableren Lösungen und zu einer konfliktärmeren Vertragsbeendigung. Gerade im Hinblick darauf, dass die Vertragsparteien über die Gewährleistung auch nach Beendigung noch miteinander zu tun haben werden, sollte die Möglichkeit des Aufhebungsvertrages und des Kompromisses stets in Betracht gezogen werden.

ee) Insolvenz

Explizit beschäftigt[39] hat sich der Gesetzgeber mit der Frage, ob zukünftig die Unternehmerinsolvenz ein spezieller Kündigungstatbestand werden soll. Dies würde hier die Insolvenz des Architekten sein. Bezeichnend ist dabei, dass die Verbraucherinsolvenz im Gegenzug noch nicht einmal angesprochen wird.

Der Gesetzgeber lehnt einen solchen eigenen Kündigungstatbestand ab, „obwohl dies in der Praxis häufig einen wichtigen Grund zur Beendigung des Werkvertrages darstellen wird."[40] Nach Ansicht des Gesetzgebers würde ein solcher Kündigungsgrund „der Vielgestaltigkeit der Lebensverhältnisse" nicht gerecht.[41] Als unzumutbar erkennt der Gesetzgeber die Fortsetzung des Vertragsverhältnisses dann, „wenn der Unternehmer seinen Geschäftsbetrieb bereits eingestellt hat und seine Arbeiter nicht mehr auf der Baustelle erscheinen."[42]

ff) Verschulden

Umstritten war bislang, ob die Kündigung aus wichtigem Grund ein Verschulden des Gekündigten voraussetzt.[43] Diese Fragestellung dürfte durch die Wortidentität von § 648a Abs. 1 BGB und § 314 Abs. 1 BGB dahingehend nun gelöst werden, dass der Gesetzgeber die Verschuldensunabhängigkeit, die bei § 314 Abs.1 BGB besteht,[44] auch auf § 648a Abs. 1 BGB anwenden lassen will.

Konkret bedeutet dies, dass der Auftraggeber den Architektenvertrag auch dann aus wichtigem Grund kündigen kann, wenn „der Architekt nichts dafür kann", es zum Beispiel zu einer nicht vorhersehbaren Änderung des Bebauungsplans kommt oder der Architekt schwer erkrankt.[45] Auch wenn der Architekt eine Kündigung aus wichtigem Grund aussprechen will, kann der Bauherr dem nicht entgegensetzen, er sei für den Grund nicht verantwortlich.

Dies wird dazu führen, dass sich die Rechtsprechung mit der Abgrenzung zwischen der Kündigung aus wichtigem Grund und der freien Kündigung beschäftigen wird.[46]

---

37 Von Rintelen, in: Kapellmann/Messerschmidt, § 9 VOB/B Rn. 52.
38 Schwenker/Wessel, in: Thode/Wirth/Kuffer, § 20, Rn. 214; so auch Motzke, in: Motzke/Preussner/Kehrberg, Kap. U Rn. 42.
39 BT-Drs. 18/8486, S. 50.
40 BT-Drs. 18/8486, S. 50.
41 BT-Drs. 18/8486, S. 50.
42 BT-Drs. 18/8486, S. 50.
43 Vgl. Fuchs, in: Fuchs/Berger/Seifert, Syst A VIII, Rn. 75 f.
44 Vgl.: Grüneberg, in: Palandt, § 314, Rn. 7; Gaier, in: MüKoBGB, § 314, Rn. 10.
45 Beispiele nach Fuchs, in: Fuchs/Berger/Seifert, Syst A VIII, Rn. 75.
46 Kniffka, BauR 2017, 1759 (1773)

4. Regelung des § 648a Abs. 2 BGB

Nach § 648a Abs. 2 BGB ist auch eine Teilkündigung möglich, die sich auf einen abgrenzbaren Teil des geschuldeten Werks beziehen muss. Der Gesetzgeber betont dabei, dass damit nicht die Teilkündigung i.S.d. § 8 Abs. 3 VOB/B gemeint ist, die einen in sich abgeschlossenen Teil der Leistung verlangt.[47] Dies wurde als „unnötig hohe Hürde" für die Vertragspartner angesehen, weshalb allein entscheidend sei, dass es eine klare Abgrenzung gibt.[48] Die Teilkündigung ist dann sinnvoll, wenn mit Leistungen vom Architekten begonnen wurde, die „zweckmäßiger Weise nur er beenden kann."[49]

5. Regelung des § 648a Abs. 3 BGB

§ 648 Abs. 3 BGB verweist auf § 314 Abs. 2 und 3 BGB, die entsprechend anzuwenden sind.

a) § 314 Abs. 2 BGB: Abmahnungspflicht für Vertragsverletzungen

Besteht der wichtige Grund in der Verletzung einer Pflicht aus dem Vertrag, ist gemäß § 314 Abs. 2 S. 1 BGB die Kündigung erst nach erfolglosem Ablauf einer zur Abhilfe bestimmten Frist oder nach erfolgloser Abmahnung zulässig. Sinn und Zweck der Vorschrift ist, dass der Auftraggeber gewarnt wird vor den Folgen einer Kündigung aus wichtigem Grund.

Es besteht für den Kündigenden kein Wahlrecht zwischen Abhilfefrist und Abmahnung.[50] Dauert die Vertragsverletzung an, ist eine Abhilfefrist zu setzen, ist das nicht der Fall, erfolgt eine Abmahnung.[51] Bei der Abhilfe ist eine Frist deshalb notwendig, weil hier die Pflichtverletzung noch andauert. Folglich besteht die reale Möglichkeit, dass durch die Aufforderung zur Abhilfe die Pflichtverletzung beendet wird.[52] Aus diesem Grund muss auch eine realistische Frist gesetzt werden. Bei der Abmahnung bedarf es keiner Frist mehr, weil die Pflichtverletzung nicht mehr geändert werden kann. Insbesondere bei Verletzungen von Verhaltens- und Schutzpflichten dürfte eine Abmahnung erforderlich sein.[53]

Es ist zu befürchten, dass diese beiden unterschiedlichen Aufforderungen vermischt werden, also eine Abmahnung mit einer Frist ausgestellt wird. Dies dürfte in dem Fall unschädlich sein. Unzulässig wäre es allein, wenn auf eine Frist verzichtet wird, weil fälschlicherweise davon ausgegangen wird, dass das Verhalten lediglich abgemahnt zu werden braucht.

Die wesentlichen Inhalte eines Abhilfe- und Abmahnungsschreibens lassen sich wie folgt zusammenfassen:[54]

- Genaue Beschreibung des Sachverhalts
- Etwaige rechtliche Ausführungen müssen „richtig, klar und widerspruchsfrei" sein
- Hinweis auf die (Vertrags-) Verletzung (Rügefunktion); ggf. Fristsetzung
- Ankündigung von Konsequenzen (Warnfunktion)

Bei Kündigungen durch Architekten werden sich in der Regel Kündigungsgründe auf eine Vertragspflichtverletzung beziehen, wie die fehlende Honorierung oder fehlende Mitwirkung. Daraus folgt für den Architekten der Automatismus, bei einer Kündigung aus wichtigem Grund eine Frist zu setzen, in der er auf die Vertragsverletzung aufmerksam macht und die Einhaltung anmahnt. Im Zweifel wird der Architekt daher keine Abmahnung, sondern eine Abhilfeaufforderung aufzusetzen haben.

Anzuraten ist, auch wenn dies nicht notwendig ist[55], dass der Vertragspartner in der Abhilfeaufforderung auf die Folgen (also die Kündigung aus wichtigem Grund) ausdrücklich hingewiesen wird.

Für die Entbehrlichkeit der Bestimmung einer Frist zur Abhilfe und für die Entbehrlichkeit einer Abmahnung findet gemäß § 314 Abs. 2 S. 2 BGB dann § 323 Abs. 2 Nr. 1 und 2 BGB entsprechende Anwendung.

---

47 BT-Drs. 18/8486, S. 51.
48 BT-Drs. 18/8486, S. 51.
49 Kniffka, BauR 2017, 1759 (1775)
50 Gaier, in: MüKo BGB, § 314 Rn. 16.
51 Gaier, in: MüKo BGB, § 314 Rn. 16.
52 Gaier, in: MüKo BGB, § 314 Rn. 16.
53 Lorenz, in: BeckOK-BGB, § 314 Rn. 16.
54 Grüneberg, in: Palandt, § 314 Rn. 8.
55 Grüneberg, in: Palandt, § 314 Rn. 8.

§ 323 Abs. 2 Nr. 1 und Nr. 2 BGB

Die Fristsetzung ist entbehrlich, wenn

1. der Schuldner die Leistung ernsthaft und endgültig verweigert,

2. der Schuldner die Leistung bis zu einem im Vertrag bestimmten Termin oder innerhalb einer im Vertrag bestimmten Frist nicht bewirkt, obwohl die termin- oder fristgerechte Leistung nach einer Mitteilung des Gläubigers an den Schuldner vor Vertragsschluss oder auf Grund anderer den Vertragsabschluss begleitenden Umstände für den Gläubiger wesentlich ist.

Die Paragrafenkette lautet:

§ 650q Abs. 1 i.V.m. § 648a Abs. 3 i.V.m. § 314 Abs. 2 S. 2 i.V.m. § 323 Abs. 2 Nr. 1, Nr. 2 BGB.

Das sind Fälle, in denen der Auftraggeber von vornherein ein Nachkommen seiner Pflicht ausschließt. Dann wäre eine Fristsetzung nur noch ein unsinniger Formalismus, der nicht notwendig ist.

Die Bestimmung einer Frist zur Abhilfe und eine Abmahnung ist nach § 314 Abs. 2 S. 3 BGB entbehrlich, wenn besondere Umstände vorliegen, die unter Abwägung der beiderseitigen Interessen die sofortige Kündigung rechtfertigen. Dies wird im Einzelfall auszulegen sein und kann nur selten anzunehmen sein.

Unter Bezugnahme auf eine Entscheidung des BGH wird darauf hingewiesen, dass ggf. erst durch die Abmahnung oder Abhilfeaufforderung das Kündigungsrecht aus wichtigem Grund entstehen könne.[56] Dies wird damit begründet, dass womöglich „die Vertrauensgrundlage der Parteien erst auf Grund des nach (und trotz) der Abmahnung fortgesetzten vertragswidrigen Verhaltens endgültig zerstört" wurde.[57] Diese Möglichkeit des „Marschs in die Kündigung aus wichtigem Grund" ist durchaus kritisch zu werten. Denn zum einen kommt der zunächst Abgemahnte in die komfortable Situation, dass er selbst durch einen ggf. nicht ausreichenden Kündigungsgrund in die Lage der Kündigung aus wichtigem Grund versetzt wird. Damit würde man den Kündigungsgrund als solches aufwerten. Entweder aber reicht er für sich aus oder aber nicht. Durch die Ignorierung der Abmahnung oder Abhilfeaufforderung hat sich indes nichts am Kündigungsgrund geändert. Zum anderen würde die Warnfunktion eingeschränkt, da sich der Gekündigte ggf. darauf verlässt, dass der vorgegebene Kündigungsgrund nicht ausreicht.

b) § 314 Abs. 3 BGB: Kündigung nur innerhalb einer Frist

Der Berechtigte kann nach § 314 Abs. 3 BGB nur innerhalb einer angemessenen Frist kündigen, nachdem er vom Kündigungsgrund Kenntnis erlangt hat. Grundsätzlich wird es also auf den Einzelfall ankommen, welche Frist als ordnungsgemäß anzusehen ist. Wer kündigen will, sollte sich im Zweifel rechtzeitig zu diesem Schritt dann auch entscheiden, um nicht in eine Fristendebatte zu geraten, ob er mit der Kündigung zu lang gewartet hat. Am Ende wird als Empfehlung wieder die Zwei-Wochen-Frist dienen müssen.

6. Regelung des § 648a Abs. 4 BGB

Die Kündigung bewirkt, dass beide Parteien verpflichtet sind, an der Feststellung des gemeinsamen Leistungsstands mitzuwirken (§ 648a Abs. 4 S. 1 BGB). Dieser Umstand sollte insbesondere dem Kündigenden bewusst sein, der sich ggf. durch die Kündigung erhofft, die Vertragsbeziehung endgültig zu beenden. Zur gemeinsamen Leistungstandfeststellung bleibt er weiterhin verpflichtet. In der Gesetzesbegründung heißt es dazu: „Die Feststellung des Leistungsstandes dient – allein – der quantitativen Bewertung der bis zur Kündigung erbrachten Leistung und soll späterem Streit über den Umfang der erbrachten Leis-

---

[56] Lorenz, in: BeckOK-BGB, § 314 Rn. 17 unter Bezugnahme auf BGH, Urt. v. 09.10.1991 - XII ZR 122/90, NJW 1992, 496 (497).
[57] Lorenz, in: BeckOK-BGB, § 314 Rn. 17.

tung vorbeugen. Sie hat keine der Abnahme vergleichbaren Rechtsfolgen."[58]

Verweigert eine Partei die Mitwirkung bei der Feststellung des Leistungsstands oder bleibt sie einem vereinbarten oder einem von der anderen Partei innerhalb einer angemessenen Frist bestimmten Termin fern, trifft sie die Beweislast für den Leistungsstand zum Zeitpunkt der Kündigung (§ 648a Abs. 4 BGB). Mit dieser Rechtsfolge erhofft sich der Gesetzgeber einen „angemessenen Anreiz" zur gemeinsamen Feststellung des Leistungsstands.[59] Nur wenn die Partei infolge eines Umstands fernblieb, den sie nicht zu vertreten hat und den sie der anderen Vertragspartei auch unverzüglich mitgeteilt hat, gilt dies nicht (§ 648 Abs. 4 S. 3 BGB). Wie die Feststellung des Leistungsstands zu erfolgen hat, wird nicht gesetzlich definiert. Nach Kniffka sind „alle gängigen Methoden denkbar wie Protokollierung des Leistungsstands, Aufmaße, Fotografien usw."[60] Die Parteien haben sich über die Methode zu einigen.

7. Regelung des § 648a Abs. 5 und des Abs. 6 BGB

Kündigt eine Vertragspartei aus wichtigem Grund, ist der Architekt nur berechtigt, die Vergütung zu verlangen, die auf den bis zur Kündigung erbrachten Teil des Werks entfällt. Nicht ausgeschlossen ist dabei die Berechtigung, Schadensersatz zu verlangen (§ 648a Abs. 6 BGB).

Problematisch ist, dass es auch vom zeitlichen Zufall abhängen kann, „ob der Vertrag durch eine berechtigte Unternehmerkündigung aus wichtigem Grund oder durch eine Bestellerkündigung aus vermeintlich wichtigem Grund, die in eine freie Kündigung umgedeutet wird, beendet wird."[61] Die Problematik ergibt sich aus den Rechtsfolgen: Bei einer freien Kündigung des Bauherrn könnte der Architekt gegen ihn seinen restlichen Vergütungsanspruch abzüglich ersparter Aufwendungen sowie anderen kündigungsbedingten Erwerbs geltend machen, während ihm bei seiner Kündigung aus wichtigem Grund lediglich ein Vergütungsanspruch für die bis zur Kündigung erbrachten Leistungen zustände."[62]

Es wäre daher konsequent und interessengerecht, § 648 BGB bei der Kündigung aus wichtigem Grund des Architekten analog anzuwenden:[63] Der Architekt, der auf den Auftrag vertraute und eine Kündigung aus wichtigem Grund aussprechen musste, darf nicht weniger geschützt werden als der Architekt, der eine freie Kündigung erhält. Vielmehr hat sich der Architekt in beiden Fällen vertragskonform verhalten. Jedenfalls dann, wenn der wichtige Grund auf das Verhalten des Auftraggebers zurückzuführen ist, darf dies im Ergebnis nicht noch belohnt werden. Andernfalls müsste es der Auftraggeber ja gerade auf eine solche Kündigung aus wichtigem Grund anlegen, um finanziell besser gestellt zu werden. Das erscheint widersprüchlich und nicht wünschenswert.

C. Hinweise für die Praxis

„Möglich, aber mit Vorsicht! Und vor allem schriftlich" – so mag man Ratsuchenden die Kündigung aus wichtigem Grund zusammenfassend darstellen. Durch die Aufnahme der Kündigung aus wichtigem Grund in das BGB verdeutlicht der Gesetzgeber die rechtliche Legitimität dieser Beendigungsart. Zweifel, ob diese Möglichkeit überhaupt im Werkvertragsrecht bestehen kann, werden damit behoben.

Die Einbindung ins Gesetz zeigt aber auch die logischen Folgen auf: Nun gibt es ein „Kündigungskorsett" aus Formen und Fristen, die zwingend eingehalten werden müssen, um die Kündigung aus wichtigem Grund erfolgreich zu erklären. Wer nur glaubt, was er sieht (oder lesen kann) (sich also für eine Kodifizierung des richterrechtlich anerkannten Instituts

---

58 BT-Drs. 18/8486, S. 51.
59 BT-Drs. 18/8486, S. 51.
60 Kniffka, BauR 2017, 1759 (1776).
61 Langen, NZBau 2015, 658 (661).

62 Langen, NZBau 2015, 658 (661).
63 So auch Langen, NZBau 2015, 658 (661), der sich auf den ehemaligen § 649 BGB aF bezieht.

der Kündigung aus wichtigem Grund eingesetzt hat), muss sich nicht wundern, dass dann der Gesetzgeber Leitplanken setzt, die er für richtig hält. Bestimmte, insbesondere formale Freiheiten werden dadurch aufgehoben.

Bei der Kündigung aus wichtigem Grund ist Architekten zu raten, im Zweifel vorab eine Frist zur Abhilfe zu setzen, da der Kündigungsgrund in der Regel in einer Vertragsverletzung des Bauherrn liegen dürfte. Eine bloße Abmahnung wird in diesen Fällen nicht ausreichen. Vielmehr bedarf es der expliziten Abhilfeaufforderung, die von der Abmahnung streng zu unterscheiden ist. Für die Praxis ist zu raten, ggf. über einen beidseitigen Aufhebungsvertrag nachzudenken, um den Gefahren der unzulässigen Kündigung aus wichtigem Grund zu entgehen.

D. Ausblick

Die Kündigung aus wichtigem Grund ist jetzt im Werkvertragsrecht und auch für den Architektenvertrag kodifiziert. Das gibt Rechtssicherheit und Rechtsklarheit. Gerade im Hinblick auf die Vergütungsregelung wäre eine Angleichung an § 648 BGB wünschenswert. Die allgemeinen Verweisungen auf § 314 BGB und die dazu bestehende Rechtsprechung und das Fehlen von exemplarischen Kündigungstatbeständen werden letztlich auch die konkrete Ausgestaltung dieser gesetzlichen Vorschrift stark dem Richterrecht überlassen. Womöglich liegt dies an der Materie selbst: Ein solch starkes Schwert darf und soll nur im bestimmten Einzelfall angewandt werden, und dieser ist stets individuell zu überprüfen.

Auszug aus dem BGB

Buch 2 – Recht der Schuldverhältnisse
Abschnitt 8 – Einzelne Schuldverhältnisse
Titel 9 – Werkvertrag und ähnliche Verträge
Untertitel – Werkvertrag

Kapitel 1: Allgemeine Vorschriften

§ 631 Vertragstypische Pflichten beim Werkvertrag

(1) Durch den Werkvertrag wird der Unternehmer zur Herstellung des versprochenen Werkes, der Besteller zur Entrichtung der vereinbarten Vergütung verpflichtet.

(2) Gegenstand des Werkvertrags kann sowohl die Herstellung oder Veränderung einer Sache als auch ein anderer durch Arbeit oder Dienstleistung herbeizuführender Erfolg sein.

§ 632 Vergütung

(1) Vergütung gilt als stillschweigend vereinbart, wenn die Herstellung des Werkes den Umständen nach nur gegen eine Vergütung zu erwarten ist.

(2) Ist die Höhe der Vergütung nicht bestimmt, so ist bei dem Bestehen einer Taxe die taxmäßige Vergütung, in Ermangelung einer Taxe die übliche Vergütung als vereinbart anzusehen.

(3) Ein Kostenanschlag ist im Zweifel nicht zu vergüten.

§ 632a Abschlagszahlungen

(1) Der Unternehmer kann von dem Besteller eine Abschlagszahlung in Höhe des Wertes der von ihm erbrachten und nach dem Vertrag geschuldeten Leistungen verlangen. Sind die erbrachten Leistungen nicht vertragsgemäß, kann der Besteller die Zahlung eines angemessenen Teils des Abschlags verweigern. Die Beweislast für die vertragsgemäße Leistung verbleibt bis zur Abnahme beim Unternehmer. § 641 Abs. 3 gilt entsprechend. Die Leistungen sind durch eine Aufstellung nachzuweisen, die eine rasche und sichere Beurteilung der Leistungen ermöglichen muss. Die Sätze 1 bis 5 gelten auch für erforderliche Stoffe oder Bauteile, die angeliefert oder eigens angefertigt und bereitgestellt sind, wenn dem Besteller nach seiner Wahl Eigentum an den Stoffen oder Bauteilen übertragen oder entsprechende Sicherheit hierfür geleistet wird.

(2) Die Sicherheit nach Absatz 1 Satz 6 kann auch durch eine Garantie oder ein sonstiges Zahlungsversprechen eines im Geltungsbereich dieses Gesetzes zum Geschäftsbetrieb befugten Kreditinstituts oder Kreditversicherers geleistet werden.

§ 633 Sach- und Rechtsmangel

(1) Unternehmer hat dem Besteller das Werk frei von Sach- und Rechtsmängeln zu verschaffen.

(2) Das Werk ist frei von Sachmängeln, wenn es die vereinbarte Beschaffenheit hat. Soweit die Beschaffenheit nicht vereinbart ist, ist das Werk frei von Sachmängeln,

> 1. wenn es sich für die nach dem Vertrag vorausgesetzte, sonst
> 2. für die gewöhnliche Verwendung eignet und eine Beschaffenheit aufweist, die bei Werken der gleichen Art üblich ist und die der Besteller nach der Art des Werkes erwarten kann.

Einem Sachmangel steht es gleich, wenn der Unternehmer ein anderes als das bestellte Werk oder das Werk in zu geringer Menge herstellt.

(3) Das Werk ist frei von Rechtsmängeln, wenn Dritte in Bezug auf das Werk keine oder nur die im Vertrag übernommenen Rechte gegen den Besteller geltend machen können.

§ 634 Rechte des Bestellers bei Mängeln

Ist das Werk mangelhaft, kann der Besteller, wenn die Voraussetzungen der folgenden Vorschriften vorliegen und soweit nicht ein anderes bestimmt ist,

1. nach § 635 Nacherfüllung verlangen,
2. nach § 637 den Mangel selbst beseitigen und Ersatz der erforderlichen Aufwendungen verlangen,
3. nach den §§ 636, 323 und 326 Abs. 5 von dem Vertrag zurücktreten oder nach § 638 die Vergütung mindern und
4. nach den §§ 636, 280, 281, 283 und 311a Schadensersatz oder nach § 284 Ersatz vergeblicher Aufwendungen verlangen.

§ 634a Verjährung der Mängelansprüche

(1) Die in § 634 Nr. 1, 2 und 4 bezeichneten Ansprüche verjähren

1. vorbehaltlich der Nummer 2 in zwei Jahren bei einem Werk, dessen Erfolg in der Herstellung, Wartung oder Veränderung einer Sache oder in der Erbringung von Planungs- oder Überwachungsleistungen hierfür besteht,
2. in fünf Jahren bei einem Bauwerk und einem Werk, dessen Erfolg in der Erbringung von Planungs- oder Überwachungsleistungen hierfür besteht, und
3. im Übrigen in der regelmäßigen Verjährungsfrist.

(2) Die Verjährung beginnt in den Fällen des Absatzes 1 Nr. 1 und 2 mit der Abnahme.

(3) Abweichend von Absatz 1 Nr. 1 und 2 und Absatz 2 verjähren die Ansprüche in der regelmäßigen Verjährungsfrist, wenn der Unternehmer den Mangel arglistig verschwiegen hat. Im Falle des Absatzes 1 Nr. 2 tritt die Verjährung jedoch nicht vor Ablauf der dort bestimmten Frist ein.

(4) Für das in § 634 bezeichnete Rücktrittsrecht gilt § 218. Der Besteller kann trotz einer Unwirksamkeit des Rücktritts nach § 218 Abs. 1 die Zahlung der Vergütung insoweit verweigern, als er auf Grund des Rücktritts dazu berechtigt sein würde. Macht er von diesem Recht Gebrauch, kann der Unternehmer vom Vertrag zurücktreten.

(5) Auf das in § 634 bezeichnete Minderungsrecht finden § 218 und Absatz 4 Satz 2 entsprechende Anwendung.

§ 635 Nacherfüllung

(1) Verlangt der Besteller Nacherfüllung, so kann der Unternehmer nach seiner Wahl den Mangel beseitigen oder ein neues Werk herstellen.

(2) Der Unternehmer hat die zum Zwecke der Nacherfüllung erforderlichen Aufwendungen, insbesondere Transport-, Wege-, Arbeits- und Materialkosten zu tragen.

(3) Der Unternehmer kann die Nacherfüllung unbeschadet des § 275 Abs. 2 und 3 verweigern, wenn sie nur mit unverhältnismäßigen Kosten möglich ist.

(4) Stellt der Unternehmer ein neues Werk her, so kann er vom Besteller Rückgewähr des mangelhaften Werkes nach Maßgabe der §§ 346 bis 348 verlangen.

§ 636 Besondere Bestimmungen für Rücktritt und Schadensersatz

Außer in den Fällen der §§ 281 Abs. 2 und 323 Abs. 2 bedarf es der Fristsetzung auch dann nicht, wenn der Unternehmer die Nacherfüllung gemäß § 635 Abs. 3 verweigert oder wenn die Nacherfüllung fehlgeschlagen oder dem Besteller unzumutbar ist.

§ 637 Selbstvornahme

(1) Der Besteller kann wegen eines Mangels des Werkes nach erfolglosem Ablauf einer von ihm zur Nacherfüllung bestimmten angemessenen Frist den Mangel selbst beseitigen und Ersatz der erforderlichen Aufwendungen verlangen, wenn nicht der Unternehmer die Nacherfüllung zu Recht verweigert.

(2) 323 Abs. 2 findet entsprechende Anwendung. Der Bestimmung einer Frist bedarf es auch dann nicht, wenn die Nacherfüllung fehlgeschlagen oder dem Besteller unzumutbar ist.

(3) Der Besteller kann von dem Unternehmer für die zur Beseitigung des Mangels erforderlichen Aufwendungen Vorschuss verlangen.

§ 638 Minderung

(1) Statt zurückzutreten, kann der Besteller die Vergütung durch Erklärung gegenüber dem Unternehmer mindern. Der Ausschlussgrund des § 323 Abs. 5 Satz 2 findet keine Anwendung.

(2) Sind auf der Seite des Bestellers oder auf der Seite des Unternehmers mehrere beteiligt, so kann die Minderung nur von allen oder gegen alle erklärt werden.

(3) Bei der Minderung ist die Vergütung in dem Verhältnis herabzusetzen, in welchem zur Zeit des Vertragsschlusses der Wert des Werkes in mangelfreiem Zustand zu dem wirklichen Wert gestanden haben würde. Die Minderung ist, soweit erforderlich, durch Schätzung zu ermitteln.

(4) Hat der Besteller mehr als die geminderte Vergütung gezahlt, so ist der Mehrbetrag vom Unternehmer zu erstatten.

§ 346 Abs. 1 und § 347 Abs. 1 finden entsprechende Anwendung.

§ 639 Haftungsausschluss

Auf eine Vereinbarung, durch welche die Rechte des Bestellers wegen eines Mangels ausgeschlossen oder beschränkt werden, kann sich der Unternehmer nicht berufen, soweit er den Mangel arglistig verschwiegen oder eine Garantie für die Beschaffenheit des Werkes übernommen hat.

Kommentar in Kapitel 4
Abnahme und Teilabnahme

§ 640 Abnahme

(1) Der Besteller ist verpflichtet, das vertragsmäßig hergestellte Werk abzunehmen, sofern nicht nach der Beschaffenheit des Werkes die Abnahme ausgeschlossen ist. Wegen unwesentlicher Mängel kann die Abnahme nicht verweigert werden.

(2) Als abgenommen gilt ein Werk auch, wenn der Unternehmer dem Besteller nach Fertigstellung des Werks eine angemessene Frist zur Abnahme gesetzt hat und der Besteller die Abnahme nicht innerhalb dieser Frist unter Angabe mindestens eines Mangels verweigert hat. Ist der Besteller ein Verbraucher, so treten die Rechtsfolgen des Satzes 1 nur dann ein, wenn der Unternehmer den Besteller zusammen mit der Aufforderung zur Abnahme auf die Folgen einer nicht erklärten oder ohne Angabe von Mängeln verweigerten Abnahme hingewiesen hat; der Hinweis muss in Textform erfolgen.

(3) Nimmt der Besteller ein mangelhaftes Werk gemäß Absatz 1 Satz 1 ab, obschon er den Mangel kennt, so stehen ihm die in § 634 Nr. 1 bis 3 bezeichneten Rechte nur zu, wenn er sich seine Rechte wegen des Mangels bei der Abnahme vorbehält.

§ 641 Fälligkeit der Vergütung

(1) Vergütung ist bei der Abnahme des Werkes zu entrichten. Ist das Werk in Teilen abzunehmen und die Vergütung für die einzelnen Teile bestimmt, so ist die Vergütung für jeden Teil bei dessen Abnahme zu entrichten.

(2) Die Vergütung des Unternehmers für ein Werk, dessen Herstellung der Besteller einem Dritten versprochen hat, wird spätestens fällig,

1. soweit der Besteller von dem Dritten für das versprochene Werk wegen dessen Herstellung seine Vergütung oder Teile davon erhalten hat,
2. soweit das Werk des Bestellers von dem Dritten abgenommen worden ist oder als abgenommen gilt oder
3. wenn der Unternehmer dem Besteller erfolglos eine angemessene Frist zur Auskunft über die in den Nummern 1 und 2 bezeichneten Umstände bestimmt hat.

Hat der Besteller dem Dritten wegen möglicher Mängel des Werks Sicherheit geleistet, gilt Satz 1 nur, wenn der Unternehmer dem Besteller entsprechende Sicherheit leistet.

(3) Kann der Besteller die Beseitigung eines Mangels verlangen, so kann er nach der Fälligkeit die Zahlung eines angemessenen Teils der Vergütung verweigern; angemessen ist in der Regel das Doppelte der für die Beseitigung des Mangels erforderlichen Kosten.

(4) Eine in Geld festgesetzte Vergütung hat der Besteller von der Abnahme des Werkes an zu verzinsen, sofern nicht die Vergütung gestundet ist.

§ 642 Mitwirkung des Bestellers

(1) Ist bei der Herstellung des Werkes eine Handlung des Bestellers erforderlich, so kann der Unternehmer, wenn der Besteller durch das Unterlassen der Handlung in Verzug der Annahme kommt, eine angemessene Entschädigung verlangen.

(2) Die Höhe der Entschädigung bestimmt sich einerseits nach der Dauer des Verzugs und der Höhe der vereinbarten Vergütung, andererseits nach demjenigen, was der Unternehmer infolge des Verzugs an Aufwendungen erspart oder durch anderweitige Verwendung seiner Arbeitskraft erwerben kann.

§ 643 Kündigung bei unterlassener Mitwirkung

Der Unternehmer ist im Falle des § 642 berechtigt, dem Besteller zur Nachholung der Handlung eine angemessene Frist mit der Erklärung zu bestimmen, dass er den Vertrag kündige, wenn die Handlung nicht bis zum Ablauf der Frist vorgenommen werde. Der Vertrag gilt als aufgehoben, wenn nicht die Nachholung bis zum Ablauf der Frist erfolgt.

§ 644 Gefahrtragung

(1) Der Unternehmer trägt die Gefahr bis zur Abnahme des Werkes. Kommt der Besteller in Verzug der Annahme, so geht die Gefahr auf ihn über. Für den zufälligen Untergang und eine zufällige Verschlechterung des von dem Besteller gelieferten Stoffes ist der Unternehmer nicht verantwortlich.

(2) Versendet der Unternehmer das Werk auf Verlangen des Bestellers nach einem anderen Ort als dem Erfüllungsort, so findet die für den Kauf geltende Vorschrift des § 447 entsprechende Anwendung.

§ 645 Verantwortlichkeit des Besteller

(1) Ist das Werk vor der Abnahme infolge eines Mangels des von dem Besteller gelieferten Stoffes oder infolge einer von dem Besteller für die Ausführung erteilten Anweisung untergegangen, verschlechtert oder unausführbar geworden, ohne dass ein Umstand mitgewirkt hat, den der Unternehmer zu vertreten hat, so kann der Unternehmer einen der geleisteten Arbeit entsprechenden Teil der Vergütung und Ersatz der in der Vergütung nicht inbegriffenen Auslagen verlangen. Das Gleiche gilt, wenn der Vertrag in Gemäßheit des § 643 aufgehoben wird.

(2) Eine weitergehende Haftung des Bestellers wegen Verschuldens bleibt unberührt.

§ 646 Vollendung statt Abnahme

Ist nach der Beschaffenheit des Werkes die Abnahme ausgeschlossen, so tritt in den Fällen des § 634a Abs. 2 und der §§ 641, 644 und 645 an die Stelle der Abnahme die Vollendung des Werkes.

§ 647 Unternehmerpfandrecht

Der Unternehmer hat für seine Forderungen aus dem Vertrag ein Pfandrecht an den von ihm hergestellten oder ausgebesserten beweglichen Sachen des Bestellers, wenn sie bei der Herstellung oder zum Zwecke der Ausbesserung in seinen Besitz gelangt sind.

§ 647a Sicherungshypothek des Inhabers einer Schiffswerft

Der Inhaber einer Schiffswerft kann für seine Forderungen aus dem Bau oder der Ausbesserung eines Schiffes die Einräumung einer Schiffshypothek an dem Schiffsbauwerk oder dem Schiff des Bestellers verlangen. Ist das Werk noch nicht vollendet, so kann er die Einräumung der Schiffshypothek für einen der geleisteten Arbeit entsprechenden Teil der Vergütung und für die in der Vergütung nicht inbegriffenen Auslagen verlangen. § 647 findet keine Anwendung.

§ 648 Kündigungsrecht des Bestellers

Der Besteller kann bis zur Vollendung des Werkes jederzeit den Vertrag kündigen. Kündigt der Besteller, so ist der Unternehmer berechtigt, die vereinbarte Vergütung zu verlangen; er muss sich jedoch dasjenige anrechnen lassen, was er infolge der Aufhebung des Vertrags an Aufwendungen erspart oder durch anderweitige Verwendung seiner Arbeitskraft erwirbt oder zu erwerben böswillig unterlässt. Es wird vermutet, dass danach dem Unternehmer 5 vom Hundert der auf den noch nicht erbrachten Teil der Werkleistung entfallenden vereinbarten Vergütung zustehen.

§ 648a Kündigung aus wichtigem Grund

(1) Beide Vertragsparteien können den Vertrag aus wichtigem Grund ohne Einhaltung einer Kündigungsfrist kündigen. Ein wichtiger Grund liegt vor, wenn dem kündigenden Teil unter Berücksichtigung aller Umstände des Einzelfalls und unter Abwägung der beiderseitigen Interessen die Fortsetzung des Vertragsverhältnisses bis zur Fertigstellung des Werks nicht zugemutet werden kann.

(2) Eine Teilkündigung ist möglich; sie muss sich auf einen abgrenzbaren Teil des Werks beziehen.

(3) § 314 Absatz 2 und 3 gilt entsprechend.

(4) Nach der Kündigung kann jede Vertragspartei von der anderen verlangen, dass sie an einer gemeinsamen Feststellung des Leistungsstandes mitwirkt. Verweigert eine Vertragspartei die Mitwirkung oder bleibt sie einem vereinbarten oder einem von der anderen Vertragspartei innerhalb einer angemessenen Frist bestimmten Termin zur Leistungsstandfeststellung fern, trifft sie die Beweislast für den Leistungsstand zum Zeitpunkt der Kündigung. Dies gilt nicht, wenn die Vertragspartei infolge eines Umstands fernbleibt, den sie nicht zu vertreten hat und den sie der anderen Vertragspartei unverzüglich mitgeteilt hat.

(5) Kündigt eine Vertragspartei aus wichtigem Grund, ist der Unternehmer nur berechtigt, die Vergütung zu verlangen, die auf den bis zur Kündigung erbrachten Teil des Werks entfällt.

(6) Die Berechtigung, Schadensersatz zu verlangen, wird durch die Kündigung nicht ausgeschlossen.

Kommentar in Kapitel 10
Kündigung aus wichtigem Grund

§ 649 Kostenanschlag

(1) Ist dem Vertrag ein Kostenanschlag zugrunde gelegt worden, ohne dass der Unternehmer die Gewähr für die Richtigkeit des Anschlags übernommen hat, und ergibt sich, dass das Werk nicht ohne eine wesentliche Überschreitung des Anschlags ausführbar ist, so steht dem Unternehmer, wenn der Besteller den Vertrag aus diesem Grund kündigt, nur der im § 645 Abs. 1 bestimmte Anspruch zu.

(2) Ist eine solche Überschreitung des Anschlags zu erwarten, so hat der Unternehmer dem Besteller unverzüglich

Anzeige zu machen.

§ 650 Anwendung des Kaufrechts

Auf einen Vertrag, der die Lieferung herzustellender oder zu erzeugender beweglicher Sachen zum Gegenstand hat, finden die Vorschriften über den Kauf Anwendung. § 442 Abs. 1 Satz 1 findet bei diesen Verträgen auch Anwendung, wenn der Mangel auf den vom Besteller gelieferten Stoff zurückzuführen ist. Soweit es sich bei den herzustellenden oder zu erzeugenden beweglichen Sachen um nicht vertretbare Sachen handelt, sind auch die §§ 642, 643, 645, 648 und 649 mit der Maßgabe anzuwenden, dass an die Stelle der Abnahme der nach den §§ 446 und 447

maßgebliche Zeitpunkt tritt.

Kapitel 2: Bauvertrag

§ 650a Bauvertrag

(1) Ein Bauvertrag ist ein Vertrag über die Herstellung, die Wiederherstellung, die Beseitigung oder den Umbau eines Bauwerks, einer Außenanlage oder eines Teils davon. Für den Bauvertrag gelten ergänzend die folgenden Vorschriften dieses Kapitels.

(2) Ein Vertrag über die Instandhaltung eines Bauwerks ist ein Bauvertrag, wenn das Werk für die Konstruktion, den Bestand oder den bestimmungsgemäßen Gebrauch von wesentlicher Bedeutung ist.

Kommentar in Kapitel 7
Anordnungsrecht des Bauherrn

§ 650b Änderung des Vertrags; Anordnungsrecht des Bestellers

(1) Begehrt der Besteller

    1. eine Änderung des vereinbarten Werkerfolgs (§ 631 Absatz 2) oder

    2. eine Änderung, die zur Erreichung des vereinbarten Werkerfolgs notwendig ist,

streben die Vertragsparteien Einvernehmen über die Änderung und die infolge der Änderung zu leistende Mehr- oder Mindervergütung an. Der Unternehmer ist verpflichtet, ein Angebot über die Mehr- oder Mindervergütung zu erstellen, im Falle einer Änderung nach Satz 1 Nummer 1 jedoch nur, wenn ihm die Ausführung der Änderung zumutbar ist. Macht der Unternehmer betriebsinterne Vorgänge für die Unzumutbarkeit einer Anordnung nach Absatz 1 Satz 1 Nummer 1 geltend, trifft ihn die Beweislast hierfür. Trägt der Besteller die Verantwortung für die Planung des Bauwerks oder der Außenanlage, ist der Unternehmer nur dann zur Erstellung eines Angebots über die Mehr- oder Mindervergütung verpflichtet, wenn der Besteller die für die Änderung erforderliche Planung vorgenommen und dem Unternehmer zur Verfügung gestellt hat. Begehrt der Besteller eine Änderung, für die dem Unternehmer nach § 650c Absatz 1 Satz 2 kein Anspruch auf Vergütung für vermehrten Aufwand zusteht, streben die Parteien nur Einvernehmen über die Änderung an; Satz 2 findet in diesem Fall keine Anwendung.

(2) Erzielen die Parteien binnen 30 Tagen nach Zugang des Änderungsbegehrens beim Unternehmer keine Einigung nach Absatz 1, kann der Besteller die Änderung in Textform anordnen. Der Unternehmer ist verpflichtet, der Anordnung des Bestellers nachzukommen, einer Anordnung nach Absatz 1 Satz 1 Nummer 1 jedoch nur, wenn ihm die Ausführung zumutbar ist. Absatz 1 Satz 3 gilt entsprechend.

Kommentar in Kapitel 8
Vergütungsanpassung bei geändertem Leistungsumfang

§ 650c Vergütungsanpassung bei Anordnungen nach § 650b Absatz 2

(1) Die Höhe des Vergütungsanspruchs für den infolge einer Anordnung des Bestellers nach § 650b Absatz 2 vermehrten oder verminderten Aufwand ist nach den tatsächlich erforderlichen Kosten mit angemessenen Zuschlägen für allgemeine Geschäftskosten, Wagnis und Gewinn zu ermitteln. Umfasst die Leistungspflicht des Unternehmers auch die Planung des Bauwerks oder der Außenanlage, steht diesem im Fall des § 650b Absatz 1 Satz 1 Nummer 2 kein Anspruch auf Vergütung für vermehrten Aufwand zu.

(2) Der Unternehmer kann zur Berechnung der Vergütung für den Nachtrag auf die Ansätze in einer vereinbarungsgemäß hinterlegten Urkalkulation zurückgreifen. Es wird vermutet, dass die auf Basis der Urkalkulation fortgeschriebene Vergütung der Vergütung nach Absatz 1 entspricht.

(3) Bei der Berechnung von vereinbarten oder gemäß § 632a geschuldeten Abschlagszahlungen kann der Unternehmer 80 Prozent einer in einem Angebot nach § 650b Absatz 1 Satz 2 genannten Mehrvergütung ansetzen, wenn sich die Parteien nicht über die Höhe geeinigt haben oder keine anderslautende gerichtliche Entscheidung ergeht. Wählt der Unternehmer diesen Weg und ergeht keine anderslautende gerichtliche Entscheidung, wird die nach den Absätzen 1 und 2 geschuldete Mehrvergütung erst nach der Abnahme des Werkes fällig. Zahlungen nach Satz 1, die die nach den Absätzen 1 und 2 geschuldete Mehrvergütung übersteigen, sind dem Besteller zurückzugewähren und ab ihrem Eingang beim Unternehmer zu verzinsen. § 288 Absatz 1 Satz 2, Absatz 2 und § 289 Satz 1 gelten entsprechend.

§ 650d Einstweilige Verfügung

Zum Erlass einer einstweiligen Verfügung in Streitigkeiten über das Anordnungsrecht gemäß § 650b oder die Vergütungsanpassung gemäß § 650c ist es nach Beginn der Bauausführung nicht erforderlich, dass der Verfügungsgrund glaubhaft gemacht wird.

§ 650e Sicherungshypothek des Bauunternehmers

Der Unternehmer kann für seine Forderungen aus dem Vertrag die Einräumung einer Sicherungshypothek an dem Baugrundstück des Bestellers verlangen. Ist das Werk noch nicht vollendet, so kann er die Einräumung der Sicherungshypothek für einen der geleisteten Arbeit entsprechenden Teil der Vergütung und für die in der Vergütung nicht inbegriffenen Auslagen verlangen.

Kommentar in Kapitel 9
Gesetzliche Sicherung von Honorarforderungen

§ 650f Bauhandwerkersicherung

(1) Der Unternehmer kann vom Besteller Sicherheit für die auch in Zusatzaufträgen vereinbarte und noch nicht gezahlte Vergütung einschließlich dazugehöriger Nebenforderungen, die mit 10 Prozent des zu sichernden Vergütungsanspruchs anzusetzen sind, verlangen. Satz 1 gilt in demselben Umfang auch für Ansprüche, die an die Stelle der Vergütung treten. Der Anspruch des Unternehmers auf Sicherheit wird nicht dadurch ausgeschlossen, dass der Besteller Erfüllung verlangen kann oder das Werk abgenommen hat. Ansprüche, mit denen der Besteller gegen den Anspruch des Unternehmers auf Vergütung aufrechnen kann, bleiben bei der Berechnung der Vergütung unberücksichtigt, es sei denn, sie sind unstreitig oder rechtskräftig festgestellt. Die Sicherheit ist auch dann als ausreichend anzusehen, wenn sich der Sicherungsgeber das Recht vorbehält, sein Versprechen im Falle einer wesentlichen Verschlechterung der Vermögensverhältnisse des Bestellers mit Wirkung für Vergütungsansprüche aus Bauleistungen zu widerrufen, die der Unternehmer bei Zugang der Widerrufserklärung noch nicht erbracht hat.

(2) Die Sicherheit kann auch durch eine Garantie oder ein sonstiges Zahlungsversprechen eines im Geltungsbereich dieses Gesetzes zum Geschäftsbetrieb befugten Kreditinstituts oder Kreditversicherers geleistet werden. Das Kreditinstitut oder der Kreditversicherer darf Zahlungen an den Unternehmer nur leisten, soweit der Besteller den Vergütungsanspruch des Unternehmers anerkennt oder durch vorläufig vollstreckbares Urteil zur Zahlung der Vergütung verurteilt worden ist und die Voraussetzungen vorliegen, unter denen die Zwangsvollstreckung begonnen werden darf.

(3) Der Unternehmer hat dem Besteller die üblichen Kosten der Sicherheitsleistung bis zu einem Höchstsatz von 2 Prozent für das Jahr zu erstatten. Dies gilt nicht, soweit eine Sicherheit wegen Einwendungen des Bestellers gegen den Vergütungsanspruch des Unternehmers aufrechterhalten werden muss und die Einwendungen sich als unbegründet erweisen.

(4) Soweit der Unternehmer für seinen Vergütungsanspruch eine Sicherheit nach den Absätzen 1 oder 2 erlangt hat, ist der Anspruch auf Einräumung einer Sicherungshypothek nach § 650e ausgeschlossen.

(5) Hat der Unternehmer dem Besteller erfolglos eine angemessene Frist zur Leistung der Sicherheit nach Absatz 1 bestimmt, so kann der Unternehmer die Leistung verweigern oder den Vertrag kündigen. Kündigt er den Vertrag, ist der Unternehmer berechtigt, die vereinbarte Vergütung zu verlangen; er muss sich jedoch dasjenige anrechnen lassen, was er infolge der Aufhebung des Vertrages an Aufwendungen erspart oder durch anderweitige Verwendung seiner Arbeitskraft erwirbt oder böswillig zu erwerben unterlässt. Es wird vermutet, dass danach dem Unternehmer 5 Prozent der auf den noch nicht erbrachten Teil der Werkleistung entfallenden vereinbarten Vergütung zustehen.

(6) Die Vorschriften der Absätze 1 bis 5 finden keine Anwendung, wenn der Besteller

1. eine juristische Person des öffentlichen Rechts oder ein öffentlich-rechtliches Sondervermögen ist, über deren Vermögen ein Insolvenzverfahren unzulässig ist, oder

2. Verbraucher ist und es sich um einen Verbraucherbauvertrag nach § 650i oder um einen Bauträgervertrag nach § 650u handelt.

Satz 1 Nummer 2 gilt nicht bei Betreuung des Bauvorhabens durch einen zur Verfügung über die Finanzierungsmittel des Bestellers ermächtigten Baubetreuer.

(7) Eine von den Vorschriften der Absätze 1 bis 5 abweichende Vereinbarung ist unwirksam.

Kommentar in Kapitel 4
Abnahme und Teilabnahme

§ 650g Zustandsfeststellung bei Verweigerung der Abnahme; Schlussrechnung

(1) Verweigert der Besteller die Abnahme unter Angabe von Mängeln, hat er auf Verlangen des Unternehmers an einer gemeinsamen Feststellung des Zustands des Werks mitzuwirken. Die gemeinsame Zustandsfeststellung soll mit der Angabe des Tages der Anfertigung versehen werden und ist von beiden Vertragsparteien zu unterschreiben.

(2) Bleibt der Besteller einem vereinbarten oder einem von dem Unternehmer innerhalb einer angemessenen Frist bestimmten Termin zur Zustandsfeststellung fern, so kann der Unternehmer die Zustandsfeststellung auch einseitig vornehmen. Dies gilt nicht, wenn der Besteller infolge eines Umstands fernbleibt, den er nicht zu vertreten hat und den er dem Unternehmer unverzüglich mitgeteilt hat. Der Unternehmer hat die einseitige Zustandsfeststellung mit der Angabe des Tages der Anfertigung zu versehen und sie zu unterschreiben sowie dem Besteller eine Abschrift der einseitigen Zustandsfeststellung zur Verfügung zu stellen.

(3) Ist das Werk dem Besteller verschafft worden und ist in der Zustandsfeststellung nach Absatz 1 ein offenkundiger Mangel nicht angegeben, wird vermutet, dass dieser nach der Zustandsfeststellung entstanden und vom Besteller zu vertreten ist. Die Vermutung gilt nicht, wenn der Mangel nach seiner Art nicht vom Besteller verursacht sein kann.

(4) Die Vergütung ist zu entrichten, wenn

1. der Besteller das Werk abgenommen hat oder die Abnahme nach § 641 Absatz 2 entbehrlich ist, und

2. der Unternehmer dem Besteller eine prüffähige Schlussrechnung erteilt hat.

Die Schlussrechnung ist prüffähig, wenn sie eine übersichtliche Aufstellung der erbrachten Leistungen enthält und für den Besteller nachvollziehbar ist. Sie gilt als prüffähig, wenn der Besteller nicht innerhalb von 30 Tagen nach Zugang der Schlussrechnung begründete Einwendungen gegen ihre Prüffähigkeit erhoben hat.

§ 650h Schriftform der Kündigung
Die Kündigung des Bauvertrags bedarf der schriftlichen Form.

Kapitel 3: Verbraucherbauvertrag

§ 650i Verbraucherbauvertrag
(1) Verbraucherbauverträge sind Verträge, durch die der Unternehmer von einem Verbraucher zum Bau eines neuen Gebäudes oder zu erheblichen Umbaumaßnahmen an einem bestehenden Gebäude verpflichtet wird.
(2) Der Verbraucherbauvertrag bedarf der Textform.
(3) Für Verbraucherbauverträge gelten ergänzend die folgenden Vorschriften dieses Kapitels.

§ 650j Baubeschreibung
Der Unternehmer hat den Verbraucher über die sich aus Artikel 249 des Einführungsgesetzes zum Bürgerlichen Gesetzbuche ergebenden Einzelheiten in der dort vorgesehenen Form zu unterrichten, es sei denn, der Verbraucher oder ein von ihm Beauftragter macht die wesentlichen Planungsvorgaben.

§ 650k Inhalt des Vertrags
(1) Die Angaben der vorvertraglich zur Verfügung gestellten Baubeschreibung in Bezug auf die Bauausführung werden Inhalt des Vertrags, es sei denn, die Vertragsparteien haben ausdrücklich etwas anderes vereinbart.
(2) Soweit die Baubeschreibung unvollständig oder unklar ist, ist der Vertrag unter Berücksichtigung sämtlicher vertragsbegleitender Umstände, insbesondere des Komfort- und Qualitätsstandards nach der übrigen Leistungsbeschreibung auszulegen. Zweifel bei der Auslegung des Vertrags bezüglich der vom Unternehmer geschuldeten Leistung gehen zu dessen Lasten.
(3) Der Bauvertrag muss verbindliche Angaben zum Zeitpunkt der Fertigstellung des Werks oder, wenn dieser Zeitpunkt zum Zeitpunkt des Abschlusses des Bauvertrags nicht angegeben werden kann, zur Dauer der Bauausführung enthalten. Enthält der Vertrag diese Angaben nicht, werden die vorvertraglich übermittelten Angaben zum Zeitpunkt der Vollendung des Werks oder zur Dauer der Bauausführung Inhalt des Vertrags.

§ 650l Widerrufsrecht
Dem Verbraucher steht ein Widerrufsrecht gemäß § 355 zu, es sei denn, der Vertrag wurde notariell beurkundet. Der Unternehmer ist verpflichtet, den Verbraucher nach Maßgabe des Artikels 249 § 3 des Einführungsgesetzes zum Bürgerlichen Gesetzbuche über sein Widerrufsrecht zu belehren.

§ 650m Abschlagszahlungen, Absicherung des Vergütungsanspruchs

(1) Verlangt der Unternehmer Abschlagszahlungen nach § 632a, darf der Gesamtbetrag der Abschlagszahlungen 90 Prozent der vereinbarten Gesamtvergütung einschließlich der Vergütung für Nachtragsleistungen nach § 650c nicht übersteigen.

(2) Dem Verbraucher ist bei der ersten Abschlagszahlung eine Sicherheit für die rechtzeitige Herstellung des Werks ohne wesentliche Mängel in Höhe von 5 Prozent der vereinbarten Gesamtvergütung zu leisten. Erhöht sich der Vergütungsanspruch infolge einer Anordnung des Verbrauchers nach den §§ 650b und 650c oder infolge sonstiger Änderungen oder Ergänzungen des Vertrags um mehr als 10 Prozent, ist dem Verbraucher bei der nächsten Abschlagszahlung eine weitere Sicherheit in Höhe von 5 Prozent des zusätzlichen Vergütungsanspruchs zu leisten. Auf Verlangen des Unternehmers ist die Sicherheitsleistung durch Einbehalt dergestalt zu erbringen, dass der Verbraucher die Abschlagszahlungen bis zu dem Gesamtbetrag der geschuldeten Sicherheit zurückhält.

(3) Sicherheiten nach Absatz 2 können auch durch eine Garantie oder ein sonstiges Zahlungsversprechen eines im Geltungsbereich dieses Gesetzes zum Geschäftsbetrieb befugten Kreditinstituts oder Kreditversicherers geleistet werden.

(4) Verlangt der Unternehmer Abschlagszahlungen nach § 632a, ist eine Vereinbarung unwirksam, die den Verbraucher zu einer Sicherheitsleistung für die vereinbarte Vergütung verpflichtet, die die nächste Abschlagszahlung oder 20 Prozent der vereinbarten Vergütung übersteigt. Gleiches gilt, wenn die Parteien Abschlagszahlungen vereinbart haben.

§ 650n Erstellung und Herausgabe von Unterlagen

(1) Rechtzeitig vor Beginn der Ausführung einer geschuldeten Leistung hat der Unternehmer diejenigen Planungsunterlagen zu erstellen und dem Verbraucher herauszugeben, die dieser benötigt, um gegenüber Behörden den Nachweis führen zu können, dass die Leistung unter Einhaltung der einschlägigen öffentlich-rechtlichen Vorschriften ausgeführt werden wird. Die Pflicht besteht nicht, soweit der Verbraucher oder ein von ihm Beauftragter die wesentlichen Planungsvorgaben erstellt.

(2) Spätestens mit der Fertigstellung des Werks hat der Unternehmer diejenigen Unterlagen zu erstellen und dem Verbraucher herauszugeben, die dieser benötigt, um gegenüber Behörden den Nachweis führen zu können, dass die Leistung unter Einhaltung der einschlägigen öffentlich-rechtlichen Vorschriften ausgeführt worden ist.

(3) Die Absätze 1 und 2 gelten entsprechend, wenn ein Dritter, etwa ein Darlehensgeber, Nachweise für die Einhaltung bestimmter Bedingungen verlangt und wenn der Unternehmer die berechtigte Erwartung des Verbrauchers geweckt hat, diese Bedingungen einzuhalten.

Kapitel 4: Unabdingbarkeit

§ 650o Abweichende Vereinbarungen

Von § 640 Absatz 2 Satz 2, den §§ 650i bis 650l und 650n kann nicht zum Nachteil des Verbrauchers abgewichen werden. Diese Vorschriften finden auch Anwendung, wenn sie durch anderweitige Gestaltungen umgangen werden.

Untertitel 2: Architektenvertrag und Ingenieurvertrag

§ 650p Vertragstypische Pflichten aus Architekten- und Ingenieurverträgen

(1) Durch einen Architekten- oder Ingenieurvertrag wird der Unternehmer verpflichtet, die Leistungen zu erbringen, die nach dem jeweiligen Stand der Planung und Ausführung des Bauwerks oder der Außenanlage erforderlich sind, um die zwischen den Parteien vereinbarten Planungs- und Überwachungsziele zu erreichen.

(2) Soweit wesentliche Planungs- und Überwachungsziele noch nicht vereinbart sind, hat der Unternehmer zunächst eine Planungsgrundlage zur Ermittlung dieser Ziele zu erstellen. Er legt dem Besteller die Planungsgrundlage zusammen mit einer Kosteneinschätzung für das Vorhaben zur Zustimmung vor.

Kommentar in Kapitel 2
Architektenvertrag

§ 650q Anwendbare Vorschriften

(1) Für Architekten- und Ingenieurverträge gelten die Vorschriften des Kapitels 1 des Untertitels 1 sowie die §§ 650b, 650e bis 650h entsprechend, soweit sich aus diesem Untertitel nichts anderes ergibt.

(2) Für die Vergütungsanpassung im Fall von Anordnungen nach § 650b Absatz 2 gelten die Entgeltberechnungsregeln der Honorarordnung für Architekten und Ingenieure in der jeweils geltenden Fassung, soweit infolge der Anordnung zu erbringende oder entfallende Leistungen vom Anwendungsbereich der Honorarordnung erfasst werden. Im Übrigen ist die Vergütungsanpassung für den vermehrten oder verminderten Aufwand auf Grund der angeordneten Leistung frei vereinbar.

Soweit die Vertragsparteien keine Vereinbarung treffen, gilt § 650c entsprechend.

Kommentar in Kapitel 6
Verweisvorschrift

Kommentar in Kapitel 8
Vergütungsanpassung bei geändertem Leistungsumfang

§ 650r Sonderkündigungsrecht

(1) Nach Vorlage der Unterlagen gemäß § 650 p Absatz 2 kann der Besteller den Vertrag kündigen. Das Kündigungsrecht erlischt zwei Wochen nach Vorlage der Unterlagen, bei einem Verbraucher jedoch nur dann, wenn der Unternehmer ihn bei der Vorlage der Unterlagen in Textform über das Kündigungsrecht, die Frist, in der es ausgeübt werden kann und die Rechtsfolgen der Kündigung unterrichtet hat.

(2) Der Unternehmer kann dem Besteller eine angemessene Frist für die Zustimmung nach § 650p Absatz 2 Satz 2 setzen. Er kann den Vertrag kündigen, wenn der Besteller die Zustimmung verweigert oder innerhalb der Frist nach Satz 1 keine Erklärung zu den Unterlagen abgibt.

(3) Wird der Vertrag nach Absatz 1 oder 2 gekündigt, ist der Unternehmer nur berechtigt, die Vergütung zu verlangen, die

auf die bis zur Kündigung erbrachten Leistungen entfällt.

Kommentar in Kapitel 3
Sonderkündigungsrecht

§ 650s Teilabnahme

Der Unternehmer kann ab der Abnahme der letzten Leistung des bauausführenden Unternehmers oder der bauausführenden Unternehmer eine Teilabnahme der von ihm bis dahin erbrachten Leistungen verlangen.

Kommentar in Kapitel 4
Abnahme und Teilabnahme

Kommentar in Kapitel 5
Haftung und Gesamtschuld

§ 650t Gesamtschuldnerische Haftung mit dem bauausführenden Unternehmer

Nimmt der Besteller den Unternehmer wegen eines Überwachungsfehlers in Anspruch, der zu einem Mangel an dem Bauwerk oder an der Außenanlage geführt hat, kann der Unternehmer die Leistung verweigern, wenn auch der ausführende Bauunternehmer für den Mangel haftet und der Besteller dem bauausführenden Unternehmer noch nicht erfolglos eine angemessene Frist zur Nacherfüllung bestimmt hat.

Untertitel 3: Bauträgervertrag

§ 650u Bauträgervertrag; anwendbare Vorschriften

(1) Ein Bauträgervertrag ist ein Vertrag, der die Errichtung oder den Umbau eines Hauses oder eines vergleichbaren Bauwerks zum Gegenstand hat und der zugleich die Verpflichtung des Unternehmers enthält, dem Besteller das Eigentum an dem Grundstück zu übertragen oder ein Erbbaurecht zu bestellen oder zu übertragen. Hinsichtlich der Errichtung oder des Umbaus finden die Vorschriften des Untertitels 1 Anwendung, soweit sich aus den nachfolgenden Vorschriften nichts anderes ergibt. Hinsichtlich des Anspruchs auf Übertragung des Eigentums an dem Grundstück oder auf Übertragung oder Bestellung des Erbbaurechts finden die Vorschriften über den Kauf Anwendung.

(2) Keine Anwendung finden die §§ 648, 648a, 650b bis 650e, 650k Absatz 1 sowie die §§ 650l und 650m Absatz 1.

§ 650v Abschlagszahlungen

Der Unternehmer kann von dem Besteller Abschlagszahlungen nur verlangen, soweit sie gemäß einer Verordnung auf Grund von Artikel 244 des Einführungsgesetzes zum Bürgerlichen Gesetzbuche vereinbart sind.

VOB Teil B

Allgemeine Vertragsbedingungen für die Ausführung von Bauleistungen[1] – Ausgabe 2016

Bekanntmachung vom 31.7.2009, BAnz. Nr. 155 vom 15.10.2009 zuletzt geändert durch Bekanntmachung vom 7. Januar 2016 (BAnz AT 19.01.2016 B3)

Inhalt

- § 1 Art und Umfang der Leistung
- § 2 Vergütung
- § 3 Ausführungsunterlagen
- § 4 Ausführung
- § 5 Ausführungsfristen
- § 6 Behinderung und Unterbrechung der Ausführung
- § 7 Verteilung der Gefahr
- § 8 Kündigung durch den Auftraggeber
- § 9 Kündigung durch den Auftragnehmer
- § 10 Haftung der Vertragsparteien
- § 11 Vertragsstrafe
- § 12 Abnahme
- § 13 Mängelansprüche
- § 14 Abrechnung
- § 15 Stundenlohnarbeiten
- § 16 Zahlung
- § 17 Sicherheitsleistung
- § 18 Streitigkeiten

---

1. Diese Allgemeinen Geschäftsbedingungen werden durch den DVA ausschließlich zur Anwendung gegenüber Unternehmen, juristischen Personen des öffentlichen Rechts und öffentlich-rechtlichen Sondervermögens empfohlen (§ 310 BGB)

§ 1 Art und Umfang der Leistung

(1) Die auszuführende Leistung wird nach Art und Umfang durch den Vertrag bestimmt. Als Bestandteil des Vertrags gelten auch die Allgemeinen Technischen Vertragsbedingungen für Bauleistungen (VOB/C).

(2) Bei Widersprüchen im Vertrag gelten nacheinander:

1. die Leistungsbeschreibung,
2. die Besonderen Vertragsbedingungen,
3. etwaige Zusätzliche Vertragsbedingungen,
4. etwaige Zusätzliche Technische Vertragsbedingungen,
5. die Allgemeinen Technischen Vertragsbedingungen für Bauleistungen,
6. die Allgemeinen Vertragsbedingungen für die Ausführung von Bauleistungen.

(3) Änderungen des Bauentwurfs anzuordnen, bleibt dem Auftraggeber vorbehalten.

(4) Nicht vereinbarte Leistungen, die zur Ausführung der vertraglichen Leistung erforderlich werden, hat der Auftragnehmer auf Verlangen des Auftraggebers mit auszuführen, außer wenn sein Betrieb auf derartige Leistungen nicht eingerichtet ist. Andere Leistungen können dem Auftragnehmer nur mit seiner Zustimmung übertragen werden.

§ 2 Vergütung

(1) Durch die vereinbarten Preise werden alle Leistungen abgegolten, die nach der Leistungsbeschreibung, den Besonderen Vertragsbedingungen, den Zusätzlichen Vertragsbedingungen, den Zusätzlichen Technischen Vertragsbedingungen, den Allgemeinen Technischen Vertragsbedingungen für Bauleistungen und der gewerblichen Verkehrssitte zur vertraglichen Leistung gehören.

(2) Die Vergütung wird nach den vertraglichen Einheitspreisen und den tatsächlich ausgeführten Leistungen berechnet, wenn keine andere Berechnungsart (z. B. durch Pauschalsumme, nach Stundenlohnsätzen, nach Selbstkosten) vereinbart ist.

(3)
1. Weicht die ausgeführte Menge der unter einem Einheitspreis erfassten Leistung oder Teilleistung um nicht mehr als 10 v. H. von dem im Vertrag vorgesehenen Umfang ab, so gilt der vertragliche Einheitspreis.
2. Für die über 10 v. H. hinausgehende Überschreitung des Mengenansatzes ist auf Verlangen ein neuer Preis unter Berücksichtigung der Mehr- oder Minderkosten zu vereinbaren.
3. Bei einer über 10 v. H. hinausgehenden Unterschreitung des Mengenansatzes ist auf Verlangen der Einheitspreis für die tatsächlich ausgeführte Menge der Leistung oder Teilleistung zu erhöhen, soweit der Auftragnehmer nicht durch Erhöhung der Mengen bei anderen Ordnungszahlen (Positionen) oder in anderer Weise einen Ausgleich erhält. Die Erhöhung des Einheitspreises soll im Wesentlichen dem Mehrbetrag entsprechen, der sich durch Verteilung der Baustellenein- richtungs- und Baustellengemeinkosten und der Allgemeinen Geschäftskosten auf die verringerte Menge ergibt. Die Umsatzsteuer wird entsprechend dem neuen Preis vergütet.

4. Sind von der unter einem Einheitspreis erfassten Leistung oder Teilleistung andere Leistungen abhängig, für die eine Pauschalsumme vereinbart ist, so kann mit der Änderung des Einheitspreises auch eine angemessene Änderung der Pauschalsumme gefordert werden.

(4) Werden im Vertrag ausbedungene Leistungen des Auftragnehmers vom Auftraggeber selbst übernommen (z. B. Lieferung von Bau-, Bauhilfs- und Betriebsstoffen), so gilt, wenn nichts anderes vereinbart wird, § 8 Absatz 1 Nummer 2 entsprechend.

(5) Werden durch Änderung des Bauentwurfs oder andere Anordnungen des Auftraggebers die Grundlagen des Preises für eine im Vertrag vorgesehene Leistung geändert, so ist ein neuer Preis unter Berücksichtigung der Mehr- oder Minderkosten zu vereinbaren. Die Vereinbarung soll vor der Ausführung getroffen werden.

(6) 1. Wird eine im Vertrag nicht vorgesehene Leistung gefordert, so hat der Auftragnehmer Anspruch auf besondere Vergütung. Er muss jedoch den Anspruch dem Auftraggeber ankündigen, bevor er mit der Ausführung der Leistung beginnt.

2. Die Vergütung bestimmt sich nach den Grundlagen der Preisermittlung für die vertragliche Leistung und den besonderen Kosten der geforderten Leistung. Sie ist möglichst vor Beginn der Ausführung zu vereinbaren.

(7) 1. Ist als Vergütung der Leistung eine Pauschalsumme vereinbart, so bleibt die Vergütung unverändert. Weicht jedoch die ausgeführte Leistung von der vertraglich vorgesehenen Leistung so erheblich ab, dass ein Festhalten an der Pauschalsumme nicht zumutbar ist (§ 313 BGB), so ist auf Verlangen ein Ausgleich unter Berücksichtigung der Mehr- oder Minderkosten zu gewähren. Für die Bemessung des Ausgleichs ist von den Grundlagen der Preisermittlung auszugehen.

2. Die Regelungen der Absätze 4, 5 und 6 gelten auch bei Vereinbarung einer Pauschalsumme.

3. Wenn nichts anderes vereinbart ist, gelten die Nummern 1 und 2 auch für Pauschalsummen, die für Teile der Leistung vereinbart sind; Absatz 3 Nummer 4 bleibt unberührt.

(8) 1. Leistungen, die der Auftragnehmer ohne Auftrag oder unter eigenmächtiger Abweichung vom Auftrag ausführt, werden nicht vergütet. Der Auftragnehmer hat sie auf Verlangen innerhalb einer angemessenen Frist zu beseitigen; sonst kann es auf seine Kosten geschehen. Er haftet außerdem für andere Schäden, die dem Auftraggeber hieraus entstehen.

2. Eine Vergütung steht dem Auftragnehmer jedoch zu, wenn der Auftraggeber solche Leistungen nachträglich anerkennt. Eine Vergütung steht ihm auch zu, wenn die Leistungen für die Erfüllung des Vertrags notwendig waren, dem mutmaßlichen Willen des Auftraggebers entsprachen und ihm unverzüglich angezeigt wurden. Soweit dem Auftragnehmer eine Vergütung zusteht, gelten die Berechnungsgrundlagen für geänderte oder zusätzliche Leistungen der Absätze 5 oder 6 entsprechend.

3. Die Vorschriften des BGB über die Geschäftsführung ohne Auftrag (§§ 677 ff. BGB) bleiben unberührt.

(9) 1. Verlangt der Auftraggeber Zeichnungen, Berechnungen oder andere Unterlagen, die der Auftragnehmer nach dem Vertrag, besonders den Technischen Vertragsbedingungen oder der gewerblichen Verkehrssitte, nicht zu beschaffen hat, so hat er sie zu vergüten.

2. Lässt er vom Auftragnehmer nicht aufgestellte technische Berechnungen durch den Auftragnehmer nachprüfen, so hat er die Kosten zu tragen.

(10) Stundenlohnarbeiten werden nur vergütet, wenn sie als solche vor ihrem Beginn ausdrücklich vereinbart worden sind (§ 15).

§ 3 Ausführungsunterlagen

(1) Die für die Ausführung nötigen Unterlagen sind dem Auftragnehmer unentgeltlich und rechtzeitig zu übergeben.

(2) Das Abstecken der Hauptachsen der baulichen Anlagen, ebenso der Grenzen des Geländes, das dem Auftragnehmer zur Verfügung gestellt wird, und das Schaffen der notwendigen Höhenfestpunkte in unmittelbarer Nähe der baulichen Anlagen sind Sache des Auftraggebers.

(3) Die vom Auftraggeber zur Verfügung gestellten Geländeaufnahmen und Absteckungen und die übrigen für die Ausführung übergebenen Unterlagen sind für den Auftragnehmer maßgebend. Jedoch hat er sie, soweit es zur ordnungsgemäßen Vertragserfüllung gehört, auf etwaige Unstimmigkeiten zu überprüfen und den Auftraggeber auf entdeckte oder vermutete Mängel hinzuweisen.

(4) Vor Beginn der Arbeiten ist, soweit notwendig, der Zustand der Straßen und Geländeoberfläche, der Vorfluter und Vorflutleitungen, ferner der baulichen Anlagen im Baubereich in einer Niederschrift festzuhalten, die vom Auftraggeber und Auftragnehmer anzuerkennen ist.

(5) Zeichnungen, Berechnungen, Nachprüfungen von Berechnungen oder andere Unterlagen, die der Auftragnehmer nach dem Vertrag, besonders den Technischen Vertragsbedingungen, oder der gewerblichen Verkehrssitte oder auf besonderes Verlangen des Auftraggebers (§ 2 Absatz 9) zu beschaffen hat, sind dem Auftraggeber nach Aufforderung rechtzeitig vorzulegen.

(6) 1. Die in Absatz 5 genannten Unterlagen dürfen ohne Genehmigung ihres Urhebers nicht veröffentlicht, vervielfältigt, geändert oder für einen anderen als den vereinbarten Zweck benutzt werden.

2. An DV-Programmen hat der Auftraggeber das Recht zur Nutzung mit den vereinbarten Leistungsmerkmalen in unveränderter Form auf den festgelegten Geräten. Der Auftraggeber darf zum Zwecke der Datensicherung zwei Kopien herstellen.

Diese müssen alle Identifikationsmerkmale enthalten. Der Verbleib der Kopien ist auf Verlangen nachzuweisen.

3. Der Auftragnehmer bleibt unbeschadet des Nutzungsrechts des Auftraggebers zur Nutzung der Unterlagen und der DV-Programme berechtigt.

§ 4 Ausführung

(1) 1. Der Auftraggeber hat für die Aufrechterhaltung der allgemeinen Ordnung auf der Baustelle zu sorgen und das Zusammenwirken der verschiedenen Unternehmer zu regeln. Er hat die erforderlichen öffentlich-rechtlichen Genehmigungen und Erlaubnisse – z. B. nach dem Baurecht, dem Straßenverkehrsrecht, dem Wasserrecht, dem Gewerberecht – herbeizuführen.

2. Der Auftraggeber hat das Recht, die vertragsgemäße Ausführung der Leistung zu überwachen. Hierzu hat er Zutritt zu den Arbeitsplätzen, Werkstätten und Lagerräumen, wo die vertragliche Leistung oder Teile von ihr hergestellt oder die hierfür bestimmten Stoffe und Bauteile gelagert werden. Auf Verlangen sind ihm die Werkzeichnungen oder andere Ausführungsunterlagen sowie die Ergebnisse von Güteprüfungen zur Einsicht vorzulegen und die erforderlichen Auskünfte zu erteilen, wenn hierdurch keine Geschäftsgeheimnisse preisgegeben werden. Als Geschäftsgeheimnis bezeichnete Auskünfte und Unterlagen hat er vertraulich zu behandeln.

3. Der Auftraggeber ist befugt, unter Wahrung der dem Auftragnehmer zustehen- den Leitung (Absatz 2) Anordnungen zu treffen, die zur vertragsgemäßen Ausführung der Leistung notwendig sind. Die Anordnungen sind grundsätzlich nur dem Auftragnehmer oder seinem für die Leitung der Ausführung bestellten Vertreter zu erteilen, außer wenn Gefahr im Verzug ist. Dem Auftraggeber ist mitzuteilen, wer jeweils als Vertreter des Auftragnehmers für die Leitung der Ausführung bestellt ist.

4. Hält der Auftragnehmer die Anordnungen des Auftraggebers für unberechtigt oder unzweckmäßig, so hat er seine Bedenken geltend zu machen, die Anordnungen jedoch auf Verlangen auszuführen, wenn nicht gesetzliche oder behördliche Bestimmungen entgegenstehen. Wenn dadurch eine ungerechtfertigte Erschwerung verursacht wird, hat der Auftraggeber die Mehrkosten zu tragen.

(2) 1. Auftragnehmer hat die Leistung unter eigener Verantwortung nach dem Vertrag auszuführen. Dabei hat er die anerkannten Regeln der Technik und die gesetzlichen und behördlichen Bestimmungen zu beachten. Es ist seine Sache, die Ausführung seiner vertraglichen Leistung zu leiten und für Ordnung auf seiner Arbeitsstelle zu sorgen.

2. Er ist für die Erfüllung der gesetzlichen, behördlichen und berufsgenossenschaftlichen Verpflichtungen gegenüber seinen Arbeitnehmern allein verantwortlich. Es ist ausschließlich seine Aufgabe, die Vereinbarungen und Maßnahmen zu treffen, die sein Verhältnis zu den Arbeitnehmern regeln.

(3) Hat der Auftragnehmer Bedenken gegen die vorgesehene Art der Ausführung (auch wegen der Sicherung gegen Unfallgefahren), gegen die Güte der vom Auftraggeber gelieferten Stoffe oder Bauteile oder gegen die Leistungen anderer Unternehmer, so hat er sie dem Auftraggeber unverzüglich – möglichst schon vor Beginn der Arbeiten – schriftlich mitzuteilen; der Auftraggeber bleibt jedoch für seine Angaben, Anordnungen oder Lieferungen verantwortlich.

(4) Der Auftraggeber hat, wenn nichts anderes vereinbart ist, dem Auftragnehmer unentgeltlich zur Benutzung oder Mitbenutzung zu überlassen:

1. die notwendigen Lager- und Arbeitsplätze auf der Baustelle,
2. vorhandene Zufahrtswege und Anschlussgleise,
3. vorhandene Anschlüsse für Wasser und Energie. Die Kosten für den Verbrauch und den Messer oder Zähler trägt der Auftragnehmer, mehrere Auftragnehmer tragen sie anteilig.

(5) Der Auftragnehmer hat die von ihm ausgeführten Leistungen und die ihm für die Ausführung übergebenen Gegenstände bis zur Abnahme vor Beschädigung und Diebstahl zu schützen. Auf Verlangen des Auftraggebers hat er sie vor Winterschäden und Grundwasser zu schützen, ferner Schnee und Eis zu beseitigen. Obliegt ihm die Verpflichtung nach Satz 2 nicht schon nach dem Vertrag, so regelt sich die Vergütung nach § 2 Absatz 6.

(6) Stoffe oder Bauteile, die dem Vertrag oder den Proben nicht entsprechen, sind auf Anordnung des Auftraggebers innerhalb einer von ihm bestimmten Frist von der Baustelle zu entfernen. Geschieht es nicht, so können sie auf Kosten des Auftragnehmers entfernt oder für seine Rechnung veräußert werden.

(7) Leistungen, die schon während der Ausführung als mangelhaft oder vertragswidrig erkannt werden, hat der Auftragnehmer auf eigene Kosten durch mangelfreie zu ersetzen. Hat der Auftragnehmer den Mangel oder die Vertragswidrigkeit zu vertreten, so hat er auch den daraus entstehenden Schaden zu ersetzen. Kommt der Auftragnehmer der Pflicht zur Beseitigung des Mangels nicht nach, so kann ihm der Auftraggeber eine angemessene Frist zur Beseitigung des Mangels setzen und erklären, dass er nach fruchtlosem Ablauf der Frist den Vertrag kündigen werde (§ 8 Absatz 3).

(8) 1. Der Auftragnehmer hat die Leistung im eigenen Betrieb auszuführen. Mit schriftlicher Zustimmung des Auftraggebers darf er sie an Nachunternehmer übertragen. Die Zustimmung ist nicht notwendig bei Leistungen, auf die der Betrieb des Auftragnehmers nicht eingerichtet ist. Erbringt der Auftragnehmer ohne schriftliche Zustimmung des Auftraggebers Leistungen nicht im eigenen Betrieb, obwohl sein Betrieb darauf eingerichtet ist, kann der Auftraggeber ihm eine angemessene Frist zur Aufnahme der Leistung im eigenen Betrieb setzen und erklären, dass er nach fruchtlosem Ablauf der Frist den Vertrag kündigen werde (§ 8 Absatz 3).

2. Der Auftragnehmer hat bei der Weitervergabe von Bauleistungen an Nachunternehmer die Vergabe- und Vertragsordnung für Bauleistungen Teile B und C zugrunde zu legen.

3. Der Auftragnehmer hat dem Auftraggeber die Nachunternehmer und deren Nachunternehmer ohne Aufforderung spätestens bis zum Leistungsbeginn des Nachunternehmers mit Namen, gesetzlichen Vertretern und Kontaktdaten bekannt zu geben. Auf Verlangen des Auftraggebers hat der Auftragnehmer für seine Nachunternehmer Erklärungen und Nachweise zur Eignung vorzulegen.

(9) Werden bei Ausführung der Leistung auf einem Grundstück Gegenstände von Altertums-, Kunst- oder wissenschaftlichem Wert entdeckt, so hat der Auftragnehmer vor jedem weiteren Aufdecken oder Ändern dem Auftraggeber den Fund anzuzeigen und ihm die Gegenstände nach näherer Weisung abzuliefern. Die Vergütung etwaiger Mehrkosten regelt sich nach § 2 Absatz 6. Die Rechte des Entdeckers (§ 984 BGB) hat der Auftraggeber.

(10) Der Zustand von Teilen der Leistung ist auf Verlangen gemeinsam von Auftraggeber und Auftragnehmer festzustellen, wenn diese Teile der Leistung durch die weitere Ausführung der Prüfung und Feststellung entzogen werden. Das Ergebnis ist schriftlich niederzulegen.

§ 5 Ausführungsfristen

(1) Die Ausführung ist nach den verbindlichen Fristen (Vertragsfristen) zu beginnen, angemessen zu fördern und zu vollenden. In einem Bauzeitenplan enthaltene Einzelfristen gelten nur dann als Vertragsfristen, wenn dies im Vertrag ausdrücklich vereinbart ist.

(2) Ist für den Beginn der Ausführung keine Frist vereinbart, so hat der Auftraggeber dem Auftragnehmer auf Verlangen Auskunft über den voraussichtlichen Beginn zu erteilen. Der Auftragnehmer hat innerhalb von 12 Werktagen nach Aufforderung zu beginnen. Der Beginn der Ausführung ist dem Auftraggeber anzuzeigen.

(3) Wenn Arbeitskräfte, Geräte, Gerüste, Stoffe oder Bauteile so unzureichend sind, dass die Ausführungsfristen offenbar nicht eingehalten werden können, muss der Auftragnehmer auf Verlangen unverzüglich Abhilfe schaffen.

(4) Verzögert der Auftragnehmer den Beginn der Ausführung, gerät er mit der Vollendung in Verzug, oder kommt er der in Absatz 3 erwähnten Verpflichtung nicht nach, so kann der Auftraggeber bei Aufrechterhaltung des Vertrages Schadensersatz nach § 6 Absatz 6 verlangen oder dem Auftragnehmer eine angemessene Frist zur Vertragserfüllung setzen und erklären, dass er nach fruchtlosem Ablauf der Frist den Vertrag kündigen werde (§ 8 Absatz 3).

§ 6 Behinderung und Unterbrechung der Ausführung

(1) Glaubt sich der Auftragnehmer in der ordnungsgemäßen Ausführung der Leistung behindert, so hat er es dem Auftraggeber unverzüglich schriftlich anzuzeigen. Unterlässt er die Anzeige, so hat er nur dann Anspruch auf Berücksichtigung der hindernden Umstände, wenn dem Auftraggeber offenkundig die Tatsache und deren hindernde Wirkung bekannt waren.

(2) 1. Ausführungsfristen werden verlängert, soweit die Behinderung verursacht ist:
   a. durch einen Umstand aus dem Risikobereich des Auftraggebers,
   b. durch Streik oder eine von der Berufsvertretung der Arbeitgeber angeordnete Aussperrung im Betrieb des Auftragnehmers oder in einem unmittelbar für ihn arbeitenden Betrieb,
   c. durch höhere Gewalt oder andere für den Auftragnehmer unabwendbare Umstände.

   2. Witterungseinflüsse während der Ausführungszeit, mit denen bei Abgabe des Angebots normalerweise gerechnet werden musste, gelten nicht als Behinderung.

(3) Der Auftragnehmer hat alles zu tun, was ihm billigerweise zugemutet werden kann, um die Weiterführung der Arbeiten zu ermöglichen. Sobald die hindernden Umstände wegfallen, hat er ohne weiteres und unverzüglich die Arbeiten wieder aufzunehmen und den Auftraggeber davon zu benachrichtigen.

(4) Die Fristverlängerung wird berechnet nach der Dauer der Behinderung mit einem Zuschlag für die Wiederaufnahme der Arbeiten und die etwaige Verschiebung in eine ungünstigere Jahreszeit.

(5) Wird die Ausführung für voraussichtlich längere Dauer unterbrochen, ohne dass die Leistung dauernd unmöglich wird, so sind die ausgeführten Leistungen nach den Vertragspreisen abzurechnen und außerdem die Kosten zu vergüten, die dem Auftragnehmer bereits entstanden und in den Vertragspreisen des nicht ausgeführten Teils der Leistung enthalten sind.

(6) Sind die hindernden Umstände von einem Vertragsteil zu vertreten, so hat der andere Teil Anspruch auf Ersatz des nachweislich entstandenen Schadens, des entgangenen Gewinns aber nur bei Vorsatz oder grober Fahrlässigkeit. Im Übrigen bleibt der An-

spruch des Auftragnehmers auf angemessene Entschädigung nach § 642 BGB unberührt, sofern die Anzeige nach Absatz 1 Satz 1 erfolgt oder wenn Offenkundigkeit nach Absatz 1 Satz 2 gegeben ist.

(7) Dauert eine Unterbrechung länger als 3 Monate, so kann jeder Teil nach Ablauf dieser Zeit den Vertrag schriftlich kündigen. Die Abrechnung regelt sich nach den Absätzen 5 und 6; wenn der Auftragnehmer die Unterbrechung nicht zu vertreten hat, sind auch die Kosten der Baustellenräumung zu vergüten, soweit sie nicht in der Vergütung für die bereits ausgeführten Leistungen enthalten sind.

§ 7 Verteilung der Gefahr

(1) Wird die ganz oder teilweise ausgeführte Leistung vor der Abnahme durch höhere Gewalt, Krieg, Aufruhr oder andere objektiv unabwendbare vom Auftragnehmer nicht zu vertretende Umstände beschädigt oder zerstört, so hat dieser für die ausgeführten Teile der Leistung die Ansprüche nach § 6 Absatz 5; für andere Schäden besteht keine gegenseitige Ersatzpflicht.

(2) Zu der ganz oder teilweise ausgeführten Leistung gehören alle mit der baulichen Anlage unmittelbar verbundenen, in ihre Substanz eingegangenen Leistungen, unabhängig von deren Fertigstellungsgrad.

(3) Zu der ganz oder teilweise ausgeführten Leistung gehören nicht die noch nicht eingebauten Stoffe und Bauteile sowie die Baustelleneinrichtung und Absteckungen. Zu der ganz oder teilweise ausgeführten Leistung gehören ebenfalls nicht Hilfskonstruktionen und Gerüste, auch wenn diese als Besondere Leistung oder selbstständig vergeben sind.

§ 8 Kündigung durch den Auftraggeber

(1) 1. Der Auftraggeber kann bis zur Vollendung der Leistung jederzeit den Vertrag kündigen.

  2. Dem Auftragnehmer steht die vereinbarte Vergütung zu. Er muss sich jedoch anrechnen lassen, was er infolge der Aufhebung des Vertrags an Kosten erspart oder durch anderweitige Verwendung seiner Arbeitskraft und seines Betriebs erwirbt oder zu erwerben böswillig unterlässt (§ 649 BGB).

(2) 1. Der Auftraggeber kann den Vertrag kündigen, wenn der Auftragnehmer seine Zahlungen einstellt, von ihm oder zulässigerweise vom Auftraggeber oder einem anderen Gläubiger das Insolvenzverfahren (§§ 14 und 15 InsO) beziehungsweise ein vergleichbares gesetzliches Verfahren beantragt ist, ein solches Verfahren eröffnet wird oder dessen Eröffnung mangels Masse abgelehnt wird.

  2. Die ausgeführten Leistungen sind nach § 6 Absatz 5 abzurechnen. Der Auftraggeber kann Schadensersatz wegen Nichterfüllung des Restes verlangen.

(3) 1. Der Auftraggeber kann den Vertrag kündigen, wenn in den Fällen des § 4 Absatz 7 und 8 Nummer 1 und des § 5 Absatz 4 die gesetzte Frist fruchtlos abgelaufen ist. Die Kündigung kann auf einen in sich abgeschlossenen Teil der vertraglichen Leistung beschränkt werden.

  2. Nach der Kündigung ist der Auftraggeber berechtigt, den noch nicht vollendeten Teil der Leistung zu Lasten des Auftragnehmers durch einen Dritten ausführen zu lassen, doch bleiben seine Ansprüche auf Ersatz des etwa entstehenden weiteren Schadens bestehen. Er ist auch berechtigt, auf die weitere Ausführung zu verzichten

und Schadensersatz wegen Nichterfüllung zu verlangen, wenn die Ausführung aus den Gründen, die zur Kündigung geführt haben, für ihn kein Interesse mehr hat.

3. Für die Weiterführung der Arbeiten kann der Auftraggeber Geräte, Gerüste, auf der Baustelle vorhandene andere Einrichtungen und angelieferte Stoffe und Bauteile gegen angemessene Vergütung in Anspruch nehmen.

4. Der Auftraggeber hat dem Auftragnehmer eine Aufstellung über die entstandenen Mehrkosten und über seine anderen Ansprüche spätestens binnen 12 Werktagen nach Abrechnung mit dem Dritten zuzusenden.

(4) Der Auftraggeber kann den Vertrag kündigen,

1. wenn der Auftragnehmer aus Anlass der Vergabe eine Abrede getroffen hatte, die eine unzulässige Wettbewerbsbeschränkung darstellt. Absatz 3 Nummer 1 Satz 2 und Nummer 2 bis 4 gilt entsprechend.

2. sofern dieser im Anwendungsbereich des 4. Teils des GWB geschlossen wurde,

3. wenn der Auftragnehmer wegen eines zwingenden Ausschlussgrundes zum Zeitpunkt des Zuschlags nicht hätte beauftragt werden dürfen. Absatz 3 Nummer 1 Satz 2 und Nummer 2 bis 4 gilt entsprechend.

4. bei wesentlicher Änderung des Vertrages oder bei Feststellung einer schweren Verletzung der Verträge über die Europäische Union und die Arbeitsweise der Europäischen Union durch den Europäischen Gerichtshof. Die ausgeführten Leistungen sind nach § 6 Absatz 5 abzurechnen. Etwaige Schadensersatzansprüche der Parteien bleiben unberührt.

Die Kündigung ist innerhalb von 12 Kalendertagen nach Bekanntwerden des Kündigungsgrundes auszusprechen.

(5) Sofern der Auftragnehmer die Leistung, ungeachtet des Anwendungsbereichs des 4. Teils des GWB, ganz oder teilweise an Nachunternehmer weitervergeben hat, steht auch ihm das Kündigungsrecht gemäß Absatz 4 Nummer 2 Buchstabe b zu, wenn der ihn als Auftragnehmer verpflichtende Vertrag (Hauptauftrag) gemäß Absatz 4 Nummer 2 Buchstabe b gekündigt wurde. Entsprechendes gilt für jeden Auftraggeber der Nachunternehmerkette, sofern sein jeweiliger Auftraggeber den Vertrag gemäß Satz 1 gekündigt hat.

(6) Die Kündigung ist schriftlich zu erklären.

(7) Der Auftragnehmer kann Aufmaß und Abnahme der von ihm ausgeführten Leistungen alsbald nach der Kündigung verlangen; er hat unverzüglich eine prüfbare Rechnung über die ausgeführten Leistungen vorzulegen.

(8) Eine wegen Verzugs verwirkte, nach Zeit bemessene Vertragsstrafe kann nur für die Zeit bis zum Tag der Kündigung des Vertrags gefordert werden.

§ 9 Kündigung durch den Auftragnehmer

(1) Der Auftragnehmer kann den Vertrag kündigen:

1. wenn der Auftraggeber eine ihm obliegende Handlung unterlässt und dadurch den Auftragnehmer außerstande setzt, die Leistung auszuführen (Annahmeverzug nach §§ 293 ff. BGB),

2. wenn der Auftraggeber eine fällige Zahlung nicht leistet oder sonst in Schuldnerverzug gerät.

(3) Die Kündigung ist schriftlich zu erklären. Sie ist erst zulässig, wenn der Auftragnehmer dem Auftraggeber ohne Erfolg eine angemessene Frist zur Vertragserfüllung gesetzt und erklärt hat, dass er nach fruchtlosem Ablauf der Frist den Vertrag kündigen werde.

(4) Die bisherigen Leistungen sind nach den Vertragspreisen abzurechnen. Außerdem hat der Auftragnehmer Anspruch auf angemessene Entschädigung nach § 642 BGB; etwaige weitergehende Ansprüche des Auftragnehmers bleiben unberührt.

§ 10 Haftung der Vertragsparteien

(1) Die Vertragsparteien haften einander für eigenes Verschulden sowie für das Verschulden ihrer gesetzlichen Vertreter und der Personen, deren sie sich zur Erfüllung ihrer Verbindlichkeiten bedienen (§§ 276, 278 BGB).

(2) 1. Entsteht einem Dritten im Zusammenhang mit der Leistung ein Schaden, für den auf Grund gesetzlicher Haftpflichtbestimmungen beide Vertragsparteien haften, so gelten für den Ausgleich zwischen den Vertragsparteien die allgemeinen gesetzlichen Bestimmungen, soweit im Einzelfall nichts anderes vereinbart ist. Soweit der Schaden des Dritten nur die Folge einer Maßnahme ist, die der Auftraggeber in dieser Form angeordnet hat, trägt er den Schaden allein, wenn ihn der Auftragnehmer auf die mit der angeordneten Ausführung verbundene Gefahr nach § 4 Absatz 3 hingewiesen hat.

2. Der Auftragnehmer trägt den Schaden allein, soweit er ihn durch Versicherung seiner gesetzlichen Haftpflicht gedeckt hat oder durch eine solche zu tarifmäßigen, nicht auf außergewöhnliche Verhältnisse abgestellten Prämien und Prämienzuschlägen bei einem im Inland zum Geschäftsbetrieb zugelassenen Versicherer hätte decken können.

(3) Ist der Auftragnehmer einem Dritten nach den §§ 823 ff. BGB zu Schadensersatz verpflichtet wegen unbefugten Betretens oder Beschädigung angrenzender Grundstücke, wegen Entnahme oder Auflagerung von Boden oder anderen Gegenständen außerhalb der vom Auftraggeber dazu angewiesenen Flächen oder wegen der Folgen eigenmächtiger Versperrung von Wegen oder Wasserläufen, so trägt er im Verhältnis zum Auftraggeber den Schaden allein.

(4) Für die Verletzung gewerblicher Schutzrechte haftet im Verhältnis der Vertragsparteien zueinander der Auftragnehmer allein, wenn er selbst das geschützte Verfahren oder die Verwendung geschützter Gegenstände angeboten oder wenn der Auftraggeber die Verwendung vorgeschrieben und auf das Schutzrecht hingewiesen hat.

(5) Ist eine Vertragspartei gegenüber der anderen nach den Absätzen 2, 3 oder 4 von der Ausgleichspflicht befreit, so gilt diese Befreiung auch zugunsten ihrer gesetzlichen Vertreter und Erfüllungsgehilfen, wenn sie nicht vorsätzlich oder grob fahrlässig gehandelt haben.

(6) Soweit eine Vertragspartei von dem Dritten für einen Schaden in Anspruch genommen wird, den nach den Absätzen 2, 3 oder 4 die andere Vertragspartei zu tragen hat, kann sie verlangen, dass ihre Vertragspartei sie von der Verbindlichkeit gegenüber dem Dritten befreit. Sie darf den Anspruch des Dritten nicht anerkennen oder befriedigen, ohne der anderen Vertragspartei vorher Gelegenheit zur Äußerung gegeben zu haben.

§ 11 Vertragsstrafe

(1) Wenn Vertragsstrafen vereinbart sind, gelten die §§ 339 bis 345 BGB.

(2) Ist die Vertragsstrafe für den Fall vereinbart, dass der Auftragnehmer nicht in der vorgesehenen Frist erfüllt, so wird sie fällig, wenn der Auftragnehmer in Verzug gerät.

(3) Ist die Vertragsstrafe nach Tagen bemessen, so zählen nur Werktage; ist sie nach Wochen bemessen, so wird jeder Werktag angefangener Wochen als 1/6 Woche gerechnet.

(4) Hat der Auftraggeber die Leistung abgenommen, so kann er die Strafe nur verlangen, wenn er dies bei der Abnahme vorbehalten hat.

§ 12 Abnahme

(1) Verlangt der Auftragnehmer nach der Fertigstellung – gegebenenfalls auch vor Ablauf der vereinbarten Ausführungsfrist – die Abnahme der Leistung, so hat sie der Auftraggeber binnen 12 Werktagen durchzuführen; eine andere Frist kann vereinbart werden.

(2) Auf Verlangen sind in sich abgeschlossene Teile der Leistung besonders abzunehmen.

(3) Wegen wesentlicher Mängel kann die Abnahme bis zur Beseitigung verweigert werden.

(4) 1. Eine förmliche Abnahme hat stattzufinden, wenn eine Vertragspartei es verlangt. Jede Partei kann auf ihre Kosten einen Sachverständigen zuziehen. Der Befund ist in gemeinsamer Verhandlung schriftlich niederzulegen. In die Niederschrift sind etwaige Vorbehalte wegen bekannter Mängel und wegen Vertragsstrafen aufzunehmen, ebenso etwaige Einwendungen des Auftragnehmers. Jede Partei erhält eine Ausfertigung.

2. Die förmliche Abnahme kann in Abwesenheit des Auftragnehmers stattfinden, wenn der Termin vereinbart war oder der Auftraggeber mit genügender Frist dazu eingeladen hatte. Das Ergebnis der Abnahme ist dem Auftragnehmer alsbald mitzuteilen.

(5) 1. Wird keine Abnahme verlangt, so gilt die Leistung als abgenommen mit Ablauf von 12 Werktagen nach schriftlicher Mitteilung über die Fertigstellung der Leistung.

2. Wird keine Abnahme verlangt und hat der Auftraggeber die Leistung oder einen Teil der Leistung in Benutzung genommen, so gilt die Abnahme nach Ablauf von 6 Werktagen nach Beginn der Benutzung als erfolgt, wenn nichts anderes vereinbart ist. Die Benutzung von Teilen einer baulichen Anlage zur Weiterführung der Arbeiten gilt nicht als Abnahme.

3. Vorbehalte wegen bekannter Mängel oder wegen Vertragsstrafen hat der Auftraggeber spätestens zu den in den Nummern 1 und 2 bezeichneten Zeitpunkten geltend zu machen.

(6) Mit der Abnahme geht die Gefahr auf den Auftraggeber über, soweit er sie nicht schon nach § 7 trägt.

§ 13 Mängelansprüche

(1) Der Auftragnehmer hat dem Auftraggeber seine Leistung zum Zeitpunkt der Abnahme frei von Sachmängeln zu verschaffen. Die Leistung ist zur Zeit der Abnahme frei von Sachmängeln, wenn sie die vereinbarte Beschaffenheit hat und den anerkannten Regeln der Technik entspricht. Ist die Beschaffenheit nicht vereinbart, so ist die Leistung zur Zeit der Abnahme frei von Sachmängeln,

1. wenn sie sich für die nach dem Vertrag vorausgesetzte, sonst
2. für die gewöhnliche Verwendung eignet und eine Beschaffenheit aufweist, die bei Werken der gleichen Art üblich ist und die der Auftraggeber nach der Art der Leistung erwarten kann.

(2) Bei Leistungen nach Probe gelten die Eigenschaften der Probe als vereinbarte Beschaffenheit, soweit nicht Abweichungen nach der Verkehrssitte als bedeutungslos anzusehen sind. Dies gilt auch für Proben, die erst nach Vertragsabschluss als solche anerkannt sind.

(3) Ist ein Mangel zurückzuführen auf die Leistungsbeschreibung oder auf Anordnungen des Auftraggebers, auf die von diesem gelieferten oder vorgeschriebenen Stoffe oder Bauteile oder die Beschaffenheit der Vorleistung eines anderen Unternehmers, haftet der Auftragnehmer, es sei denn, er hat die ihm nach § 4 Absatz 3 obliegende Mitteilung gemacht.

(4)
1. Ist für Mängelansprüche keine Verjährungsfrist im Vertrag vereinbart, so beträgt sie für Bauwerke 4 Jahre, für andere Werke, deren Erfolg in der Herstellung, Wartung oder Veränderung einer Sache besteht, und für die vom Feuer berührten Teile von Feuerungsanlagen 2 Jahre. Abweichend von Satz 1 beträgt die Verjährungsfrist für feuerberührte und abgasdämmende Teile von industriellen Feuerungsanlagen 1 Jahr.
2. Ist für Teile von maschinellen und elektrotechnischen/elektronischen Anlagen, bei denen die Wartung Einfluss auf Sicherheit und Funktionsfähigkeit hat, nichts anderes vereinbart, beträgt für diese Anlagenteile die Verjährungsfrist für Mängelansprüche abweichend von Nummer 1 zwei Jahre, wenn der Auftraggeber sich dafür entschieden hat, dem Auftragnehmer die Wartung für die Dauer der Verjährungsfrist nicht zu übertragen; dies gilt auch, wenn für weitere Leistungen eine andere Verjährungsfrist vereinbart ist.
3. Die Frist beginnt mit der Abnahme der gesamten Leistung; nur für in sich abgeschlossene Teile der Leistung beginnt sie mit der Teilabnahme (§ 12 Absatz 2).

(5)
1. Der Auftragnehmer ist verpflichtet, alle während der Verjährungsfrist hervortretenden Mängel, die auf vertragswidrige Leistung zurückzuführen sind, auf seine Kosten zu beseitigen, wenn es der Auftraggeber vor Ablauf der Frist schriftlich verlangt. Der Anspruch auf Beseitigung der gerügten Mängel verjährt in 2 Jahren, gerechnet vom Zugang des schriftlichen Verlangens an, jedoch nicht vor Ablauf der Regelfristen nach Absatz 4 oder der an ihrer Stelle vereinbarten Frist. Nach Abnahme der Mängelbeseitigungsleistung beginnt für diese Leistung eine Verjährungsfrist von 2 Jahren neu, die jedoch nicht vor Ablauf der Regelfristen nach Absatz 4 oder der an ihrer Stelle vereinbarten Frist endet.
2. Kommt der Auftragnehmer der Aufforderung zur Mängelbeseitigung in einer vom Auftraggeber gesetzten angemessenen Frist nicht nach, so kann der Auftraggeber die Mängel auf Kosten des Auftragnehmers beseitigen lassen.

(6) Ist die Beseitigung des Mangels für den Auftraggeber unzumutbar oder ist sie unmöglich oder würde sie einen unverhältnismäßig hohen Aufwand erfordern und wird sie deshalb vom Auftragnehmer verweigert, so kann der Auftraggeber durch Erklärung gegenüber dem Auftragnehmer die Vergütung mindern (§ 638 BGB).

(7) 1. Der Auftragnehmer haftet bei schuldhaft verursachten Mängeln für Schäden aus der Verletzung des Lebens, des Körpers oder der Gesundheit.

2. Bei vorsätzlich oder grob fahrlässig verursachten Mängeln haftet er für alle Schäden.

3. Im Übrigen ist dem Auftraggeber der Schaden an der baulichen Anlage zu ersetzen, zu deren Herstellung, Instandhaltung oder Änderung die Leistung dient, wenn ein wesentlicher Mangel vorliegt, der die Gebrauchsfähigkeit erheblich beeinträchtigt und auf ein Verschulden des Auftragnehmers zurückzuführen ist. Einen darüber hinausgehenden Schaden hat der Auftragnehmer nur dann zu ersetzen,

   a) wenn der Mangel auf einem Verstoß gegen die anerkannten Regeln der Technik beruht,

   b) wenn der Mangel in dem Fehlen einer vertraglich vereinbarten Beschaffenheit besteht oder

   c) soweit der Auftragnehmer den Schaden durch Versicherung seiner gesetzlichen Haftpflicht gedeckt hat oder durch eine solche zu tarifmäßigen, nicht auf außergewöhnliche Verhältnisse abgestellten Prämien und Prämienzuschlägen bei einem im Inland zum Geschäftsbetrieb zugelassenen Versicherer hätte decken können.

4. Abweichend von Absatz 4 gelten die gesetzlichen Verjährungsfristen, soweit sich der Auftragnehmer nach Nummer 3 durch Versicherung geschützt hat oder hätte schützen können oder soweit ein besonderer Versicherungsschutz vereinbart ist.

5. Eine Einschränkung oder Erweiterung der Haftung kann in begründeten Sonderfällen vereinbart werden.

§ 14 Abrechnung

(1) Der Auftragnehmer hat seine Leistungen prüfbar abzurechnen. Er hat die Rechnungen übersichtlich aufzustellen und dabei die Reihenfolge der Posten einzuhalten und die in den Vertragsbestandteilen enthaltenen Bezeichnungen zu verwenden. Die zum Nachweis von Art und Umfang der Leistung erforderlichen Mengenberechnungen, Zeichnungen und andere Belege sind beizufügen. Änderungen und Ergänzungen des Vertrags sind in der Rechnung besonders kenntlich zu machen; sie sind auf Verlangen getrennt abzurechnen.

(2) Die für die Abrechnung notwendigen Feststellungen sind dem Fortgang der Leistung entsprechend möglichst gemeinsam vorzunehmen. Die Abrechnungsbestimmungen in den Technischen Vertragsbedingungen und den anderen Vertragsunterlagen sind zu beachten. Für Leistungen, die bei Weiterführung der Arbeiten nur schwer feststellbar sind, hat der Auftragnehmer rechtzeitig gemeinsame Feststellungen zu beantragen.

(3) Die Schlussrechnung muss bei Leistungen mit einer vertraglichen Ausführungsfrist von höchstens 3 Monaten spätestens 12 Werktage nach Fertigstellung eingereicht werden, wenn nichts anderes vereinbart ist; diese Frist wird um je 6 Werktage für je weitere 3 Monate Ausführungsfrist verlängert.

(4) Reicht der Auftragnehmer eine prüfbare Rechnung nicht ein, obwohl ihm der Auftraggeber dafür eine angemessene Frist gesetzt hat, so kann sie der Auftraggeber selbst auf Kosten des Auftragnehmers aufstellen.

§ 15 Stundenlohnarbeiten

(1) 1. Stundenlohnarbeiten werden nach den vertraglichen Vereinbarungen abgerechnet.

2. Soweit für die Vergütung keine Vereinbarungen getroffen worden sind, gilt die ortsübliche Vergütung. Ist diese nicht zu ermitteln, so werden die Aufwendungen des Auftragnehmers für Lohn- und Gehaltskosten der Baustelle, Lohn- und Gehaltsnebenkosten der Baustelle, Stoffkosten der Baustelle, Kosten der Einrichtungen, Geräte, Maschinen und maschinellen Anlagen der Baustelle, Fracht-, Fuhr- und Ladekosten, Sozialkassenbeiträge und Sonderkosten, die bei wirtschaftlicher Betriebsführung entstehen, mit angemessenen Zuschlägen für Gemeinkosten und Gewinn (einschließlich allgemeinem Unternehmerwagnis) zuzüglich Umsatzsteuer vergütet.

(2) Verlangt der Auftraggeber, dass die Stundenlohnarbeiten durch einen Polier oder eine andere Aufsichtsperson beaufsichtigt werden, oder ist die Aufsicht nach den einschlägigen Unfallverhütungsvorschriften notwendig, so gilt Absatz 1 entsprechend.

(3) Dem Auftraggeber ist die Ausführung von Stundenlohnarbeiten vor Beginn anzuzeigen. Über die geleisteten Arbeitsstunden und den dabei erforderlichen, besonders zu vergütenden Aufwand für den Verbrauch von Stoffen, für Vorhaltung von Einrichtungen, Geräten, Maschinen und maschinellen Anlagen, für Frachten, Fuhr- und Ladeleistungen sowie etwaige Sonderkosten sind, wenn nichts anderes vereinbart ist, je nach der Verkehrssitte werktäglich oder wöchentlich Listen (Stundenlohnzettel) ein- zureichen. Der Auftraggeber hat die von ihm bescheinigten Stundenlohnzettel unverzüglich, spätestens jedoch innerhalb von 6 Werktagen nach Zugang, zurückzugeben. Dabei kann er Einwendungen auf den Stundenlohnzetteln oder gesondert schriftlich erheben. Nicht fristgemäß zurückgegebene Stundenlohnzettel gelten als anerkannt.

(4) Stundenlohnrechnungen sind alsbald nach Abschluss der Stundenlohnarbeiten, längstens jedoch in Abständen von 4 Wochen, einzureichen. Für die Zahlung gilt § 16.

(5) Wenn Stundenlohnarbeiten zwar vereinbart waren, über den Umfang der Stundenlohnleistungen aber mangels rechtzeitiger Vorlage der Stundenlohnzettel Zweifel bestehen, so kann der Auftraggeber verlangen, dass für die nachweisbar ausgeführten Leistungen eine Vergütung vereinbart wird, die nach Maßgabe von Absatz 1 Nummer 2 für einen wirtschaftlich vertretbaren Aufwand an Arbeitszeit und Verbrauch von Stoffen, für Vorhaltung von Einrichtungen, Geräten, Maschinen und maschinellen Anlagen, für Frachten, Fuhr- und Ladeleistungen sowie etwaige Sonderkosten ermittelt wird.

§ 16 Zahlung

(1) 1. Abschlagszahlungen sind auf Antrag in möglichst kurzen Zeitabständen oder zu den vereinbarten Zeitpunkten zu gewähren, und zwar in Höhe des Wertes der jeweils nachgewiesenen vertragsgemäßen Leistungen einschließlich des ausgewiesenen, darauf entfallenden Umsatzsteuerbetrages. Die Leistungen sind durch eine prüfbare Aufstellung nachzuweisen, die eine rasche und sichere Beurteilung der Leistungen ermöglichen muss. Als Leistungen gelten hierbei auch die für die geforderte Leistung eigens angefertigten und bereitgestellten Bauteile sowie die auf der Baustelle angelieferten Stoffe und Bauteile, wenn dem Auftraggeber nach seiner Wahl das Eigentum an ihnen übertragen ist oder entsprechende Sicherheit gegeben wird.

2. Gegenforderungen können einbehalten werden. Andere Einbehalte sind nur in den im Vertrag und in den gesetzlichen Bestimmungen vorgesehenen Fällen zulässig.

3. Ansprüche auf Abschlagszahlungen werden binnen 21 Tagen nach Zugang der Aufstellung fällig.
4. Die Abschlagszahlungen sind ohne Einfluss auf die Haftung des Auftragnehmers; sie gelten nicht als Abnahme von Teilen der Leistung.

(2) 1. Vorauszahlungen können auch nach Vertragsabschluss vereinbart werden; hierfür ist auf Verlangen des Auftraggebers ausreichende Sicherheit zu leisten. Diese Vorauszahlungen sind, sofern nichts anderes vereinbart wird, mit 3 v. H. über dem Basiszinssatz des § 247 BGB zu verzinsen.
2. Vorauszahlungen sind auf die nächstfälligen Zahlungen anzurechnen, soweit damit Leistungen abzugelten sind, für welche die Vorauszahlungen gewährt worden sind.

(3) 1. Der Anspruch auf Schlusszahlung wird alsbald nach Prüfung und Feststellung fällig, spätestens innerhalb von 30 Tagen nach Zugang der Schlussrechnung. Die Frist verlängert sich auf höchstens 60 Tage, wenn sie aufgrund der besonderen Natur oder Merkmale der Vereinbarung sachlich gerechtfertigt ist und ausdrücklich vereinbart wurde. Werden Einwendungen gegen die Prüfbarkeit unter Angabe der Gründe nicht bis zum Ablauf der jeweiligen Frist erhoben, kann der Auftraggeber sich nicht mehr auf die fehlende Prüfbarkeit berufen. Die Prüfung der Schlussrechnung ist nach Möglichkeit zu beschleunigen. Verzögert sie sich, so ist das unbestrittene Guthaben als Abschlagszahlung sofort zu zahlen.
2. Die vorbehaltlose Annahme der Schlusszahlung schließt Nachforderungen aus, wenn der Auftragnehmer über die Schlusszahlung schriftlich unterrichtet und auf die Ausschlusswirkung hingewiesen wurde.
3. Einer Schlusszahlung steht es gleich, wenn der Auftraggeber unter Hinweis auf geleistete Zahlungen weitere Zahlungen endgültig und schriftlich ablehnt.
4. Auch früher gestellte, aber unerledigte Forderungen werden ausgeschlossen, wenn sie nicht nochmals vorbehalten werden.
5. Ein Vorbehalt ist innerhalb von 28 Tagen nach Zugang der Mitteilung nach den Nummern 2 und 3 über die Schlusszahlung zu erklären. Er wird hinfällig, wenn nicht innerhalb von weiteren 28 Tagen – beginnend am Tag nach Ablauf der in Satz 1 genannten 28 Tage – eine prüfbare Rechnung über die vorbehaltenen Forderungen eingereicht oder, wenn das nicht möglich ist, der Vorbehalt eingehend begründet wird.
6. Die Ausschlussfristen gelten nicht für ein Verlangen nach Richtigstellung der Schlussrechnung und -zahlung wegen Aufmaß-, Rechen- und Übertragungsfehlern.

(4) In sich abgeschlossene Teile der Leistung können nach Teilabnahme ohne Rücksicht auf die Vollendung der übrigen Leistungen endgültig festgestellt und bezahlt werden.

(5) 1. Alle Zahlungen sind aufs Äußerste zu beschleunigen.
2. Nicht vereinbarte Skontoabzüge sind unzulässig.
3. Zahlt der Auftraggeber bei Fälligkeit nicht, so kann ihm der Auftragnehmer eine angemessene Nachfrist setzen. Zahlt er auch innerhalb der Nachfrist nicht, so hat der Auftragnehmer vom Ende der Nachfrist an Anspruch auf Zinsen in Höhe der in § 288 Absatz 2 BGB angegebenen Zinssätze, wenn er nicht einen höheren Verzugsschaden nachweist. Der Auftraggeber kommt jedoch, ohne dass es einer Nachfristsetzung bedarf, spätestens 30 Tage nach Zugang der Rechnung oder der Aufstellung bei Abschlagszahlungen in Zahlungsverzug, wenn der Auftragnehmer seine vertraglichen

und gesetzlichen Verpflichtungen erfüllt und den fälligen Entgeltbetrag nicht rechtzeitig erhalten hat, es sei denn, der Auftraggeber ist für den Zahlungsverzug nicht verantwortlich. Die Frist verlängert sich auf höchstens 60 Tage, wenn sie aufgrund der besonderen Natur oder Merkmale der Vereinbarung sachlich gerechtfertigt ist und ausdrücklich vereinbart wurde.

    4. Der Auftragnehmer darf die Arbeiten bei Zahlungsverzug bis zur Zahlung einstellen, sofern eine dem Auftraggeber zuvor gesetzte angemessene Frist erfolglos verstrichen ist.

(6) Der Auftraggeber ist berechtigt, zur Erfüllung seiner Verpflichtungen aus den Absätzen 1 bis 5 Zahlungen an Gläubiger des Auftragnehmers zu leisten, soweit sie an der Ausführung der vertraglichen Leistung des Auftragnehmers aufgrund eines mit diesem abgeschlossenen Dienst- oder Werkvertrags beteiligt sind, wegen Zahlungsverzugs des Auftragnehmers die Fortsetzung ihrer Leistung zu Recht verweigern und die Direktzahlung die Fortsetzung der Leistung sicherstellen soll. Der Auftragnehmer ist verpflichtet, sich auf Verlangen des Auftraggebers innerhalb einer von diesem gesetzten Frist darüber zu erklären, ob und inwieweit er die Forderungen seiner Gläubiger anerkennt; wird diese Erklärung nicht rechtzeitig abgegeben, so gelten die Voraussetzungen für die Direktzahlung als anerkannt.

§ 17 Sicherheitsleistung

(1)   1. Wenn Sicherheitsleistung vereinbart ist, gelten die §§ 232 bis 240 BGB, soweit sich aus den nachstehenden Bestimmungen nichts anderes ergibt.

    2. Die Sicherheit dient dazu, die vertragsgemäße Ausführung der Leistung und die Mängelansprüche sicherzustellen.

(2) Wenn im Vertrag nichts anderes vereinbart ist, kann Sicherheit durch Einbehalt oder Hinterlegung von Geld oder durch Bürgschaft eines Kreditinstituts oder Kreditversicherers geleistet werden, sofern das Kreditinstitut oder der Kreditversicherer

    1. in der Europäischen Gemeinschaft oder

    2. in einem Staat der Vertragsparteien des Abkommens über den Europäischen Wirtschaftsraum oder

    3. in einem Staat der Vertragsparteien des WTO-Übereinkommens über das öffentliche Beschaffungswesen zugelassen ist.

(3) Der Auftragnehmer hat die Wahl unter den verschiedenen Arten der Sicherheit; er kann eine Sicherheit durch eine andere ersetzen.

(4) Bei Sicherheitsleistung durch Bürgschaft ist Voraussetzung, dass der Auftraggeber den Bürgen als tauglich anerkannt hat. Die Bürgschaftserklärung ist schriftlich unter Verzicht auf die Einrede der Vorausklage abzugeben (§ 771 BGB); sie darf nicht auf bestimmte Zeit begrenzt und muss nach Vorschrift des Auftraggebers ausgestellt sein. Der Auftraggeber kann als Sicherheit keine Bürgschaft fordern, die den Bürgen zur Zahlung auf erstes Anfordern verpflichtet.

(5) Wird Sicherheit durch Hinterlegung von Geld geleistet, so hat der Auftragnehmer den Betrag bei einem zu vereinbarenden Geldinstitut auf ein Sperrkonto einzuzahlen, über das beide nur gemeinsam verfügen können („Und-Konto"). Etwaige Zinsen stehen dem Auftragnehmer zu.

(6) 1. Soll der Auftraggeber vereinbarungsgemäß die Sicherheit in Teilbeträgen von seinen Zahlungen einbehalten, so darf er jeweils die Zahlung um höchstens 10 v. H. kürzen, bis die vereinbarte Sicherheitssumme erreicht ist. Sofern Rechnungen ohne Umsatzsteuer gemäß § 13 b UStG gestellt werden, bleibt die Umsatzsteuer bei der Berechnung des Sicherheitseinbehalts unberücksichtigt. Den jeweils einbehaltenen Betrag hat er dem Auftragnehmer mitzuteilen und binnen 18 Werktagen nach dieser Mitteilung auf ein Sperrkonto bei dem vereinbarten Geldinstitut einzuzahlen. Gleichzeitig muss er veranlassen, dass dieses Geldinstitut den Auftragnehmer von der Einzahlung des Sicherheitsbetrags benachrichtigt. Absatz 5 gilt entsprechend.

2. Bei kleineren oder kurzfristigen Aufträgen ist es zulässig, dass der Auftraggeber den einbehaltenen Sicherheitsbetrag erst bei der Schlusszahlung auf ein Sperrkonto einzahlt.

3. Zahlt der Auftraggeber den einbehaltenen Betrag nicht rechtzeitig ein, so kann ihm der Auftragnehmer hierfür eine angemessene Nachfrist setzen. Lässt der Auftraggeber auch diese verstreichen, so kann der Auftragnehmer die sofortige Auszahlung des einbehaltenen Betrags verlangen und braucht dann keine Sicherheit mehr zu leisten.

4. Öffentliche Auftraggeber sind berechtigt, den als Sicherheit einbehaltenen Betrag auf eigenes Verwahrgeldkonto zu nehmen; der Betrag wird nicht verzinst.

(7) Der Auftragnehmer hat die Sicherheit binnen 18 Werktagen nach Vertragsabschluss zu leisten, wenn nichts anderes vereinbart ist. Soweit er diese Verpflichtung nicht erfüllt hat, ist der Auftraggeber berechtigt, vom Guthaben des Auftragnehmers einen Betrag in Höhe der vereinbarten Sicherheit einzubehalten. Im Übrigen gelten die Absätze 5 und 6 außer Nummer 1 Satz 1 entsprechend.

(8) 1. Der Auftraggeber hat eine nicht verwertete Sicherheit für die Vertragserfüllung zum vereinbarten Zeitpunkt, spätestens nach Abnahme und Stellung der Sicherheit für Mängelansprüche zurückzugeben, es sei denn, dass Ansprüche des Auftraggebers, die nicht von der gestellten Sicherheit für Mängelansprüche umfasst sind, noch nicht erfüllt sind. Dann darf er für diese Vertragserfüllungsansprüche einen entsprechenden Teil der Sicherheit zurückhalten.

2. Der Auftraggeber hat eine nicht verwertete Sicherheit für Mängelansprüche nach Ablauf von 2 Jahren zurückzugeben, sofern kein anderer Rückgabezeitpunkt vereinbart worden ist. Soweit jedoch zu diesem Zeitpunkt seine geltend gemachten Ansprüche noch nicht erfüllt sind, darf er einen entsprechenden Teil der Sicherheit zurückhalten.

§ 18 Streitigkeiten

(1) Liegen die Voraussetzungen für eine Gerichtsstandvereinbarung nach § 38 der Zivilprozessordnung vor, richtet sich der Gerichtsstand für Streitigkeiten aus dem Vertrag nach dem Sitz der für die Prozessvertretung des Auftraggebers zuständigen Stelle, wenn nichts anderes vereinbart ist. Sie ist dem Auftragnehmer auf Verlangen mitzuteilen.

(2) 1. Entstehen bei Verträgen mit Behörden Meinungsverschiedenheiten, so soll der Auftragnehmer zunächst die der auftraggebenden Stelle unmittelbar vorgesetzte Stelle anrufen. Diese soll dem Auftragnehmer Gelegenheit zur mündlichen Aussprache geben und ihn möglichst innerhalb von 2 Monaten nach der Anrufung schriftlich be-

scheiden und dabei auf die Rechtsfolgen des Satzes 3 hinweisen. Die Entscheidung gilt als anerkannt, wenn der Auftragnehmer nicht innerhalb von 3 Monaten nach Eingang des Bescheides schriftlich Einspruch beim Auftraggeber erhebt und dieser ihn auf die Ausschlussfrist hingewiesen hat.

2. Mit dem Eingang des schriftlichen Antrages auf Durchführung eines Verfahrens nach Nummer 1 wird die Verjährung des in diesem Antrag geltend gemachten Anspruchs gehemmt. Wollen Auftraggeber oder Auftragnehmer das Verfahren nicht weiter betreiben, teilen sie dies dem jeweils anderen Teil schriftlich mit. Die Hemmung endet 3 Monate nach Zugang des schriftlichen Bescheides oder der Mitteilung nach Satz 2.

3. Daneben kann ein Verfahren zur Streitbeilegung vereinbart werden. Die Vereinbarung sollte mit Vertragsabschluss erfolgen.

4. Bei Meinungsverschiedenheiten über die Eigenschaft von Stoffen und Bauteilen, für die allgemein gültige Prüfungsverfahren bestehen, und über die Zulässigkeit oder Zuverlässigkeit der bei der Prüfung verwendeten Maschinen oder angewendeten Prüfungsverfahren kann jede Vertragspartei nach vorheriger Benachrichtigung der anderen Vertragspartei die materialtechnische Untersuchung durch eine staatliche oder staatlich anerkannte Materialprüfungsstelle vornehmen lassen; deren Feststellungen sind verbindlich. Die Kosten trägt der unterliegende Teil.

5. Streitfälle berechtigen den Auftragnehmer nicht, die Arbeiten einzustellen

Anhang

Herausgeber
Autoren
Literatur
Abkürzungen

Herausgeber

Dr. jur. **Martin Kraushaar** ist Hauptgeschäftsführer der Architekten- und Stadtplanerkammer Hessen.

Rechtsanwalt (Syndikusrechtsanwalt)
Eric Zimmermann ist Leiter des Geschäftsbereichs Recht & Wettbewerb und Justiziar der Architektenkammer Baden-Württemberg.

Autoren

Rechtsanwalt **Fabian Blomeyer** ist Geschäftsführer Recht und Verwaltung der Bayerischen Architektenkammer.

Thomas Harion ist Geschäftsführender Justiziar der Architekten- und Stadtplanerkammer Hessen.

Dr. jur. **Sven Kerkhoff** ist Rechtsreferent der Architektenkammer Nordrhein-Westfalen.

Rechtsanwalt (Syndikusrechtsanwalt)
Markus Prause ist Justiziar und Hauptreferent der Architektenkammer Niedersachsen.

Rechtsanwalt (Syndikusrechtsanwalt)
Dr. jur. **Volker Schnepel** ist stellvertretender Bundesgeschäftsführer und Leiter der Rechtsabteilung der Bundesarchitektenkammer.

Rechtsanwalt (Syndikusrechtsanwalt)
Eric Zimmermann ist Leiter des Geschäftsbereichs Recht & Wettbewerb und Justiziar der Architektenkammer Baden-Württemberg.

Literatur

Bamberger/Roth Beck'scher Online-Kommentar BGB, 43. Ed., München 2017

Berger/Fuchs Einführung in die HOAI, 4. Aufl., Köln 2013

Dammert Das geplante Gesetz zur Reform des Bauvertragsrecht, BauR 2017, S. 421 ff.

Deckers Das neue Architekten- und Ingenieurvertragsrecht im Bürgerlichen Gesetzbuch, ZfBR 2017, S. 523 ff.

Digel/Jacobsen Änderungsanordnung und Vergütung im Architekten- und Ingenieurvertrag nach dem neuen Bauvertragsrecht, BauR 2017, 1587 ff.

Fuchs Regelung des Architekten- und Ingenieurvertrages, NZBau 2015, S. 675 ff.

Fuchs/Berger/Seifert Beck´scher HOAI- und Architektenrechtskommentar, München 2016

Gautier Die Bedarfsplanung im Spiegel des neuen Werkvertragsrechts, DIB 6/2017, S. 45 ff.

Kapellmann/Messerschmidt VOB-Kommentar, 5. Auflage, München 2015

Kniffka Bauvertragsrecht, 2. Aufl., München 2016

Kniffka Sonderheft zum neuen Bauvertragsrecht (II. Untertitel Kapitel 1 Werkvertragsrecht) BauR 2017, 1759 ff.

Kniffka Sonderheft zum neuen Bauvertragsrecht (VI. Untertitel 2. Architekten- und Ingenieurvertrag), BauR 2017, 1846 ff.

Kniffka/Koeble Kompendium des Baurechts, 4. Aufl., München 2014

Korbion/Mantscheff/Vygen HOAI, 9. Aufl., München 2016

Kalte/Wiesner Neues BGB – Was ist wichtig für Ingenieurverträge?, DIB 6/2017, S. 49 ff.

Kresin Architektenvertragsrecht jetzt im BGB Teil 1, DAB 6/2017, S. 36 ff.

Kuhn Das künftige Recht der Architekten und Ingenieure auf Teilabnahme nach § 650r BGB-E, ZfBR 2017, S. 211 ff.

Küpper Wie ist die Anspruchshöhe darzulegen?, DIB 3/2016, S. 49 ff.

Langen Änderung des Werkvertragsrechts und Einführung eines Bauvertragsrechts NZBau 2015, S. 658 ff.

Locher/Koeble/Frik HOAI, 13. Aufl., Köln 2017

Löffelmann/Fleischmann Architektenrecht, 6. Auflage, Köln 2012

Messerschmidt Das Honorar für Änderungs- und Zusatzleistungen nach HOAI 2013, NZBau 2014, S. 3

Messerschmidt/Voit Privates Baurecht, 2. Aufl., München 2012

Morlock/Meurer Die HOAI in der Praxis, 9. Aufl., Köln 2014

Motzke Der Reformgesetzgeber am Webstuhl des Architekten- und Ingenieurrechts, NZBau 2017, S. 429 ff.

Motzke/Preussner/Kehrberg Die Haftung des Architekten, 10. Aufl., Köln 2015

Orlowski Das gesetzliche Bauvertragsrecht, ZfBR 2016, S. 419 ff.

Palandt Bürgerliches Gesetzbuch, 75. Aufl., München 2016

Reinelt Zum Entwurf eines Gesetzes zur Reform des Bauvertragsrechts, BauR 2016, S. 1 ff.

Säcker u.a. Münchener Kommentar zum BGB Band 2, 7. Aufl., München 2016

Schmid Das neue gesetzliche Bauvertragsrecht, Baden-Baden 2017

Schmidt Der Architekten- und Ingenieurvertrag im neuen Bauvertragsrecht, NJW-Spezial 2017, 620 f.

Schramke/Keilmann Das Anordnungsrecht des Bestellers und der Streit um die Vergütung, NZBau 2016, S. 333 ff.

Schramm Ersatz der Mehraufwendungen des Architekten bei Bauzeitverlängerung, DAB 6/2007, S. 46 ff.

Staudinger BGB - Buch 2: Recht der Schuldverhältnisse, Berlin 2013

Thode/Wirth/Kuffer Praxishandbuch Architektenrecht, 2. Aufl., München 2016

Werner/Pastor Der Bauprozess, 15. Aufl., Köln 2015

Abkürzungen

a.A.	andere Ansicht
aaO	am anderen Ort
Abs.	Absatz
aF	alte Fassung
aM	andere Meinung
Anl.	Anlage
Art.	Artikel
Aufl.	Auflage
Az.	Aktenzeichen
BauR	Baurecht (Zeitschrift)
Beschl.	Beschluss
BGB	Bürgerliches Gesetzbuch
BGBl.	Bundesgesetzblatt
BGH	Bundesgerichtshof
BGHZ	Entscheidungen des Bundesgerichtshofs in Zivilsachen
BH	Bauherr
bspw.	beispielsweise
BR	Bundesrat
BT	Bundestag
BU	Bauunternehmer
bzgl.	bezüglich
bzw.	beziehungsweise
ca.	circa
DAB	Deutsches Architektenblatt (Zeitschrift)
ders.	derselbe
DIB	Deutsches Ingenieurblatt (Zeitschrift)
DIN	Norm des Deutschen Instituts für Normung e.V.
Drs.	Drucksache
E	Entwurf
Ed.	Edition
EnEV	Verordnung über energiesparenden Wärmeschutz und energiesparende Anlagentechnik bei Gebäuden
etc.	et cetera
EuGH	Gerichtshof der Europäischen Union
f.	folgende
ff.	fortfolgende
FN.	Fußnote
gem.	gemäß
ggf.	gegebenenfalls
GVG	Gerichtsverfassungsgesetz
HOAI	Honorarordnung für Architekten und Ingenieure
hM	herrschende Meinung
HS	Halbsatz
IBR	Zeitschrift für Immobilien- und Baurecht
i.d.R.	in der Regel
i.S.v.	im Sinne von
i.V.m.	in Verbindung mit
KG	Kammergericht
LBauO	Landesbauordnung
LG	Landgericht
LPh	Leistungsphase
mwN	mit weiteren Nachweisen
nF	neue Fassung
NJW	Neue Juristische Wochenschrift (Zeitschrift)
NJW-RR	Neue Juristische Wochenschrift-Rechtsprechungs-Report Zivilrecht (Zeitschrift)
Nr.	Nummer
NZBau	Neue Zeitschrift für Baurecht und Vergaberecht
OLG	Oberlandesgericht
Rn.	Randnummer
S.	Satz; Seite
s.	siehe
s.o.	siehe oben
sog.	so genannte
u.	und
u.a.	unter anderem
Urt.	Urteil
usw.	und so weiter
u.U.	unter Umständen
VOB	Vergabe- und Vertragsordnung für Bauleistungen
vgl.	vergleiche
ZfBR	Zeitschrift für deutsches und internationales Baurecht
z.B.	zum Beispiel